Prozessautomatisierung mit BPMN
2. Auflage

Thomas Allweyer

Prozessautomatisierung mit BPMN

2., komplett überarbeitete Auflage

Mit zahlreichen
Beispielprozessen,
ausführbar mit
Open-Source-Software

Die erste Auflage erschien unter dem Titel „BPMS – Einführung in Business-Process-Management-Systeme".

Bibliografische Information der Deutschen Nationalbibliothek:
Die Deutsche Nationalbibliothek verzeichnet diese Publikation in der Deutschen Nationalbibliografie. Detaillierte bibliografische Daten sind im Internet über https://dnb.dnb.de abrufbar.

© 2024 Thomas Allweyer

Herstellung und Verlag: BoD – Books on Demand, Norderstedt

ISBN: 978-3-7597-4306-0

Inhalt

1 Über dieses Buch

Wer sich mit der Frage beschäftigt, wie Geschäftsprozesse ganz oder teilweise automatisiert werden können, stößt früher oder später auf Workflow- oder Business-Process-Management-Systeme (BPMS). Deren Grundidee ist schon Jahrzehnte alt: Grafische Prozessmodelle werden auf einen Server geladen und von einer Process-Engine ausgeführt.

Zwangsläufig stößt man in diesem Zusammenhang auch auf BPMN („Business-Process-Model-and-Notation"). Die meisten BPMS verwenden BPMN als Standardnotation für die Modellierung ausführbarer Prozesse.

Neben den Business-Process-Management-Systemen, die im Mittelpunkt dieses Buches stehen, gibt es noch zahlreiche weitere Konzepte und Technologien, die einen Bezug zu Geschäftsprozessen haben. Schließlich hat fast jeder betriebliche Einsatz von IT auf die eine oder andere Weise mit den Abläufen des Unternehmens zu tun. So muss z. B. auch bei der Programmierung von Individualsoftware oder der Einführung von Standardsoftware sichergestellt werden, dass die Funktionalitäten den Anforderungen der Prozesse entsprechen.

Große Aufmerksamkeit haben in den letzten Jahren die beiden Themen „Process-Mining" und „Robotic-Process-Automation" erfahren. Beim Process-Mining geht es darum, die elektronischen Spuren auszuwerten, die die Abläufe in den verwendeten IT-Systemen hinterlassen. Daraus wird automatisch rekonstruiert, wie die Prozesse im Einzelnen abgelaufen sind. Auf dieser Basis können Schwachstellen identifiziert und Verbesserungsmöglichkeiten entwickelt werden.

Ziel der Robotic-Process-Automation (RPA) ist es, Routinetätigkeiten zu automatisieren, die bisher von Menschen ausgeführt wurden. Dabei greifen Software-Bots auf die Benutzungsoberflächen der eingesetzten IT-Systeme zu, wie es auch menschliche Benutzerinnen und Benutzer tun. Bei RPA geht es also nicht um die Automatisierung kompletter Ende-zu-Ende-Prozesse, sondern um die Automatisierung einzelner Arbeitsschritte.

Weitere aktuelle Themen sind das „Adaptive-Case-Management" zur Unterstützung individueller, wenig vorhersehbarer Prozesse sowie das „Decision-Management" zur Spezifikation komplexer Regelwerke, die in den Prozessen ausgewertet werden können.

Nicht zuletzt spielt im Zusammenhang mit der Prozessautomatisierung auch das Thema Künstliche Intelligenz eine immer wichtigere Rolle, beispielsweise bei der Analyse von Prozessdaten oder der Optimierung von Prozessabläufen. Hier sind in naher Zukunft viele spannende Entwicklungen zu erwarten.

Einigen dieser Themen werden Sie auch in diesem Buch begegnen. Z. B. wird in Abschnitt 7.2.2 ein Beispiel für das Zusammenspiel von Decision-Management und automatisierten Prozessen gezeigt. Und in Abschnitt 7.3 wird beschrieben, wie BPMS und RPA zusammenwirken können.

Wenn Sie sich einen umfassenden Überblick über die verschiedenen Konzepte, Standards und Technologien verschaffen möchten, die im Umfeld der Geschäftsprozesse eine wichtige Rolle spielen, empfehle ich Ihnen mein Buch „Technologien für Geschäftsprozesse" [Al23].

Bei all den faszinierenden neuen Entwicklungen ist und bleibt die Ende-zu-Ende-Automatisierung von Geschäftsprozessen mithilfe von BPMN-Modellen und Process-Engines ein ganz zentrales Thema. BPMS bilden in vielen Unternehmen das Rückgrat der gesamten Automatisierung und Digitalisierung.

Wenn Sie genauer wissen und verstehen wollen, wie diese Systeme funktionieren, ist das vorliegende Buch das richtige für Sie. Und weil man am besten begreift, was man selbst ausprobiert, können Sie die vorgestellten Beispiele mit kostenlos verfügbarer Software zur Ausführung bringen.

Die ausführbaren Prozesse in diesem Buch wurden mit dem BPMS „Bonita" entwickelt. Die Open-Source-Edition dieses Systems kann kostenfrei genutzt werden. Sie lässt sich mit geringem Aufwand auf einem handelsüblichen Computer mit einem der gängigen Betriebssysteme installieren. Der Einstieg ist recht einfach und intuitiv. Bonita eignet sich daher sehr gut für die ersten Schritte mit einem BPMS. Gleichzeitig handelt es sich um ein vollwertiges System, das in vielen Firmen im produktiven Einsatz ist.

Mit der Verwendung von Bonita soll keine generelle Empfehlung für dieses System ausgesprochen werden. So wurde eine ganze Reihe von Eigenschaften nicht untersucht, die für einen produktiven Einsatz wichtig sind, wie z. B. Performance, Skalierbarkeit oder Sicherheit.

Grundsätzlich können die meisten Beispiele in gleicher oder ähnlicher Form auch mit anderen BPMS durchgeführt werden. Da die meisten BPMS die standardisierte Notation BPMN verwenden, können die Prozessmodelle auf andere Systeme übertragen werden.

Allerdings gibt es auch wesentliche Aspekte, für die kein etablierter Standard existiert, wie z. B. die Datenhaltung, Rollenkonzepte oder die Benutzungsoberfläche. Sie sind in den verschiedenen BPMS unterschiedlich realisiert. Daher ist die Übertragung der Beispiele auf ein anderes System doch mit einigem Aufwand verbunden.

Auch wenn die konkrete Umsetzung dieser Aspekte am Beispiel von Bonita gezeigt wird, sind die zugrunde liegenden Fragestellungen und Lösungsansätze für die Arbeit mit anderen Systemen genauso relevant. Diese Systeme bieten ebenfalls Möglichkeiten zur Datenhaltung, zur Definition und Anbindung von Benutzungsdialogen etc. Insofern sind die in diesem Buch beschriebenen Realisierungsmöglichkeiten auch dann von Nutzen, wenn später mit einem anderen BPMS gearbeitet wird.

Für einige Beispiele, bei denen es um das Zusammenspiel mit verschiedenen Arten anderer Systeme geht, kommen weitere Softwaresysteme zum Einsatz – die alle ebenfalls kostenlos genutzt werden können. Details dazu werden in den jeweiligen Kapiteln erläutert.

Ansonsten wurden alle Beispiele mit der Open-Source-Edition von Bonita entwickelt. Sie können von der Website zum Buch heruntergeladen werden:

www.kurze-prozesse.de/automatisierungsbuch

Zu vielen der im vorliegenden Buch besprochenen Beispielprozesse stehen dort auch Videos zur Verfügung.

Bei der Entwicklung der in diesem Buch vorgestellten Beispiele wurde festgestellt, dass zumindest in der kostenlosen Open-Source-Edition von Bonita eine Reihe wünschenswerter Features nicht vorhanden ist. Aus didaktischer Sicht ist dies manchmal sogar ein Vorteil. Wenn man sich etwa überlegen muss, wie man das Verhalten eines nicht unterstützten Modellierungskonstrukts auf anderem Wege erreichen kann, lernt man oft viel mehr, als wenn man einfach einen vorgefertigten Modellierungsbaustein verwendet.

Das Buch richtet sich an Einsteigerinnen und Einsteiger. Dennoch wird ein gewisses Grundwissen über Informatik vorausgesetzt. Sie sollten beispielsweise wissen, was eine Variable ist, oder wofür man eine Datenbank verwendet. An einigen Stellen ist es notwendig, Programmcode zu nutzen. Bonita sieht dafür die Sprache Groovy vor, es kann aber auch Java verwendet werden. Kenntnisse in Java oder Groovy sind daher von Vorteil, aber für das Verständnis des Buches nicht unbedingt erforderlich. Möchte man jedoch die auf der Website verfügbaren Beispiele selbst weiterentwickeln und eigene Prozesse automatisieren, dann lohnt es sich, zumindest grundlegende Kenntnisse einer dieser Programmiersprachen zu erwerben.

Viele der vorgestellten Beispiele entstanden im Rahmen einer Lehrveranstaltung, die für internationale Studentinnen und Studenten angeboten wird. Daher sind die Bezeichnungen in den Modellen englisch. Im beschreibenden Text werden jeweils die deutschen Übersetzungen angegeben, sodass alle Beispiele auch ohne Englischkenntnisse verständlich sind.

2 Einführendes Beispiel

2.1 Ein einfacher Angebotserstellungsprozess

Abbildung 1 zeigt einen einfachen Prozess zur Angebotserstellung. An diesem Beispiel wird im Folgenden die grundlegende Arbeitsweise eines Business-Process-Management-Systems (BPMS) illustriert.

Es sind zwei Rollen beteiligt: „Sales Admin" (Verkäuferin oder Verkäufer) und „Technical Sales Engineer" (Technische Vertriebsmitarbeiterin oder -mitarbeiter). Die Verkäuferin bzw. der Verkäufer startet den Prozess und trägt zunächst die Inhalte einer vorliegenden Anfrage ein. Ist die Anfrage erfasst („Inquiry captured"), so arbeitet die technische Vertriebsmitarbeiterin bzw. der technische Vertriebsmitarbeiter das Angebot inhaltlich aus („Prepare proposal"). Dann kalkuliert die Verkäuferin oder der Verkäufer den Preis des Angebots („Price proposal").

Der anschließende exklusive Gateway, der durch eine Raute mit einem „X" dargestellt wird, verzweigt zu drei alternativen Fällen: Wenn das Angebot komplett („Complete") ist, wird es versandt („Send proposal"). Hat sich hingegen herausgestellt, dass die angefragte Leistung nicht machbar ist („Not feasible"), so verschickt das System eine Absage („Send refusal"). In beiden Fällen ist der Prozess danach beendet.

Die dritte Möglichkeit besteht darin, dass eine Überarbeitung erforderlich ist („Rework required"). Dann überarbeitet die technische Vertriebsmitarbeiterin bzw. der technische Vertriebsmitarbeiter das Angebot („Rework proposal"), und es geht wieder mit dem Kalkulieren des Angebots weiter.

Ein solcher Angebotserstellungsprozess findet sich in Firmen mit etwas komplexeren technischen Produkten. So muss bei einem Hersteller von Unternehmenssoftware zu-

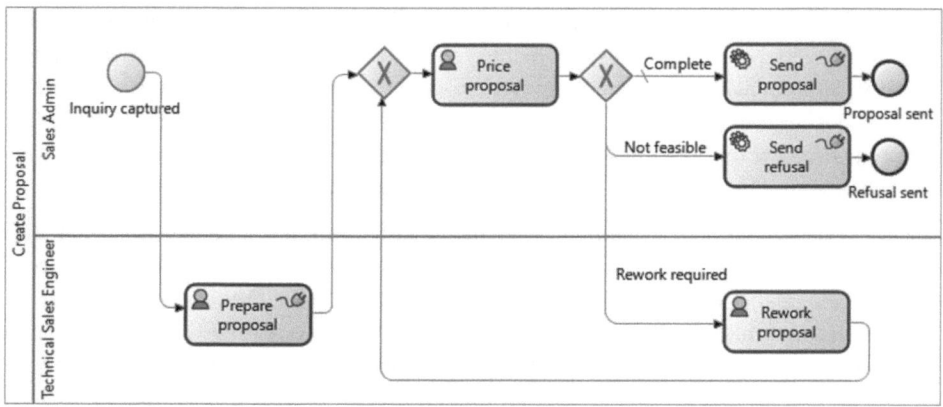

Abbildung 1: Ein einfacher Angebotserstellungsprozess

nächst eine Expertin oder ein Experte die für den jeweiligen speziellen Fall erforderlichen Software-Komponenten und Lizenzen zusammenstellen, bevor auf dieser Grundlage ein Preis kalkuliert werden kann.

Die Darstellung gemäß BPMN („Business-Process-Model-and-Notation") dürfte mithilfe der obigen Beschreibung leicht verständlich sein. Im vorliegenden Buch werden erklärungsbedürftige BPMN-Konstrukte bei ihrem ersten Auftreten kurz erläutert. Eine Einführung in den kompletten BPMN-Standard findet sich in meinem Buch „BPMN 2.0" [Al20].

2.2 Möglichkeiten zur IT-Unterstützung

Es gibt verschiedene Möglichkeiten, wie eine IT-Unterstützung für diesen Prozess aussehen kann. Im einfachsten Fall kommen lediglich Office-Programme zum Einsatz. Häufig werden Standardsoftwaresysteme verwendet, z. B. für ERP (Enterprise-Resource-Planning) oder CRM (Customer-Relationship-Management). Für speziellere Prozesse, für die es keine geeignete Standardsoftware gibt, wird meist Individualsoftware programmiert.

Oft werden in einem Prozess auch mehrere verschiedene Systeme genutzt. Dann müssen Daten zwischen diesen Systemen ausgetauscht werden. Dies geschieht entweder über Schnittstellen oder in vielen Fällen nach wie vor von Hand. Um solch einen manuellen Datenaustausch und weitere Routinetätigkeiten zu automatisieren, setzen Unternehmen vermehrt auf RPA (Robotic-Process-Automation). Dabei werden die Routinetätigkeiten von Software-Bots übernommen, die wie menschliche Benutzerinnen und Benutzer mit den grafischen Benutzungsoberflächen der Systeme arbeiten.

All diese Möglichkeiten zur Unterstützung von Geschäftsprozessen weisen Defizite auf, wenn es darum geht, Gesamtprozesse von Anfang bis Ende zu steuern und einen Überblick über den Prozessablauf zu gewinnen.

So beruhen viele Prozesse einfach darauf, dass die Mitarbeiterinnen und Mitarbeiter Vorgänge weiterleiten. Oft ist noch nicht einmal der Prozess in seiner Gänze bekannt. Auch in Standardsoftwaresystemen werden viele Prozesse nicht aktiv gesteuert. Dort, wo es vom System gesteuerte Prozesse gibt, sind die Ablaufreihenfolgen vielfach hart einprogrammiert und lassen sich nicht so einfach verändern. In selbst entwickelter Individualsoftware finden sich ebenfalls solche fest einprogrammierten Prozesse.

Da es bei den genannten Systemen meist auch nicht so einfach ist, einen Überblick über die durchgeführten Prozesse zu bekommen, setzen immer mehr Unternehmen „Process-Mining" ein. Dabei werden die „Spuren" ausgewertet, die die Prozesse in den verschiedenen Systemen hinterlassen, z. B. in Form von Log-Daten oder elektronischen Belegen. Hieraus werden die tatsächlich erfolgten Prozessabläufe rekonstruiert. Damit gewinnt man eine hohe Transparenz und nützliche Informationen, doch die Steuerung der Prozesse erfolgt auf anderem Wege.

Die genannten Defizite können mithilfe von Business-Process-Management-Systemen behoben werden. Diese Systeme, die auch als Workflow-Management-Systeme, Business-Process-Automation-Tools oder Orchestrierungsplattformen bezeichnet werden, bilden den Gegenstand dieses Buches. Ihnen ist gemein, dass sie als zentrale Komponente eine „Process-Engine" enthalten, die umfangreiche und komplexe Prozesse steuern kann.

Im Folgenden wird die Bezeichnung Business-Process-Management-System verwendet, abgekürzt BPMS.

Die Nutzung eines BPMS schließt nicht aus, dass auch andere Systeme innerhalb der Prozesse zum Einsatz kommen. So rufen BPMS häufig Funktionen von Standardsoftwaresystemen oder von Individualsoftware auf und tauschen Daten mit ihnen aus.

Es gibt auch Standardsoftwaresysteme mit integrierten Komponenten zur Prozesssteuerung. Diese Komponenten funktionieren nach demselben Prinzip wie eigenständige BPMS.

Nicht zuletzt bieten manche Process-Mining-Systeme die Möglichkeit, Prozesse in Echtzeit zu analysieren und bei Bedarf steuernd einzugreifen – häufig unterstützt durch Künstliche Intelligenz. Damit verfügen solche Systeme ebenfalls über die Fähigkeit, Prozesse zu steuern. Auch hierfür bilden die im Folgenden beschriebenen Konzepte eines BPMS eine wesentliche Grundlage.

2.3 Grundprinzip eines BPMS

Ohne bereits in die technischen Details zu gehen, wird zunächst beschrieben, wie ein BPMS grundsätzlich funktioniert.

In Abbildung 2 sind die wichtigsten Komponenten eines BPMS zu sehen. Im Zentrum steht eine Process-Engine, die für die Abarbeitung der Prozesse zuständig ist. Zunächst muss aber der jeweilige Ablauf modelliert werden – typischerweise in Form eines BPMN-Modells, wie das in Abbildung 1. Die Process-Engine benötigt aber noch mehr Informationen als nur die im grafischen Modell enthaltene Ablaufreihenfolge. Es muss unter anderem auch definiert werden, welche Daten bearbeitet und welche Dialoge für die einzelnen Aktivitäten aufgerufen werden sollen. Eine komplette Prozessdefinition besteht aus einem Prozessmodell, das mit einer Reihe von Zusatzinformationen angereichert ist. Ein solches angereichertes Modell wird in der Modellierungs- und Entwicklungsumgebung des betreffenden BPMS erstellt. Abbildung 3 zeigt das „Bonita-Studio".

Die fertiggestellte Prozessdefinition wird auf den Process-Engine-Server hochgeladen. Anschließend ist der Prozess zur Ausführung bereit.

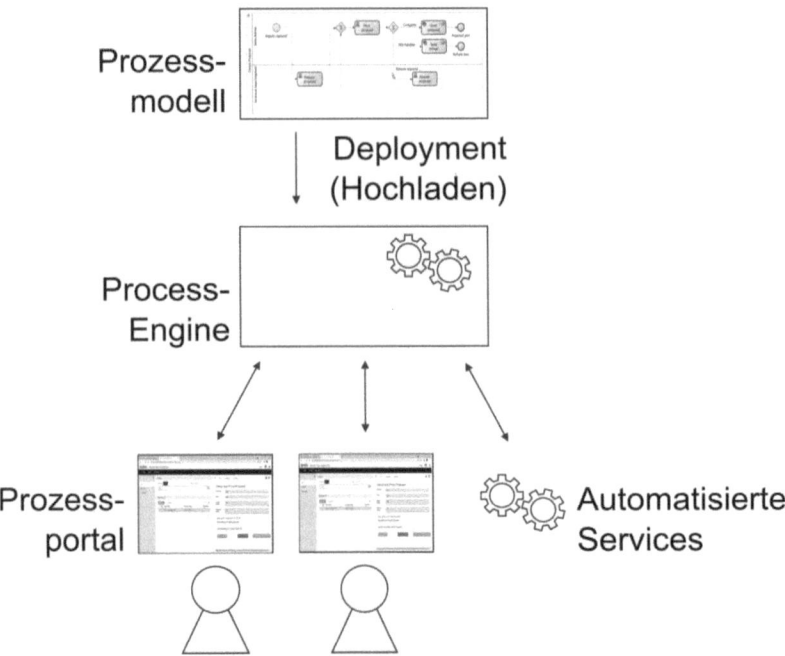

Abbildung 2: Wichtige Komponenten eines BPMS

Die an dem Prozess Beteiligten greifen über ein Prozessportal auf das BPMS zu. Hier können sie einerseits die Prozessbearbeitung starten, andererseits die einzelnen Tasks (Arbeitsschritte) innerhalb der Prozesse durchführen. Jedes Mal, wenn ein Task beendet ist, leitet die Process-Engine den Vorgang an die nächste Person weiter. Zudem kann die Process-Engine automatisierte Services aufrufen.

Ein Prozess kann sehr oft durchgeführt werden. So wird der Angebotserstellungsprozess jedes Mal neu gestartet, wenn eine Kundenanfrage eintrifft. In der Process-Engine wird hierfür jeweils eine neue Prozessinstanz angelegt. Eine Instanz des Angebotserstellungs-prozesses enthält alle Informationen, die mit der Erstellung eines bestimmten Angebots zusammenhängen. Die einzelnen Prozessinstanzen werden unabhängig voneinander abgearbeitet und können jeweils einen anderen Bearbeitungsstand haben.

In Abbildung 4 sind drei Instanzen dieses Prozesses gestartet worden. Jede Prozessin-stanz enthält eine Reihe von Daten. Hierbei kann es sich um Daten handeln, die von der Process-Engine automatisch erfasst werden, wie z. B. der Startzeitpunkt oder wer den Prozess gestartet hat. Zur Unterscheidung erhält jede Prozessinstanz eine eindeutige Nummer als Identifizierer. Außerdem wird jeweils gespeichert, an welcher Stelle sich die Prozessbearbeitung gerade befindet.

Weitere Daten werden von den Prozessbeteiligten eingegeben oder von aufgerufenen Services an die Prozessinstanz übergeben.

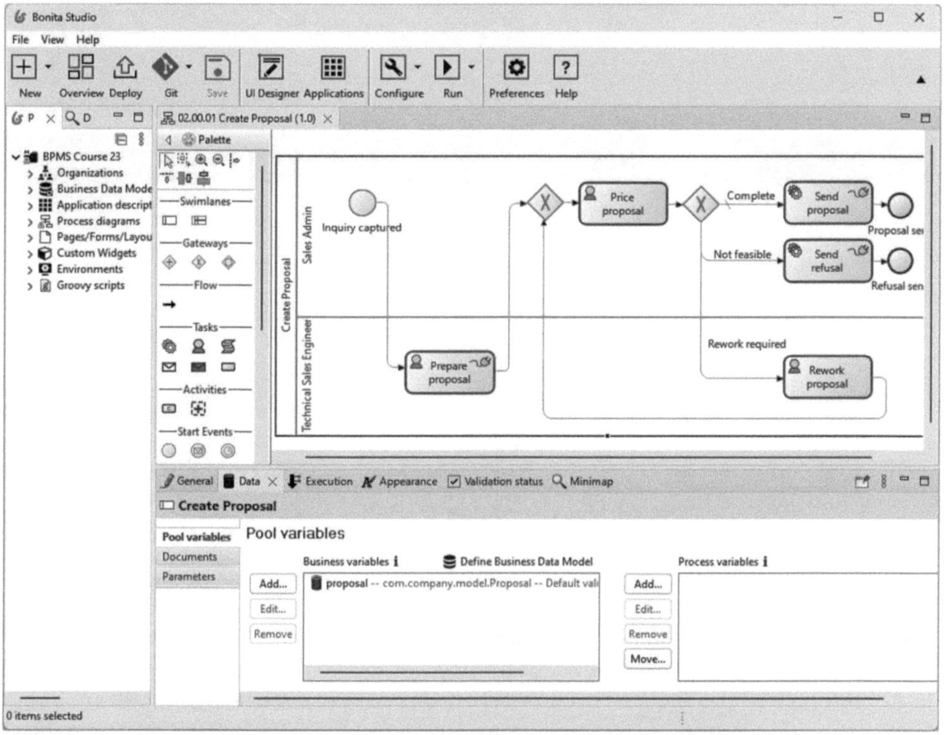

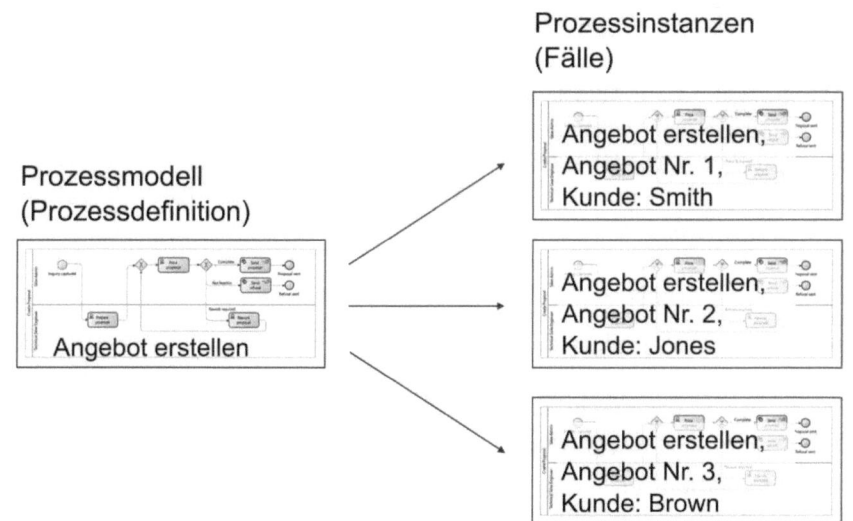

Abbildung 3: Modellierungs- und Entwicklungsumgebung „Bonita-Studio"

Prozessinstanzen
(Fälle)

Angebot erstellen,
Angebot Nr. 1,
Kunde: Smith

Prozessmodell
(Prozessdefinition)

Angebot erstellen

Angebot erstellen,
Angebot Nr. 2,
Kunde: Jones

Angebot erstellen,
Angebot Nr. 3,
Kunde: Brown

Abbildung 4: Prozessdefinition und Prozessinstanzen

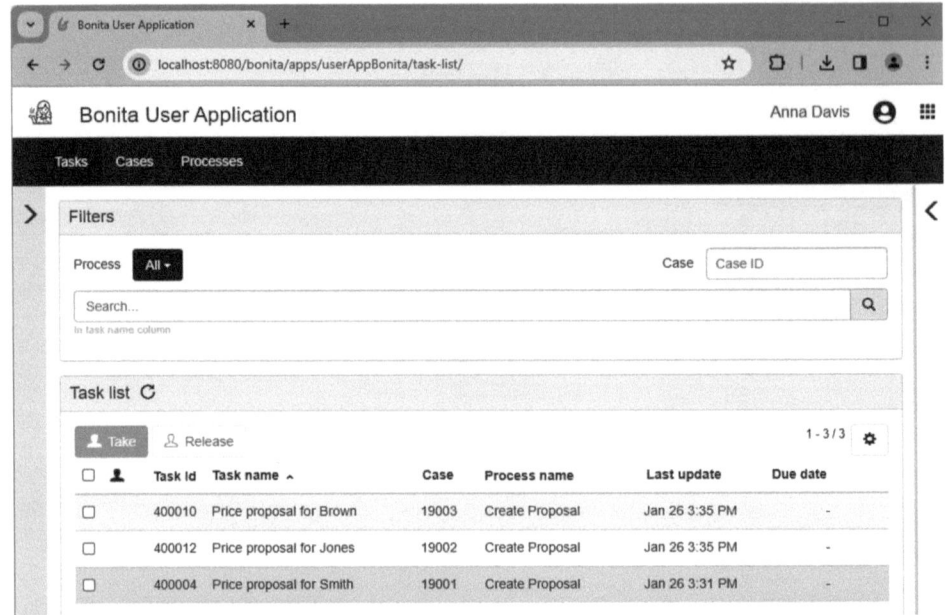

Abbildung 5: Taskliste im Bonita-Prozessportal

In Abbildung 5 ist das Bonita-Portal zu sehen, das die Prozessbeteiligten nutzen. Eingeloggt ist die Verkäuferin Anna Davis. Angezeigt wird ihre „Task list" („Aufgabenliste" oder „Taskliste"). Ähnlich wie im Posteingang eines E-Mail-Programmes werden hier die gerade anstehenden Tasks (Arbeitsschritte) aufgelistet, die die eingeloggte Benutzerin in den laufenden Prozessinstanzen durchführen kann.

Die Einträge in dieser Liste werden von der Process-Engine gemäß dem Prozessmodell aus Abbildung 1 erstellt. Wurde in einer Prozessinstanz der Schritt „Prepare proposal" („Angebot ausarbeiten") fertiggestellt, so erzeugt die Process-Engine in den Tasklisten der Verkäuferinnen und Verkäufer jeweils einen Eintrag für den nächsten Task „Price proposal" („Angebot kalkulieren"). In Abbildung 5 enthält die Taskliste mehrere Einträge für diesen Task. Jeder Eintrag gehört zu einer anderen Prozessinstanz – erkennbar an der unter „Case" („Fall") eingetragenen Nummer. Prozessinstanzen werden in Bonita auch als Fälle bezeichnet.

Über den Button „Take" („Übernehmen"), kann die Verkäuferin den Task in Bearbeitung nehmen und den Dialog öffnen, mit dem sie die Aufgabe durchführt (Abbildung 6). Dieser Dialog, der für diesen Beispielprozess sehr einfach gehalten ist, enthält bereits einige Daten, die in vorangegangenen Tasks erfasst wurden.

Die Verkäuferin kann nun den Preis und weitere Angaben ergänzen und schließlich über die Schaltflächen am unteren Rand bestimmen, wie weiter verfahren werden soll: Sie kann das Angebot absenden („Send proposal"), es zurückweisen („Reject proposal")

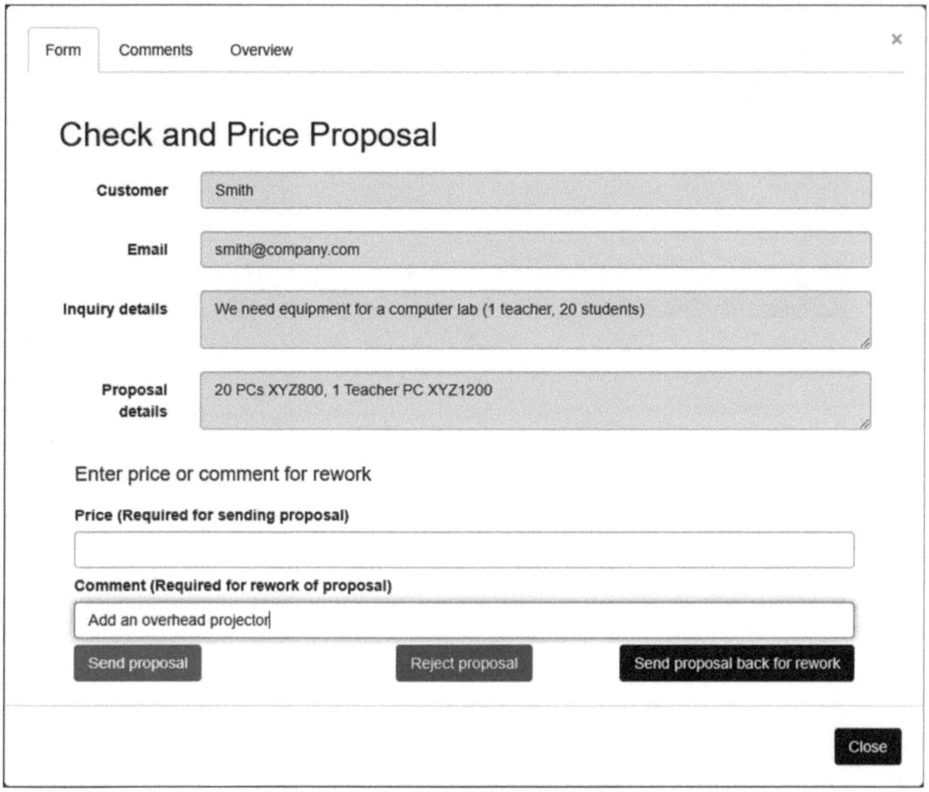

Abbildung 6: Dialog für den Arbeitsschritt „Angebot kalkulieren"

oder den Vorgang zur Überarbeitung zurückgeben („Send proposal back for rework"). Im Modell aus Abbildung 1 folgt auf diesen Task eine Verzweigung. Je nachdem, welche Schaltfläche gedrückt wurde, wird an dieser Verzweigung ein anderer Ausgang gewählt.

Neben dem Portal für die gewöhnlichen Prozessbeteiligten gibt es auch eine Ansicht für die Administration. Dort kann man beispielsweise Prozessdefinitionen hochladen, Prozessinstanzen nachverfolgen, Rollen sowie Benutzerinnen und Benutzer verwalten.

In dem Administrationsportal in Abbildung 7 sind alle Prozesse aufgelistet, die momentan auf der Process-Engine zur Verfügung stehen und ausgeführt werden können. Neben dem bereits betrachteten Angebotserstellungsprozess („Create Proposal") finden sich dort beispielsweise Prozesse für die Bewertung von Projekten („Assess Project Proposal") oder für Bestellungen aus dem Lager („Order from Warehouse").

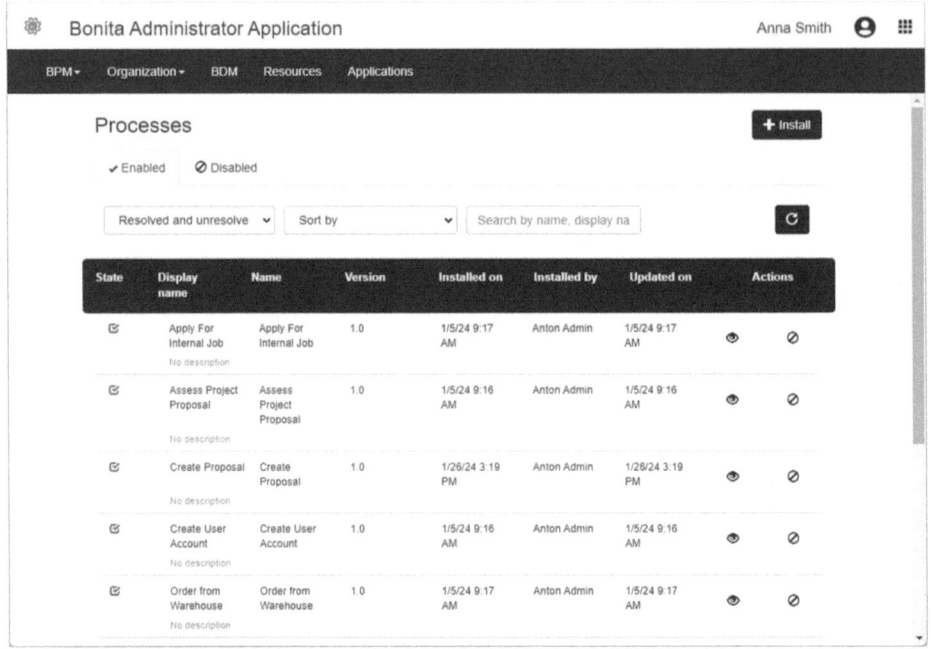

Abbildung 7: Administrationsportal

2.4 Notwendige Informationen für die Prozessausführung

Es wurde bereits erwähnt, dass für die Ausführung eines Prozesses nicht nur das Prozessmodell erforderlich ist, sondern noch eine Reihe weiterer Angaben gebraucht werden. Häufig benötigte Informationen sind (vgl. Abbildung 8):

- **Rollen und Organisation:** Für jeden nicht komplett automatisierten Task muss bestimmt werden, wer ihn durchführt. Hierzu werden keine konkreten Mitarbeiterinnen oder Mitarbeiter angegeben, sondern Rollen, wie z. B. „Einkäuferin" bzw. „Einkäufer" oder „Vertriebsmitarbeiterin" bzw. „Vertriebsmitarbeiter". Durch die Zuordnung zu Organisationseinheiten oder Gruppen wird bestimmt, welche Rollen die einzelnen Personen einnehmen können. Kapitel 5 befasst sich ausführlich mit den verschiedenen Möglichkeiten der Zuordnung von Benutzerinnen und Benutzern.

- **Dialoge:** Die am Prozess Beteiligten bearbeiten die einzelnen Tasks mithilfe von Benutzungsdialogen, in die sie jeweils die erforderlichen Daten eingeben. Für jeden Task mit Benutzerinnen- oder Benutzerinteraktion muss daher ein entsprechender Dialog definiert werden. Dieser enthält die in dem Arbeitsschritt benötigten Eingabefelder, Schaltflächen usw. Weiterhin sind etwa gültige Eingabeformate festzulegen, damit das System überprüfen kann, ob z. B. eine eingegebene E-Mail-Adresse oder eine Kontonummer korrekt aufgebaut ist. Oftmals sind auch Berechnungen

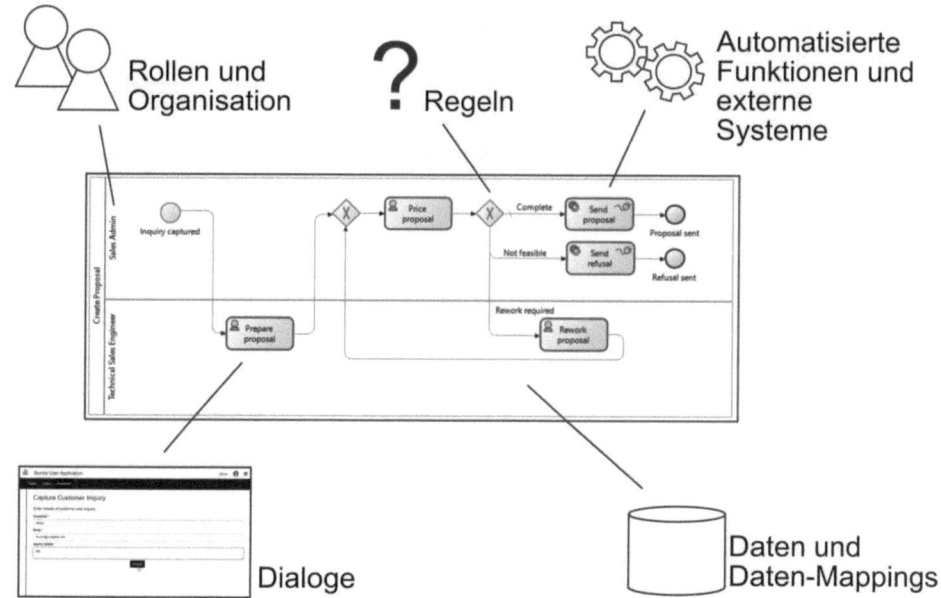

Abbildung 8: Zusatzinformationen, die für die Ausführung eines Prozesses benötigt werden

oder andere automatisierte Funktionen in einen Dialog zu integrieren. So sollte bei der Eingabe einer Bestellung der angezeigte Gesamtpreis ständig aktualisiert werden. Mehr zu Dialogen und der Gestaltung der Benutzungsoberfläche findet sich in Kapitel 6.

- **Daten:** Es muss festgelegt werden, welche Daten und Informationen in dem Prozess verarbeitet werden. Damit die in den Dialogen eingegebenen oder z. B. aus anderen Systemen ausgelesenen Daten im gesamten Prozess verwendet werden können, müssen sie in Variablen gespeichert werden. Eine Prozessvariable kann je nach Datentyp einen einfachen Wert enthalten, wie einen Text oder eine Zahl – oder eine komplexe Datenstruktur, wie z. B. ein Angebot mit mehreren Angebotspositionen. Die in den Prozessvariablen gespeicherten Werte stehen anschließend den im weiteren Verlauf durchgeführten Aktivitäten zur Verfügung. Sollen die Daten auch über die einzelne Prozessinstanz hinaus verfügbar sein, müssen sie in einer Datenbank gespeichert werden. Das Thema Daten und Informationen wird in Kapitel 4 vertieft.

- **Daten-Mappings:** Insbesondere dann, wenn man in einem Prozess Daten aus unterschiedlichen externen Systemen verarbeitet, ist es notwendig, „Mappings", d. h. Zuordnungen zwischen den unterschiedlichen Datenstrukturen zu definieren. Oft sind auch Umwandlungen zwischen verschiedenen Datentypen nötig.

Beispielsweise könnten in einem Prozess Bestellungen aus einem System ausgelesen und später in einem anderen System gespeichert werden. Das erste System verwendet für die Bestellmenge ein Attribut. Dieses Attribut enthält die bestellte Menge als ganze Zahl. Das zweite System kann auch mit ganz anderen Mengeneinheiten umgehen. Es verwendet daher zwei Attribute: „Menge" und „Mengeneinheit". Die Menge wird dabei als Dezimalzahl mit zwei Nachkommastellen angegeben. Für die Mengeneinheit wird ein Text verwendet, wobei vorgegebene Kürzel zu nutzen sind. In diesem Beispiel muss daher ein Mapping definiert werden, das beispielsweise die Angabe

Stückzahl: 23

des ersten Systems in die Attributwerte

Menge: 23.00
Mengeneinheit: „Stueck"

des zweiten Systems umwandelt. Bei einem solchen Mapping muss es sich nicht ausschließlich um reine Zuordnungen und Typkonvertierungen handeln. Es können z. B. auch Umrechnungen erforderlich sein.

Daten-Mappings werden unter anderem beim Aufruf anderer Prozesse (Abschnitt 3.5), beim Versand von Nachrichten an andere Prozesse (Abschnitt 3.7) und beim Aufruf externer Services (Kapitel 7) durchgeführt.

- **Regeln:** Regeln bestimmen beispielsweise, welcher Pfad bei einer Verzweigung gewählt wird. In simplen Fällen wird hierbei nur ein einzelnes Attribut überprüft, z. B. „genehmigt==true" oder „summe>5 000". Verzweigungsregeln können aber auch sehr komplex sein und viele einfache Bedingungen miteinander verknüpfen. Zudem spielen Regeln nicht nur an Verzweigungen eine Rolle, sondern auch innerhalb von Tasks. So muss etwa ein Task zur Berechnung eines Fahrpreises ein komplexes Regelwerk auswerten, das Fahrstrecke, Datum, Kundenkarten, Alter usw. berücksichtigt. Abschnitt 7.2 beschreibt, wie man solche komplexen Geschäftsregeln definieren und auswerten kann.

- **Externe Systeme:** In vielen Geschäftsprozessen werden Daten und Funktionen ganz unterschiedlicher Softwaresysteme verwendet. Um ein externes System einzubinden, muss dieses über eine geeignete Schnittstelle verfügen. Viele BPMS enthalten bereits sogenannte Konnektoren oder Adapter für häufig verwendete Systeme, wie z. B. E-Mail-Server, relationale Datenbanken, SAP- oder andere ERP-Systeme.

Oft nutzen diese Schnittstellen verbreitete Internet-Standards gemäß dem REST-Architekturstil. Ein System, das eine REST-Schnittstelle anbietet, kann oftmals auch dann angebunden werden, wenn das BPMS keinen systemspezifischen Konnektor bereitstellt.

Verfügt ein anzubindendes System über keine Standard-Schnittstelle, so muss ggf. ein neuer Konnektor dafür programmiert werden.

In jedem Fall müssen die Verbindungsdaten zu dem betreffenden System, die aufgerufenen Funktionen und die auszutauschenden Daten angegeben und die entsprechenden Daten-Mappings festgelegt werden.

Mehr zur Anbindung von Drittsystemen findet sich in Kapitel 7.

- **Automatisierte Funktionen:** Vom System ausgeführte Tasks führen etwa Berechnungen oder Veränderungen von Daten durch. Diese Algorithmen müssen ebenfalls spezifiziert werden. Typischerweise programmiert man sie in einer herkömmlichen Programmiersprache. Entweder werden solche Funktionen direkt vom BPMS ausgeführt, oder sie laufen in einer eigenen Umgebung und werden wie ein externes System angebunden, z. B. mittels REST-Aufrufen.

Nicht immer ist es erforderlich, all diese Informationen manuell zu erfassen. Einige lassen sich auch automatisch erzeugen. So können manche Entwicklungswerkzeuge Benutzungsdialoge generieren, mit denen man die Daten anzeigen und bearbeiten kann, die für den Prozess festgelegt wurden. Hierbei wird auch die Zuordnung zwischen den Eingabefeldern und den Datenelementen automatisch vorgenommen.

Je spezieller und individueller aber die Anforderungen sind, desto mehr wird man die entsprechenden Inhalte selbst entwickeln bzw. vom System erzeugte Elemente anpassen und weiterentwickeln. So mag ein automatisch generierter Dialog zwar prinzipiell funktionieren. Doch wenn etwa die Benutzerführung im Sinne einer einfachen Bedienbarkeit optimiert werden soll, wenn bestimmte Bedienelemente gewünscht oder Informationen in spezieller Weise visualisiert werden sollen, wird man meist nicht umhinkommen, den entsprechenden Dialog individuell zu entwickeln. Viele BPMS verfügen hierzu über „UI-Builder", also grafische Werkzeuge, die die Entwicklung der grafischen Benutzungsoberfläche („User-Interface", UI) vereinfachen.

Dennoch ist die Entwicklung individueller Dialoge auch bei Nutzung eines solchen Werkzeugs mit einem entsprechenden Aufwand verbunden.

Bei der Einführung eines BPMS sollte man daher nicht nur darauf achten, wie komfortabel die Prozessmodellierung funktioniert. Mindestens genauso wichtig ist es, wie man die beschriebenen Zusatzinformationen erfassen und bearbeiten kann. Die reine Prozessmodellierung macht nur einen Teil der gesamten Prozessentwicklung aus.

Da viele der aufgeführten Aspekte von System zu System ganz unterschiedlich umgesetzt sind, wird es auf absehbare Zeit auch nicht so einfach möglich sein, einen Prozess von einem BPMS zu einem anderen zu portieren. Zwar gibt es ein Standardformat zum Austausch von BPMN-Modellen, doch sind darin keine Geschäftsregeln, Rollenmodelle, Benutzungsdialoge oder Ähnliches enthalten.

2.5 Der Beispielprozess Schritt für Schritt

2.5.1 Das ausführbare Prozessmodell

Im Folgenden wird die Umsetzung des Beispielprozesses genauer beschrieben. Dabei werden alle oben genannten Aspekte erläutert, die für die Ausführung erforderlich sind. Abbildung 9 zeigt noch einmal das ausführbare Prozessmodell aus Abbildung 1, das in Abschnitt 2.1 beschrieben wurde.

Der grundlegende Ablauf lässt sich anhand des grafischen Modells recht gut nachvollziehen. Etwas ungewöhnlich mag die Modellierung des Prozessbeginns erscheinen. Der Prozess beginnt mit dem Startereignis „Inquiry captured" („Anfrage erfasst"). Wo und wie findet aber das Erfassen der Anfrage statt? Es würde näher liegen, den Prozess so zu modellieren, dass nach einem Startereignis die Erfassung als erster Task durchgeführt wird.

In Bonita wird beim Start eines Prozesses durch eine Person zunächst aber immer ein „Instanziierungsdialog" angezeigt. Darin kann man die für den Start des Prozesses benötigten Daten eintragen. Erst wenn dieser Dialog abgeschlossen ist, legt Bonita eine Prozessinstanz an. Für den Beispielprozess wurde ein Dialog zum Erfassen einer Anfrage definiert und dem Prozess als Instanziierungsdialog zugeordnet.

Würde man „Anfrage erfassen" separat als Task modellieren, so wäre trotzdem ein Instanziierungsdialog erforderlich. Man müsste zunächst diesen – eigentlich nicht benötigten und daher leeren – initialen Dialog schließen und könnte dann erst die Anfrage erfassen. Insofern ist es für die Prozessbeteiligten günstiger, die Erfassung mithilfe des Instanziierungsdialogs zu erledigen – auch wenn man den Prozessbeginn bei rein fachlicher Betrachtung anders modelliert hätte.

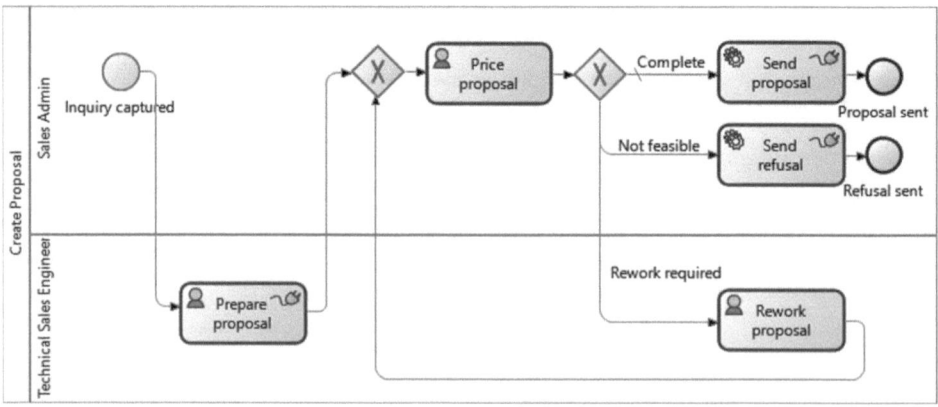

Abbildung 9: Das ausführbare Prozessmodell aus Abbildung 1

2.5.2   Rollen, Benutzerinnen und Benutzer

Bei den Tasks, die mit einem kleinen Personensymbol versehen sind, handelt es sich um User-Tasks, also um Arbeitsschritte, die von Benutzerinnen oder Benutzern durchgeführt werden. Wer dies für einen bestimmten Task tun kann, wird in dem Beispiel durch die Lanes (Bahnen) festgelegt.

Der User-Task „Price proposal" („Angebot kalkulieren") soll gemäß der Lane, in der er sich befindet, von einer Verkäuferin oder einem Verkäufer („Sales Admin") durchgeführt werden. Entsprechend sind die Tasks „Prepare proposal" („Angebot ausarbeiten") und „Rework proposal" („Angebot überarbeiten") von einer technischen Vertriebsmitarbeiterin oder einem technischen Vertriebsmitarbeiter („Technical Sales Engineer") zu erledigen.

Damit das BPMS weiß, welchen konkreten Benutzerinnen und Benutzern es eine bestimmte Aufgabe in die Taskliste stellen soll, ist eine Benutzerinnen- und Benutzerverwaltung erforderlich. Darin werden Gruppen und Rollen angelegt, denen anschließend die einzelnen Benutzerinnen und Benutzer zugeordnet werden. Schließlich werden die Gruppen noch mit den Lanes im Prozessmodell verknüpft.

Die Gruppenstruktur aus Abbildung 10 spiegelt einen Ausschnitt aus einem Organigramm wider. Für den betrachteten Prozess sind die beiden Gruppen „Sales Administration" („Verkaufsadministration") und „Technical Sales" („Technischer Vertrieb") relevant. Der Gruppe „Sales Administration" sind drei Personen als Mitglieder („Member") zugeordnet. Die Arbeitsschritte der Lane „Sales Admin" können daher wahlweise von Albert, Andrea oder Anna ausgeführt werden.

Die Gruppenstruktur sowie die Benutzerinnen und Benutzer werden in der Modellierungskomponente angelegt und anschließend auf den BPMS-Server hochgeladen, wo sie im Administrationsportal angezeigt und bearbeitet werden können (Abbildung 11).

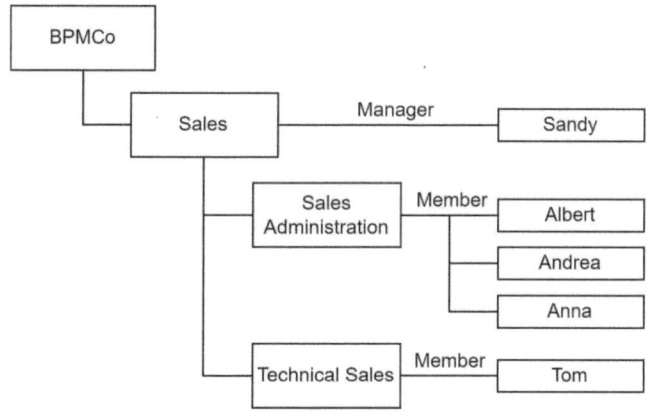

Abbildung 10: Gruppen und Benutzer

23

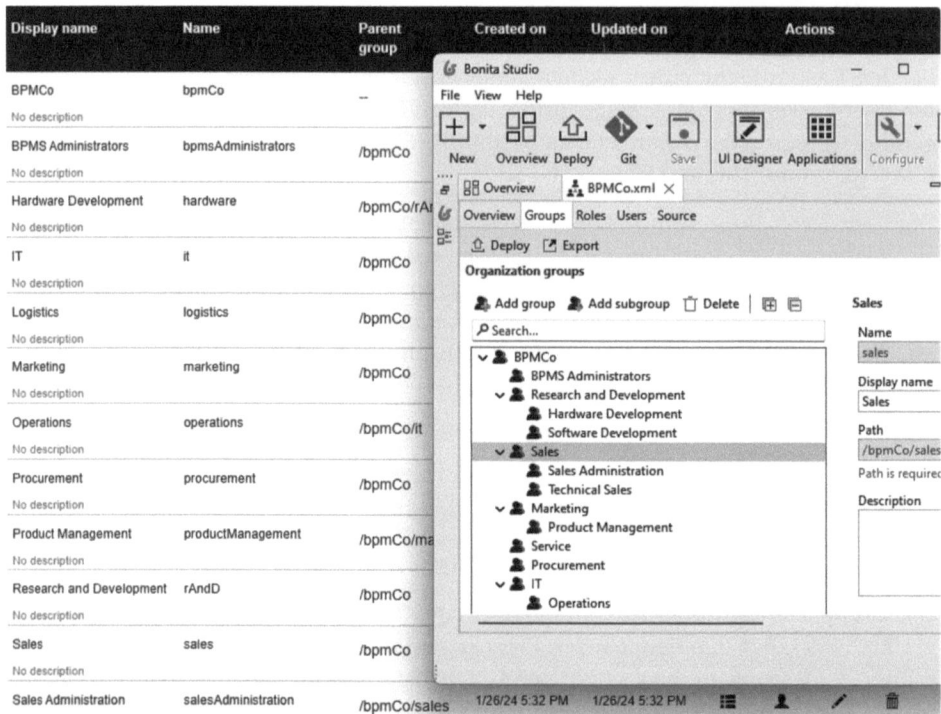

Display name	Name	Parent group	Created on	Updated on	Actions
BPMCo	bpmCo	--			
No description					
BPMS Administrators	bpmsAdministrators	/bpmCo			
No description					
Hardware Development	hardware	/bpmCo/rAn			
No description					
IT	it	/bpmCo			
No description					
Logistics	logistics	/bpmCo			
No description					
Marketing	marketing	/bpmCo			
No description					
Operations	operations	/bpmCo/it			
No description					
Procurement	procurement	/bpmCo			
No description					
Product Management	productManagement	/bpmCo/ma			
No description					
Research and Development	rAndD	/bpmCo			
No description					
Sales	sales	/bpmCo			
No description					
Sales Administration	salesAdministration	/bpmCo/sales	1/26/24 5:32 PM	1/26/24 5:32 PM	

Abbildung 11: Gruppenstruktur in der Modellierungskomponente (rechts) und im Administrationsportal (links)

Abbildung 12 zeigt die Zugehörigkeit einer Benutzerin zur Gruppe „Sales Administration" („Verkaufsadministration") in der Rolle eines Mitglieds. Die Gruppen sowie die Benutzerinnen und Benutzer, die auf dem Server vorhanden sind, können in allen Prozessen genutzt werden, die auf diesem Server laufen.

Außerdem sind über das Administrationsportal jederzeit Änderungen möglich. Wird etwa eine weitere Person für den technischen Vertrieb eingestellt, so braucht diese nur in die Gruppe „Technical Sales" („Technischer Vertrieb") eingetragen zu werden, damit sie künftig die Aufgaben dieser Rolle im bestehenden Angebotserstellungsprozess wahrnehmen kann.

Nun muss noch eine Verbindung zwischen den Lanes im Prozessmodell und den entsprechenden Gruppen auf dem Server hergestellt werden. Hierzu wird für das Prozessmodell ein mit der Gruppe „Sales Admin" („Vertriebsadministration") verknüpfter „Actor" („Akteurin" oder „Akteur") angelegt, der der Lane zugeordnet werden kann (Abbildung 13).

Zudem muss man einen Actor als Prozessinitiatorin oder -initiator festlegen. Alle Benutzerinnen und Benutzer, die die Aufgaben dieses Actors wahrnehmen können, be-

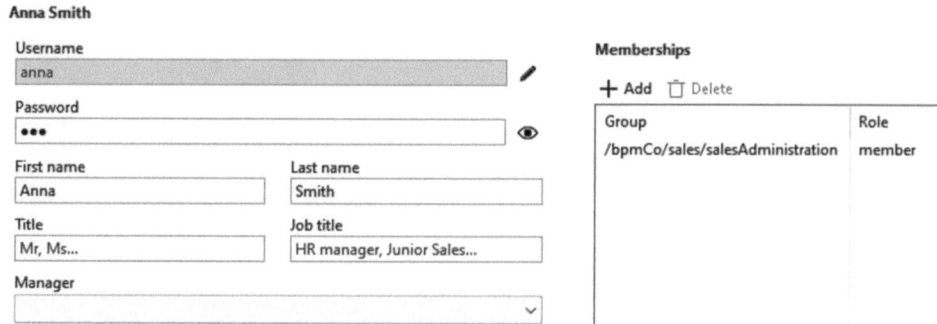

Abbildung 12: Gruppenzugehörigkeit einer Benutzerin (rechts)

kommen den Prozess in ihrer Prozessliste angezeigt und können ihn von dort aus starten.

Mehr zum Thema Organisation und Rollen findet sich in Kapitel 5.

2.5.3 Daten

Für die im Laufe des Prozesses erstellten und genutzten Daten müssen Variablen angelegt werden. Diese werden auf der Ebene des Pools definiert. Ihre Werte können dann in allen Aktivitäten des Prozesses gelesen und verändert werden. Für diese Prozessvariablen stehen unterschiedliche Datentypen zur Verfügung, wie z. B. ganze Zahlen, Fließ-

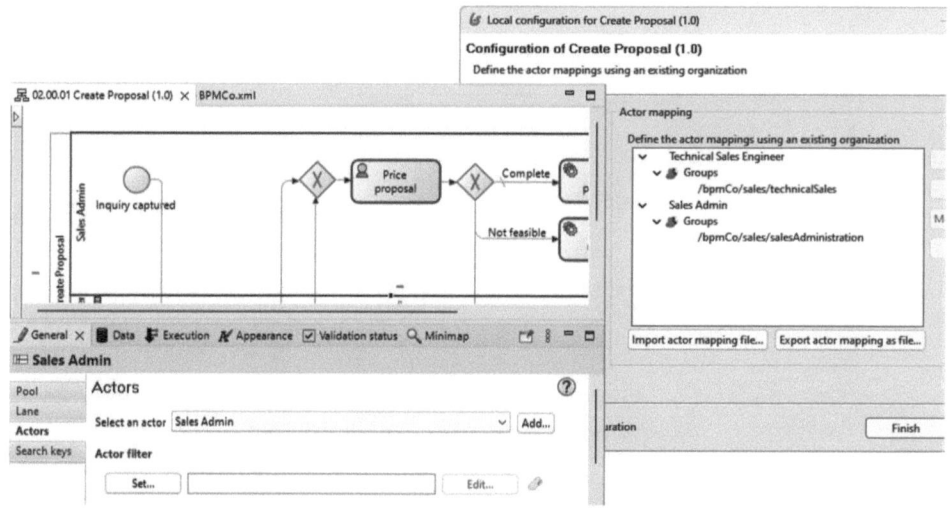

Abbildung 13: Verknüpfung des Actors „Verkäuferin" bzw. „Verkäufer" mit der Lane im Modell (links) und Zuordnung zur Gruppe „Verkauf" im Organigramm (rechts)

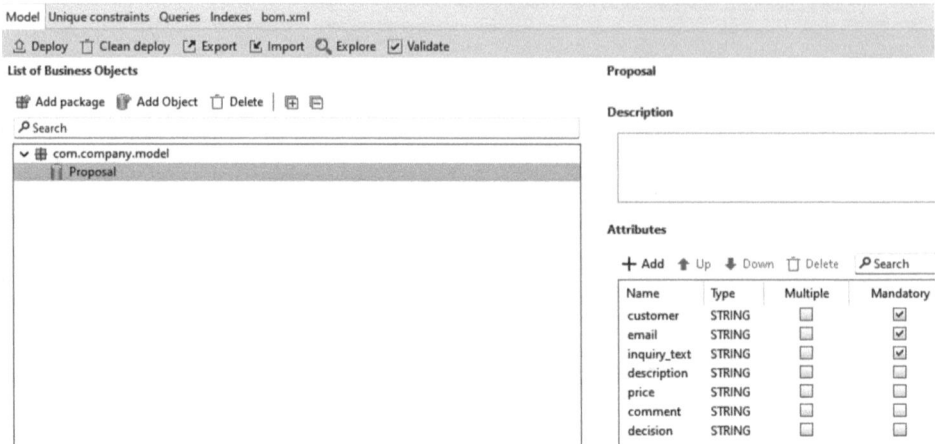

Abbildung 14: Definition des Datentyps „Proposal" („Angebot")

kommazahlen oder Zeichenketten (Strings). Neben diesen einfachen Datentypen kann man in Bonita auch eigene, zusammengesetzte Datentypen definieren.

Für das Beispiel wurde ein eigener Datentyp „Proposal" („Angebot") erstellt. In Abbildung 14 ist auf der rechten Seite zu sehen, welche Attribute für diesen Datentyp festgelegt wurden: „customer" („Kunde"), „email" („E-Mail"), „inquiry_text" („Anfragetext"), „description" („Beschreibung"), „price" („Preis"), „comment" („Kommentar") und „decision" („Entscheidung").

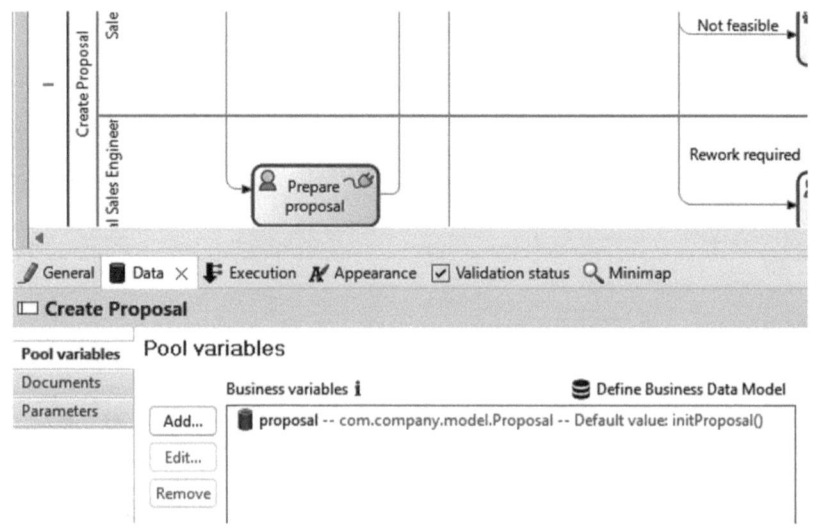

Abbildung 15: Anlegen von Variablen im Prozess (unten)

Im zuletzt genannten Attribut „decision" wird gespeichert, welche Entscheidung in dem Task „Price proposal" („Angebot kalkulieren") getroffen wird. Entsprechend nimmt es einen der Werte „approved" („genehmigt"), „rejected" („abgelehnt") oder „reworkRequired" („Überarbeitung erforderlich") an. Diese Information wird an dem verzweigenden Gateway benötigt, um den Ausgang zu bestimmen.

Im Prozess wird eine Variable mit dem beschriebenen Datentyp angelegt (Abbildung 15). Sie erhält hier ebenfalls die Bezeichnung „proposal" („angebot"). Anstelle einer gewöhnlichen Prozessvariable, auf deren Werte nur innerhalb einer Prozessinstanz zugegriffen werden kann, wird eine sogenannte „Business-Variable" verwendet. Dabei handelt es sich um ein spezifisches Konzept von Bonita. Die Inhalte einer Business-Variable werden automatisch in einer Datenbank gespeichert und stehen somit auch außerhalb der jeweiligen Prozessinstanz zur Verfügung.

Dem Thema „Daten" ist Kapitel 4 gewidmet.

2.5.4   Dialoge

Für jeden User-Task muss ein geeigneter Dialog zur Anzeige und Eingabe der im Prozess verarbeiteten Daten erstellt werden. Zudem wird ein Dialog benötigt, mit dem der Pro-

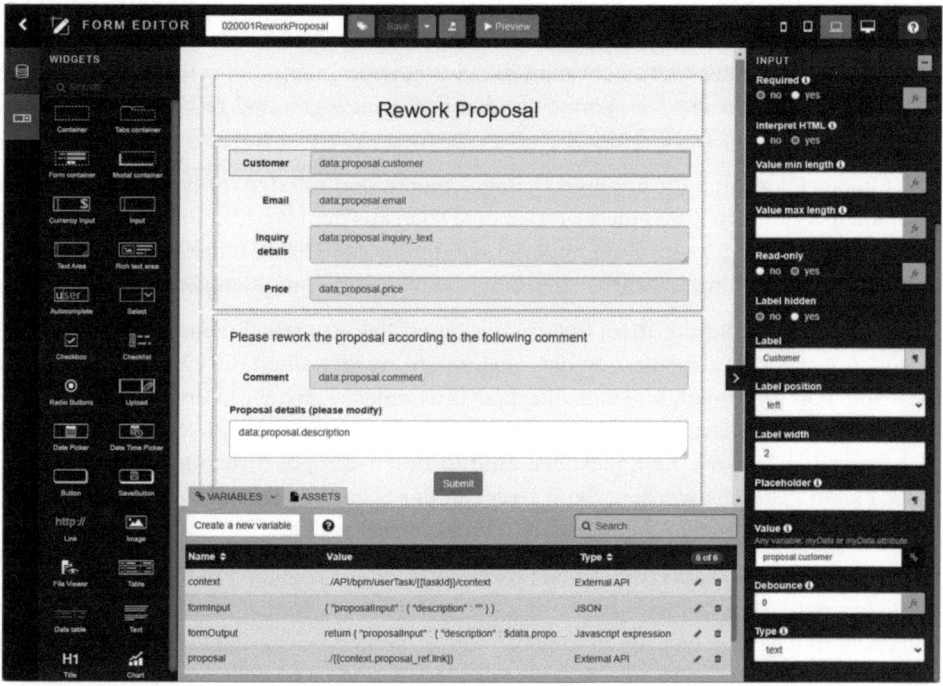

Abbildung 16: Dialog für den User-Task „Rework Proposal" („Angebot überarbeiten") im UI-Designer

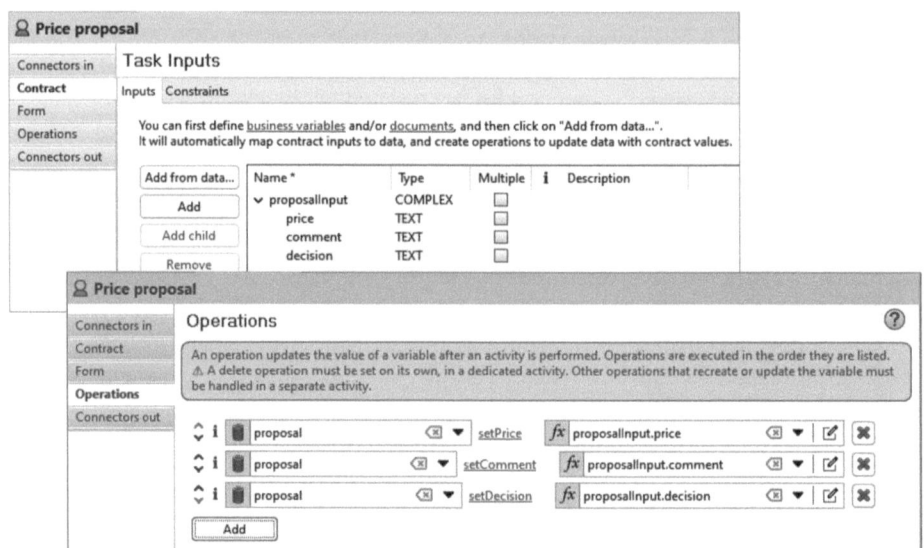

Abbildung 17: „Contract" („Vertrag") eines User-Tasks (oben) und Speicherung der zurück-gegebenen Werte in den Attributen der Business-Variable (unten)

zess gestartet werden kann. Abbildung 16 zeigt den Entwurf des Dialogs für den Task „Rework Proposal" („Angebot überarbeiten") im UI-Designer, dem Dialog-Editor von Bonita. Auf der linken Seite sieht man die verfügbaren Interaktionselemente, wie Textfelder, Schaltflächen usw. Sie können in den Dialog gezogen und mit der gewünschten Beschriftung versehen werden.

Die Eingabefelder und die anderen Dialogelemente sind mit den im Prozess definierten Variablen verknüpft. Zum einen werden die Daten aus dem Prozess an den Dialog übergeben und dort angezeigt. Zum anderen werden in den Dialog eingegebene Werte anschließend an den Prozess zurückgegeben und in dessen Variablen gespeichert.

So kann der in Abbildung 16 im Entwurf gezeigte Dialog auf die Business-Variable „proposal" („Angebot") zugreifen. In den Textfeldern werden dann die einzelnen Attribute des Angebots angezeigt, wie z. B. „proposal.customer" („angebot.kunde"). In dem Beispiel haben die meisten Textfelder die Eigenschaft „read-only" („nur lesen") und sind daher grau eingefärbt. Lediglich der Eintrag unter „Proposal details" („Angebotsdetails") kann geändert werden. Beim Drücken der Schaltfläche „Submit" („Absenden") werden die eingegebenen Inhalte an den Prozess übermittelt.

Wie diese Kommunikation zwischen Prozess und Benutzungsdialogen erfolgt, ist in verschiedenen BPM-Systemen unterschiedlich geregelt. In Bonita verwendet die Benutzungsoberfläche eine von der Engine bereitgestellte REST-Schnittstelle. Hierdurch wird die Oberfläche von der Process-Engine entkoppelt, und es ist beispielsweise auch möglich, eine komplett andere Oberflächentechnologie einzusetzen.

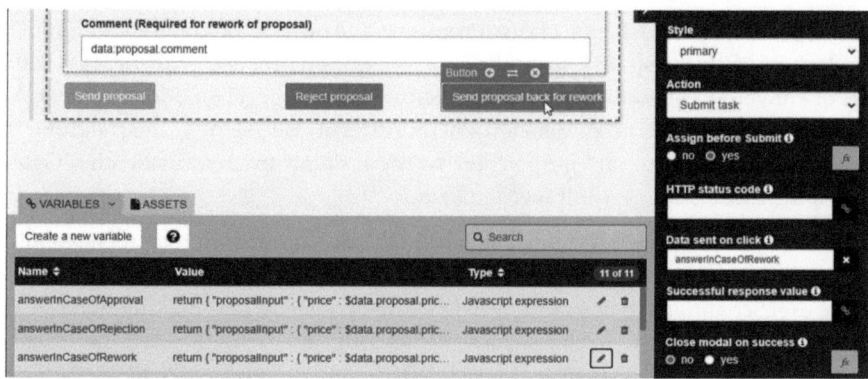

Abbildung 18: Schaltflächen

Die Daten, die ein Dialog über diese Schnittstelle als JSON-Struktur an den Prozess zurückgeben muss, werden jeweils in einem „Contract" („Vertrag") festgelegt. Bei JSON (JavaScript-Object-Notation) handelt es sich um ein häufig verwendetes Format zum Austausch strukturierter Daten.

In der oberen Hälfte von Abbildung 17 ist der Vertrag für den User-Task „Price proposal" („Angebot kalkulieren") zu sehen. Darin ist festgelegt, dass beim Beenden des Dialogs ein als „proposalInput" („angebotsEingabe") bezeichneter Datensatz mit den Feldern „price" („Preis"), „comment" („Kommentar") und „decision" („Entscheidung") übermittelt werden muss. Mithilfe des Vertrags kann die Process-Engine überprüfen, ob die Rückgaben der Benutzungsoberfläche den Vorgaben entsprechen.

Schließlich müssen die zurückerhaltenen Werte noch in die entsprechenden Variablen des Prozesses eingetragen werden. Dies ist in der unteren Hälfte von Abbildung 17 zu sehen. Beispielsweise wird der von der Oberfläche gelieferte Wert „proposalInput.price" mithilfe der Operation „setPrice" im Attribut „price" („preis") der Business-Variable „proposal" gespeichert.

Der Dialog-Editor von Bonita ist umfangreich und bietet zahlreiche Möglichkeiten, Dialoge flexibel und benutzungsfreundlich zu gestalten. Damit ist allerdings eine gewisse Komplexität verbunden. Es ist recht aufwendig, einen kompletten Dialog zu entwickeln und sicherzustellen, dass die Kommunikation mit der Process-Engine korrekt funktioniert.

Glücklicherweise lässt sich diese Aufgabe weitgehend automatisieren. So kann man sich aus der Struktur einer Business-Variable einen Vertrag generieren lassen, aus dem wiederum automatisch ein funktionsfähiger Benutzungsdialog erstellt werden kann. Dabei werden auch die Operationen erzeugt, mit denen die vom Dialog zurückgegebenen Werte in einer Business-Variable gespeichert werden. Man braucht dann nur noch das zu ändern, was einem an den automatisch generierten Ergebnissen nicht gefällt.

29

Der Dialog des Arbeitsschritts „Price Proposal" („Angebot kalkulieren") enthält drei Schaltflächen (Abbildung 18). Je nachdem, welche Schaltfläche man drückt, soll das Angebot entweder abgesendet, zur Überarbeitung zurückgegeben oder mit einer Absage beantwortet werden. Diese Auswahl soll im Attribut „decision" („entscheidung") der Business-Variable „proposal" gespeichert werden, damit im anschließenden Gateway der entsprechende Pfad gewählt werden kann.

Gemäß dem Vertrag in Abbildung 17 liefert der Dialog unter anderem auch einen Wert für „decision" zurück. Allerdings soll dieser Wert nicht manuell eingegeben, sondern über die drei Schaltflächen bestimmt werden. Entsprechen wurde der automatisch generierte Dialog angepasst. Je nachdem, welche Schaltfläche gedrückt wird, unterscheidet sich der zurückgegebene Datensatz hinsichtlich des Wertes von „decision".

Bei genauer Betrachtung des Dialogs stellt man fest, dass darüber hinaus weitere Anpassungen vorgenommen wurden. So ist die Schaltfläche „Send proposal" („Angebot senden") deaktiviert, wenn bei „Price" („Preis") noch kein Wert eingegeben wurde. Ebenso ist „Send proposal back for rework" („Angebot zur Überarbeitung zurücksenden") inaktiv, solange bei „Comment" („Kommentar") nichts eingetragen ist. Es wird also sichergestellt, dass kein Angebot ohne Preis versandt werden kann und dass bei einer Überarbeitung immer ein Kommentar mit den Änderungswünschen vorliegt.

Das Deaktivieren von Oberflächen-Elementen in Abhängigkeit von Werten anderer Elemente ist nur ein Beispiel für die zahlreichen Möglichkeiten, einen Dialog mit zusätzlicher Logik zu versehen.

Weitere Ausführungen zum Thema „Benutzungsoberfläche" finden sich in Kapitel 6.

2.5.5 Verzweigung

Auf den Task „Price Proposal" („Angebot kalkulieren") folgt eine exklusive Verzweigung mit drei Ausgängen (Abbildung 19). Den aus dem Gateway ausgehenden Sequenzflüssen sind Bedingungen hinterlegt. Darin wird der Wert des Business-Variable-Attributs „decision" („entscheidung") überprüft.

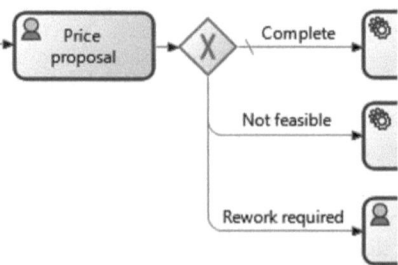

Abbildung 19: Verzweigung mit drei Ausgängen

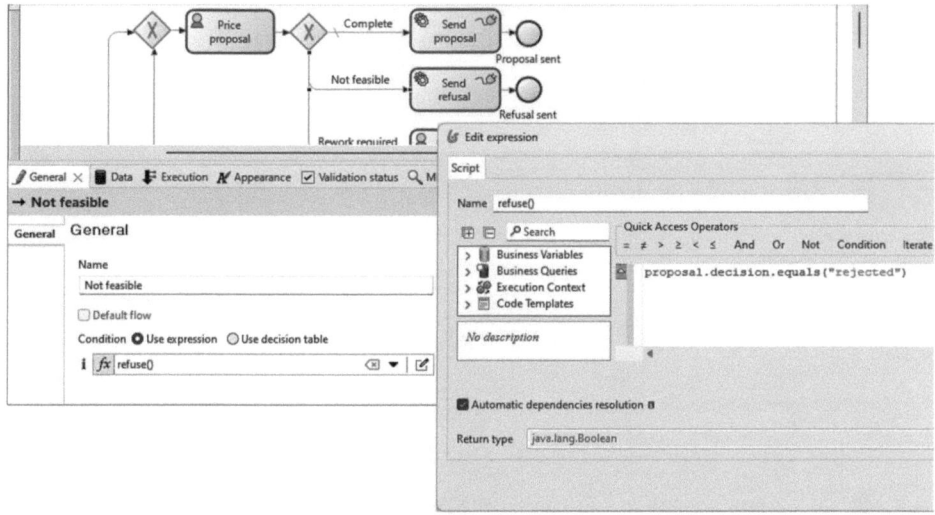

Abbildung 20: Bedingung am Sequenzfluss mit der Bezeichnung „Not feasible" („Nicht machbar")

So lautet die Bedingung an dem unteren Sequenzfluss mit der Beschriftung „Rework required" („Überarbeitung erforderlich") folgendermaßen:

```
proposal.decision.equals("reworkRequired")
```

Hierbei wird mit der „equals"-Funktion überprüft, ob das Attribut „decision" den Wert „reworkRequired" („überarbeitungErforderlich") enthält.

Entsprechend wird am mittleren Sequenzfluss geprüft, ob das Attribut den Wert „rejected" („abgelehnt") hat (Abbildung 20).

Der obere aus dem Gateway ausgehende Sequenzfluss mit der Beschriftung „Complete" („Vollständig") ist mit einem kleinen Schrägstrich als Default- oder Standard-Ausgang gekennzeichnet. Dieser wird automatisch gewählt, wenn keine der Bedingungen an den anderen Gateway-Ausgängen zutrifft. Daher muss hier keine Bedingung eingetragen werden.

Kapitel 3 enthält zahlreiche Beispiele für Prozesse mit verschiedenen Arten von Verzweigungen und vielen weiteren Aspekten des Sequenzflusses.

2.5.6 Automatisierte Aktivitäten und Anbindung von Drittsystemen

Neben den User-Tasks finden sich in dem betrachteten Prozess die zwei Service-Tasks „Send proposal" („Angebot versenden") und „Send refusal" („Absage versenden"). Ein Service ist eine automatisierte Funktion mit einer Schnittstelle, über die er z. B. von einem Prozess aufgerufen werden kann. Service-Tasks werden in BPMN mit kleinen Zahnrädern gekennzeichnet.

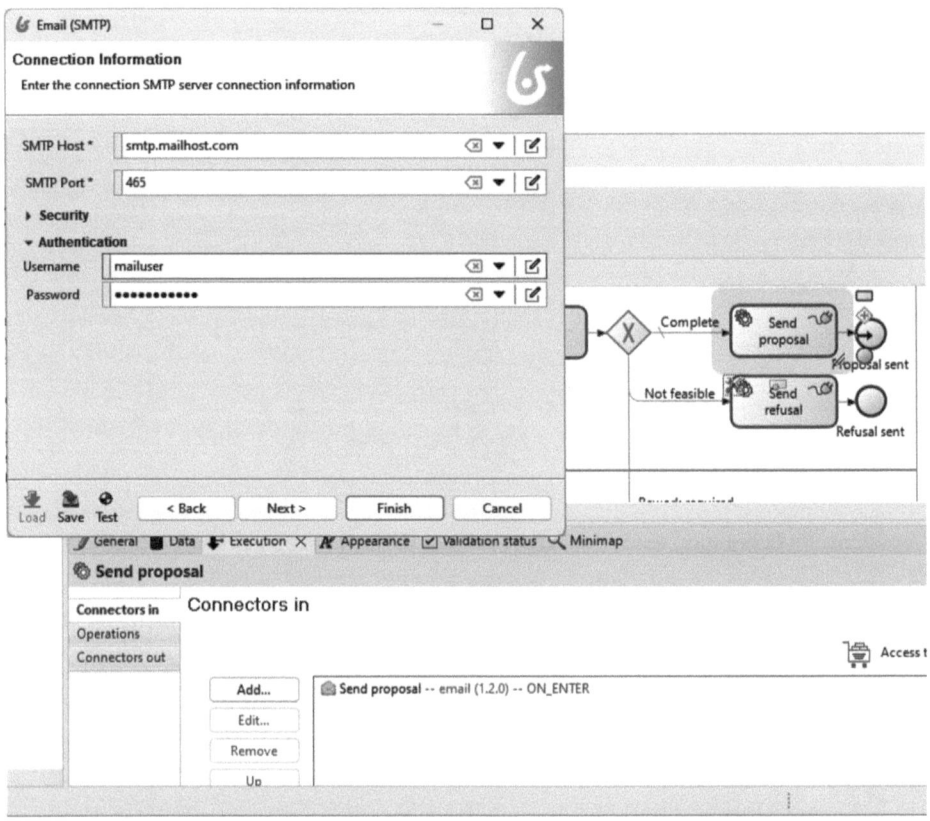

Abbildung 21: E-Mail-Konnektor des Arbeitsschritts „Angebot versenden"

Wie in Abbildung 21 zu sehen ist, enthalten die beiden Arbeitsschritte zusätzlich Bonita-spezifische Steckersymbole, die angeben, dass diese Schritte über Konnektoren verfügen. Konnektoren dienen in Bonita zur Anbindung externer Systeme und zum Aufruf diverser Funktionalitäten. Wie andere BPMS enthält Bonita eine Reihe vordefinierter Konnektoren.

Im vorliegenden Fall wird ein Konnektor zum Versenden einer E-Mail über einen Mailserver verwendet. Damit die Anbindung funktioniert, benötigt der Konnektor eine Reihe von Angaben, wie die Adresse des Mailservers und die Zugangsdaten (links in Abbildung 21).

Auch die zu versendende Mail mit Absender, Empfänger, Betreff und Inhalt muss spezifiziert werden. Wie Abbildung 22 zeigt, wird hierbei wieder auf die oben definierte Business-Variable „proposal" („Angebot") zurückgegriffen. So wird die E-Mail an die zu Beginn des Prozesses eingegebene, im Attribut „proposal.email" gespeicherte Adresse

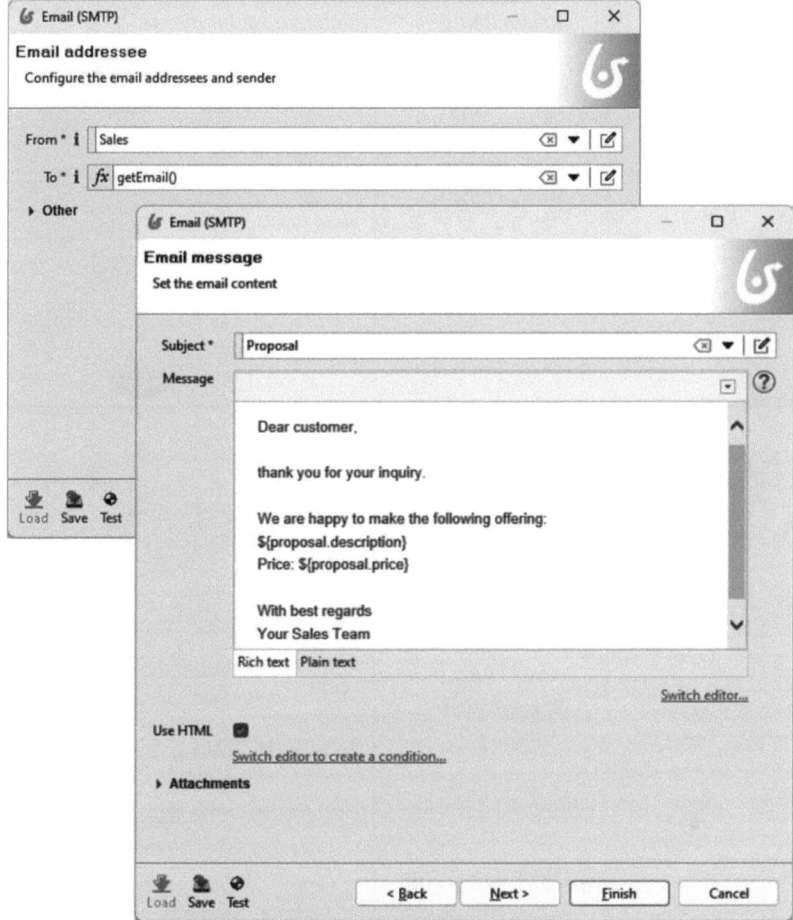

Abbildung 22: Aufbau der zu versendenden E-Mail

versandt. In dem Text werden die Platzhalter „${proposal.description}" und „${proposal.price}" durch die Werte der entsprechenden Attribute ersetzt.

Nun ist das Prozessmodell mit allen notwendigen Angaben versehen. Damit kann es auf den Server übertragen und ausgeführt werden.

2.6 Prozessausführung

Nachdem der Prozess hochgeladen (engl. deployed) ist, kann er ausgeführt werden. In Tabelle 1 und Tabelle 2 wird ein Beispielablauf beschrieben.

Position im Prozess	Beschreibung	Darstellung im Portal
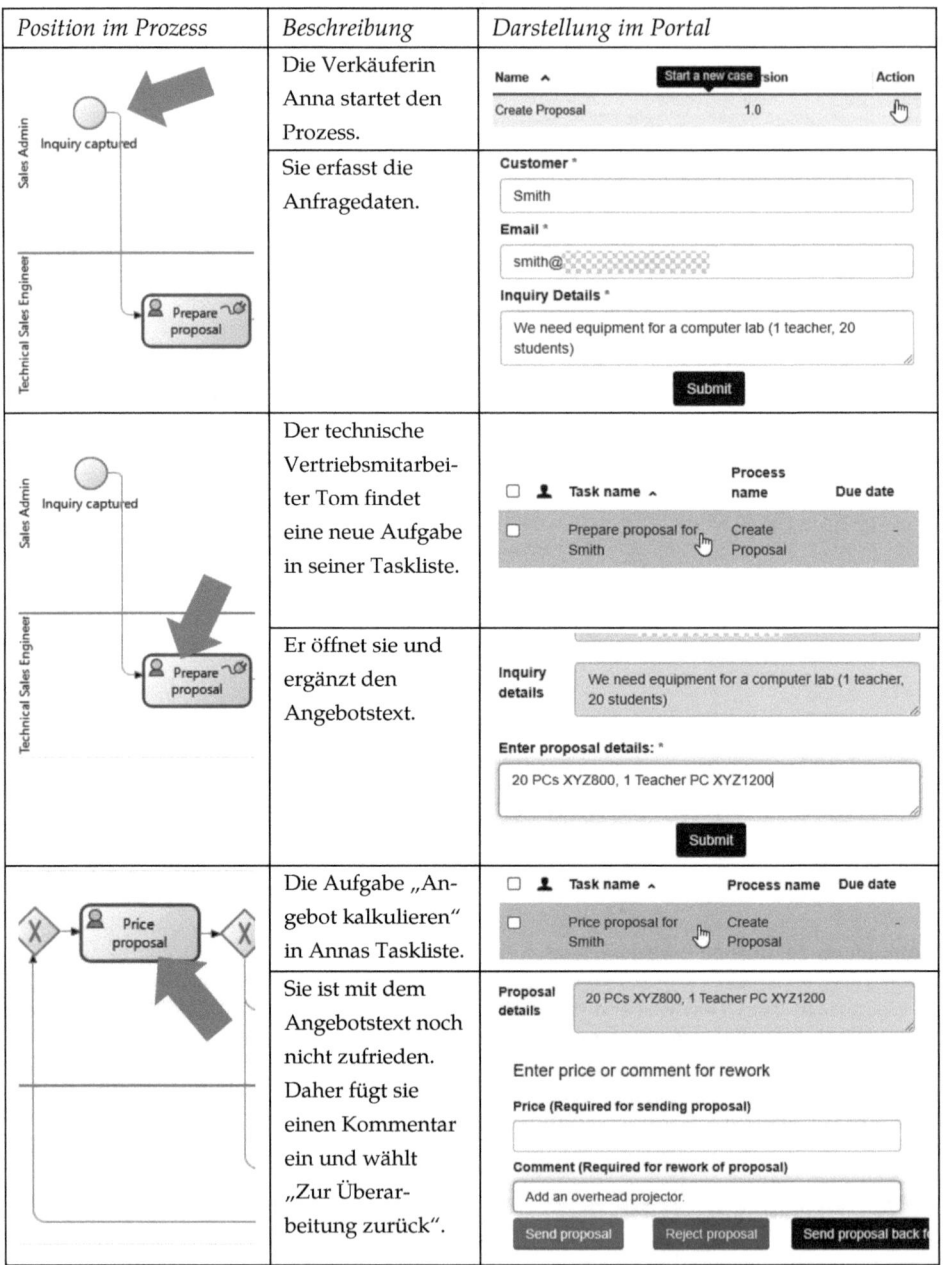	Die Verkäuferin Anna startet den Prozess.	**Name** ^ — **Start a new case** sion — **Action** Create Proposal — 1.0
	Sie erfasst die Anfragedaten.	**Customer** * Smith **Email** * smith@ **Inquiry Details** * We need equipment for a computer lab (1 teacher, 20 students) **Submit**
	Der technische Vertriebsmitarbeiter Tom findet eine neue Aufgabe in seiner Taskliste.	☐ 👤 **Task name** ^ — **Process name** — **Due date** ☐ Prepare proposal for Smith — Create Proposal — -
	Er öffnet sie und ergänzt den Angebotstext.	**Inquiry details** — We need equipment for a computer lab (1 teacher, 20 students) **Enter proposal details:** * 20 PCs XYZ800, 1 Teacher PC XYZ1200 **Submit**
	Die Aufgabe „Angebot kalkulieren" in Annas Taskliste.	☐ 👤 **Task name** ^ — **Process name** — **Due date** ☐ Price proposal for Smith — Create Proposal — -
	Sie ist mit dem Angebotstext noch nicht zufrieden. Daher fügt sie einen Kommentar ein und wählt „Zur Überarbeitung zurück".	**Proposal details** — 20 PCs XYZ800, 1 Teacher PC XYZ1200 Enter price or comment for rework **Price (Required for sending proposal)** **Comment (Required for rework of proposal)** Add an overhead projector. **Send proposal** — **Reject proposal** — **Send proposal back**

Tabelle 1: Ausführung des Prozesses „Create Proposal" („Angebot erstellen") – Teil 1

Position im Prozess	Beschreibung	Darstellung im Portal
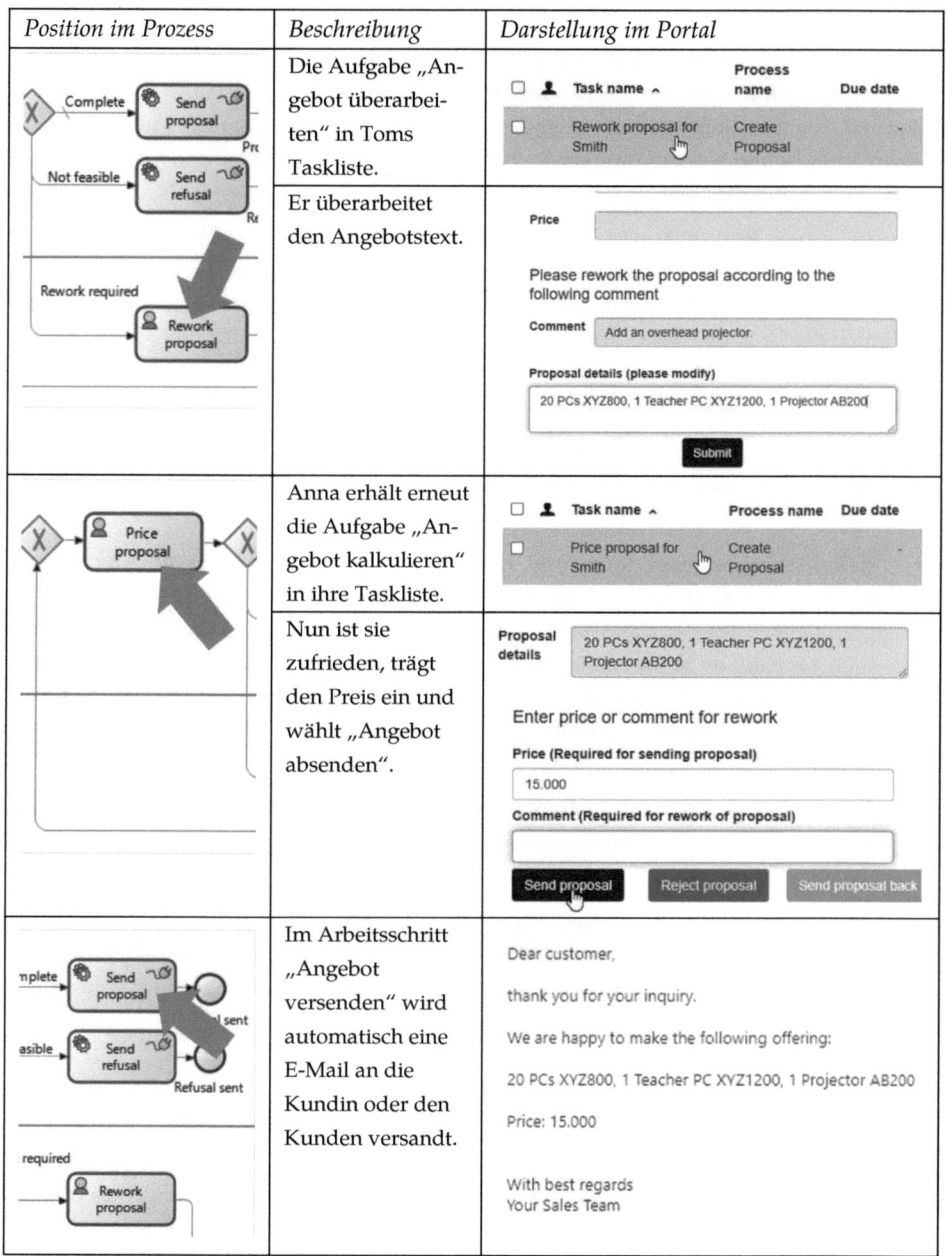	Die Aufgabe „Angebot überarbeiten" in Toms Taskliste.	Task name ∧ / Process name / Due date — Rework proposal for Smith / Create Proposal / -
	Er überarbeitet den Angebotstext.	Price [ ] — Please rework the proposal according to the following comment — Comment: Add an overhead projector. — Proposal details (please modify): 20 PCs XYZ800, 1 Teacher PC XYZ1200, 1 Projector AB200 — Submit
	Anna erhält erneut die Aufgabe „Angebot kalkulieren" in ihre Taskliste.	Task name ∧ / Process name / Due date — Price proposal for Smith / Create Proposal / -
	Nun ist sie zufrieden, trägt den Preis ein und wählt „Angebot absenden".	Proposal details: 20 PCs XYZ800, 1 Teacher PC XYZ1200, 1 Projector AB200 — Enter price or comment for rework — Price (Required for sending proposal): 15.000 — Comment (Required for rework of proposal): [ ] — Send proposal / Reject proposal / Send proposal back
	Im Arbeitsschritt „Angebot versenden" wird automatisch eine E-Mail an die Kundin oder den Kunden versandt.	Dear customer, — thank you for your inquiry. — We are happy to make the following offering: — 20 PCs XYZ800, 1 Teacher PC XYZ1200, 1 Projector AB200 — Price: 15.000 — With best regards Your Sales Team

Tabelle 2: Ausführung des Prozesses „Create Proposal" („Angebot erstellen") – Teil 2

Die Aktivitäten in den Lanes „Sales Admin" („Verkäuferin" oder „Verkäufer") und „Technical Sals Engineer" („Technische Vertriebsmitarbeiterin" oder „Technischer Vertriebsmitarbeiter") können jeweils von den Benutzerinnen und Benutzern durchgeführt werden, die zur betreffenden Gruppe gehören. Im vorgestellten Beispiel gibt es nur einen technischen Vertriebsmitarbeiter, aber drei Verkäuferinnen und Verkäufer. Letztere können alle drei den Prozess starten.

Wenn in einem Prozessdurchlauf der Task „Price proposal" („Angebot kalkulieren") ansteht, erhalten alle drei Verkäuferinnen und Verkäufer diesen Arbeitsschritt in ihre Tasklisten eingetragen. Es ist nämlich egal, wer die Aufgabe bearbeitet. Sie oder er muss lediglich der Gruppe „Sales Administration" („Verkaufsadministration") angehören. Sobald eines der drei Mitglieder dieser Gruppe die Aufgabe bearbeitet, verschwindet der betreffende Eintrag bei den anderen beiden.

Ein BPMS bietet aber noch mehr Möglichkeiten als nur die simple Ausführung des vordefinierten Prozesses. Typische Funktionen bei der Durchführung einer Prozessinstanz sind etwa:

- **Arbeitsschritte reservieren und freigeben:** Wie oben erläutert, erhalten alle Mitglieder einer Gruppe die zugeordneten Arbeitsschritte in ihre Tasklisten eingetragen. Falls eines der Gruppenmitglieder einen bestimmten Arbeitsschritt übernehmen möchte, so kann es diesen für sich reservieren. Dies ist beispielsweise dann sinnvoll, wenn eine Person mit dem betreffenden Fall schon vertraut ist. Der Arbeitsschritt erscheint dann nur noch bei dieser Person. Aus den Tasklisten der anderen Gruppenmitglieder wird er hingegen gelöscht.

- **Den bisherigen Ablauf nachvollziehen:** Man kann sich ansehen, welche Aufgaben in einer bestimmten Prozessinstanz bereits erledigt wurden und wer sie jeweils durchgeführt hat.

- **Fristeinhaltung sicherstellen:** Wenn für einen Prozess oder eine Aktivität eine maximale Dauer festgelegt wurde, dann kann die Process-Engine dies überwachen. So können beispielsweise Arbeitsschritte, bei denen die Fristeinhaltung gefährdet ist, mit einem Warnhinweis markiert werden

2.7 Management von Prozessen und Prozessinstanzen

Im Gegensatz zu den Prozessbeteiligten, deren vorrangige Aufgabe die Bearbeitung der einzelnen Schritte ist, sind die Administratorinnen und Administratoren eines BPMS für das übergreifende Management der Prozesse und Prozessinstanzen verantwortlich.

Bei Bedarf können sie sich im Administrationsportal Details der installierten Prozesse, der laufenden und abgeschlossenen Prozessinstanzen sowie der einzelnen Tasks ansehen. Eine genauere Betrachtung der Daten, die ein BPMS über die Prozesse und ihre

Ausführung verwaltet, findet sich in Abschnitt 4.1. Dort sind auch einige Ansichten aus dem Administrationsportal abgebildet.

Administratorinnen und Administratoren greifen ein, wenn Probleme bei einzelnen Prozessinstanzen auftreten. Beispielsweise kann es vorkommen, dass bestimmte Arbeitsschritte überfällig werden, weil aus der vorgesehenen Gruppe der Bearbeiterinnen und Bearbeiter niemand verfügbar ist, z. B. wegen Krankheit. Dann kann man diese Arbeitsschritte auch ganz anderen Bearbeiterinnen oder Bearbeitern zuweisen und dadurch die rechtzeitige Erledigung sicherstellen.

Es kann auch passieren, dass eine Prozessinstanz stecken bleibt. Dies ist dann der Fall, wenn in dem Prozess auf ein Ereignis gewartet wird, das nicht mehr eintreten kann, oder wenn keine der Bedingungen an einer Verzweigung erfüllt ist. Bei solchen „Deadlocks" (Verklemmungen) handelt es sich um Fehler im Prozessdesign, die normalerweise durch ausführliche Tests gefunden werden sollten. Dennoch ist nie auszuschließen, dass auch in den produktiv genutzten Prozessen noch der eine oder andere versteckte Fehler schlummert, der in seltenen Situationen tatsächlich zu einem Problem führt.

Falls es nicht möglich ist, eine problematische Prozessinstanz so zu ändern, dass anschließend eine Weiterführung möglich ist, wird man sie komplett abbrechen und die am Prozess Beteiligten informieren. Diese können dann ggf. den Prozess neu starten oder – bei schwerwiegenden Problemen im Prozessdesign – den betreffenden Einzelfall manuell bearbeiten. Bei einem solchen grundsätzlichen Problem sollte zudem das Prozessmodell überarbeitet werden.

Über das Administrationsportal lassen sich nicht nur die laufenden Prozessinstanzen ansehen, sondern auch die bereits beendeten. Abgeschlossene Instanzen bleiben im System gespeichert. Ihre Historie kann später als Nachweis dienen. So lässt sich beispielsweise dokumentieren, dass in einem konkreten Fall alle in einem Prozess vorgeschriebenen Prüfungen und Freigaben korrekt durchgeführt wurden.

Die lückenlose Dokumentation aller durchgeführten Schritte mit den jeweiligen Beteiligten wird auch als „Audit-Trail" bezeichnet. Unternehmen müssen heute zunehmende Compliance-Anforderungen erfüllen, d. h., sie müssen sicherstellen, dass sie die für ihre Branche geltenden Gesetze und Normen einhalten. Ein Audit-Trail kann hierfür entsprechende Nachweise liefern.

Die gespeicherten Prozessinstanzen stellen darüber hinaus eine wertvolle Datenquelle für das „Process-Mining" dar, also für die Rekonstruktion und die Analyse des tatsächlichen Prozessgeschehens.

Die Administration kümmert sich neben den einzelnen Prozessinstanzen auch um die Prozessdefinitionen. Beispielsweise müssen neu entwickelte oder geänderte Prozesse auf den Server hochgeladen und freigegeben werden.

Ein freigegebener Prozess lässt sich auch deaktivieren. In diesem Fall kann keine neue Instanz dieses Prozesses mehr gestartet werden. Die bereits laufenden Instanzen können aber noch zu Ende geführt werden.

Dies hat insbesondere Vorteile, wenn ein Prozess geändert wird. In diesem Fall erstellen Entwicklerinnen und Entwickler eine neue Version des Prozesses. Nach dem Hochladen wird die alte Version deaktiviert und die neue aktiviert. Damit laufen neu gestartete Instanzen gemäß der neuen Version ab, während die bereits laufenden Instanzen weiter nach der alten Version bearbeitet werden.

Würde man die bereits laufenden Prozessinstanzen mit ihren ganz verschiedenen Bearbeitungsständen nach der neuen Prozessdefinition weiterführen, könnte dies zu Problemen führen. Nutzt die neue Version beispielsweise eine neu hinzugekommene Variable in der Formulierung einer Bedingung, so hätte diese Variable in den Instanzen der alten Version noch gar keinen Wert erhalten, und die Bedingung könnte nicht ausgewertet werden.

Die Möglichkeit, Prozesse zu ändern, ohne das System anzuhalten und ohne bereits laufende Prozesse abzubrechen, ist ein wesentlicher Vorteil gegenüber konventionell entwickelter Software, bei der nach einer Änderung das komplette System neu kompiliert, installiert und gestartet werden muss.

3 Sequenzfluss

Im Zentrum eines Prozessmodells steht der Sequenzfluss. Er bestimmt, welche einzelnen Aktivitäten aufeinander folgen. Der einfachste Fall besteht darin, dass sie nacheinander in immer derselben Reihenfolge abgearbeitet werden. Hierzu müssen sie – ausgehend von einem Startereignis – einfach nur über Sequenzfluss-Pfeile miteinander verbunden werden. Der Abschluss wird durch ein Endereignis markiert.

Der Sequenzfluss lässt sich mithilfe von „Tokens" (Marken) veranschaulichen. Dabei stellt man sich vor, dass das Startereignis jedes Mal, wenn eine Prozessinstanz gestartet wird, eine Marke erzeugt. Diese Marke fließt dann entlang des Sequenzflusses durch das Prozessmodell, bis sie schließlich von einem Endereignis verschluckt wird.

3.1 Exklusiver Gateway

In dem eingangs verwendeten Beispielprozess „Create Proposal" („Angebot erstellen") aus Abbildung 1 wurde im Anschluss an den Task „Price proposal" („Angebot kalkulieren) ein exklusiver Gateway mit drei Ausgängen verwendet. Kommt an diesem Gateway eine Marke an, so wird sie über einen der drei Ausgänge weitergeleitet – je nachdem, welche Bedingung zutrifft.

Bei einem exklusiven Gateway wird jedes Mal, wenn eine Marke eintrifft, genau ein Ausgang gewählt. Daher muss jeder Ausgang über eine Bedingung verfügen, und die Bedingungen müssen so formuliert sein, dass immer genau eine davon zutrifft. Einzige Ausnahme: Wird ein Ausgang mit einem kleinen Schrägstrich als Standard- oder Default-Ausgang gekennzeichnet, so muss an diesem Ausgang keine Bedingung angegeben werden. In Abbildung 1 wurde dies beim obersten Ausgang gemacht, der mit „Complete" („Komplett") bezeichnet ist. Dieser Ausgang wird immer dann gewählt, wenn keine der Bedingungen an den anderen Ausgängen zutrifft.

In den Bedingungen werden meist die Werte bestimmter Variablen mit Sollwerten verglichen. Eine für das betrachtete Beispiel formulierte Bedingung wurde in Abschnitt 2.5.5 vorgestellt.

An dem zusammenführenden exklusiven Gateway vor „Price proposal" („Angebot kalkulieren") wird jede ankommende Marke über den einzigen Ausgang weitergeleitet, unabhängig davon, an welchem Eingang sie ankommt. Es wäre auch möglich, den zusammenführenden Gateway wegzulassen und die beiden eingehenden Sequenzflüsse direkt in den folgenden Task münden zu lassen. Es ist aber empfehlenswert, einen Gateway zu verwenden. Es wird dann im Modell deutlicher sichtbar, dass an dieser Stelle mehrere exklusive Sequenzflüsse zusammengeführt werden.

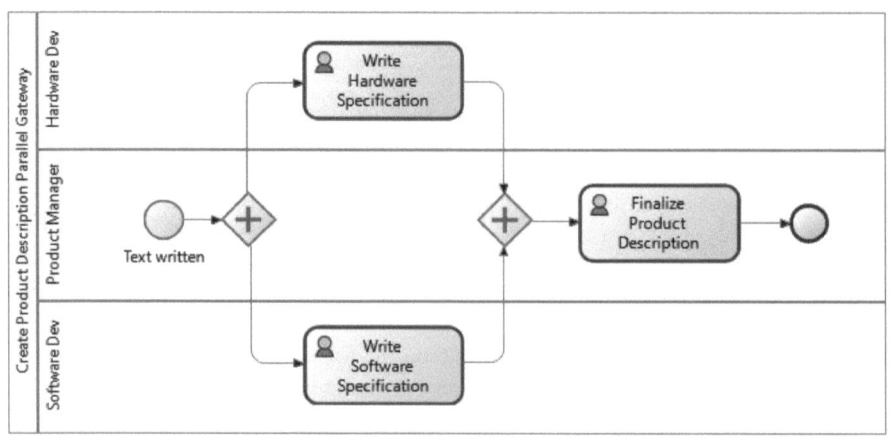

Abbildung 23: Prozess mit parallelen Gateways

3.2 Paralleler Gateway

Den mit einem „+"-Zeichen markierten Gateway verwendet man zur Modellierung parallel ablaufender Prozessabschnitte. Der Prozess in Abbildung 23 zur Erstellung eines Produktblatts wird durch das Startereignis „Text written" („Text geschrieben") ausgelöst. Dieses Startereignis wird erzeugt, wenn die Produktmanagerin oder der Produktmanager in dem Start-Dialog des Prozesses einen Text eingibt und den Dialog abschickt.

Auf das Startereignis folgen die beiden parallelen Arbeitsschritte „Write Hardware Specification" („Hardwarespezifikation schreiben") und „Write Software Specification" („Softwarespezifikation schreiben)". Eine am parallelen Gateway ankommende Marke wird in zwei Teilmarken aufgesplittet, sodass über jeden Ausgang eine Marke ausgegeben wird. Wenn der einführende Text erstellt wurde, dann erhalten sowohl die für die Hardware-Entwicklung als auch die für die Software-Entwicklung zuständigen Personen jeweils eine Aufgabe in ihrer Taskliste (Abbildung 24). Welche Aufgabe zuerst durchgeführt wird, ist unerheblich. Sie können auch zur gleichen Zeit bearbeitet werden. Wichtig ist nur, dass alle beide erledigt werden. Denn erst, wenn beide abgeschlossen

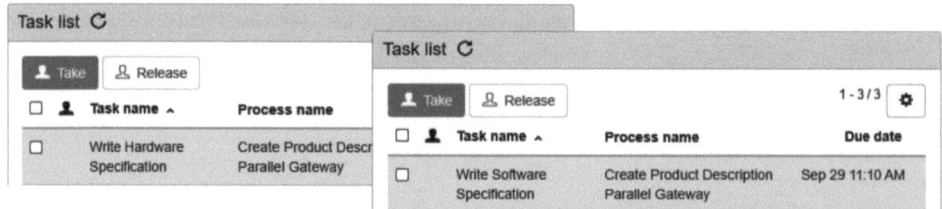

Abbildung 24: Parallele Arbeitsschritte in den Tasklisten der beiden zuständigen Personen

sind, erhält die Produktmanagerin bzw. der Produktmanager die Aufgabe „Finalize Product Description" („Produktblatt fertigstellen") in ihre bzw. seine Taskliste.

Dies wird durch den zusammenführenden parallelen Gateway erreicht. Dort wird so lange gewartet, bis über jeden Eingang eine Marke angekommen ist. Wenn die letzte dieser Marken eintrifft, werden alle Marken zu einer einzigen Marke verschmolzen, die dann weitergeleitet wird.

Da bei einem verzweigenden parallelen Gateway immer über jeden Ausgang eine Marke ausgegeben wird, werden – anders als beim exklusiven Gateway – an den Ausgängen keine Bedingungen benötigt.

3.3   Inklusiver Gateway

Wird ein inklusiver, mit einem Kreis gekennzeichneter Gateway als Verzweigung eingesetzt, so werden immer ein oder mehrere Ausgänge gewählt. Wie beim exklusiven Gateway werden daher Bedingungen an den ausgehenden Sequenzflüssen benötigt, wobei auch mehrere oder alle gleichzeitig wahr werden dürfen. Bei mindestens einer aber muss dies der Fall sein.

In Abbildung 25 wird im Gegensatz zu Abbildung 23 nicht mehr davon ausgegangen, dass ein Produktblatt immer sowohl eine Hardware- als auch eine Softwarespezifikation enthalten muss. Es kann auch Produkte geben, die nur aus Hardware oder nur aus Software bestehen. Nach wie vor sind aber auch Produkte möglich, die eine Kombination aus Hard- und Software bilden.

Die Produktmanagerin bzw. der Produktmanager muss nun im Startdialog des Prozesses zusätzlich angeben, ob Hardware, Software oder beides enthalten ist. Diese Infor-

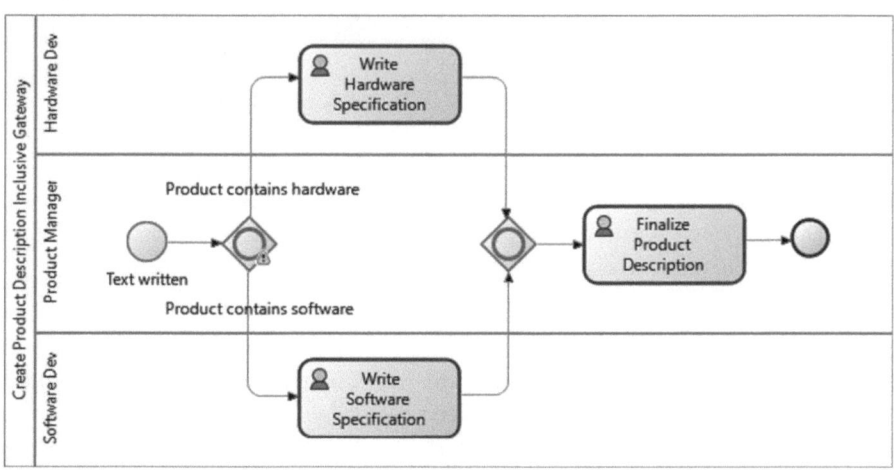

Abbildung 25: Prozess mit inklusiven Gateways

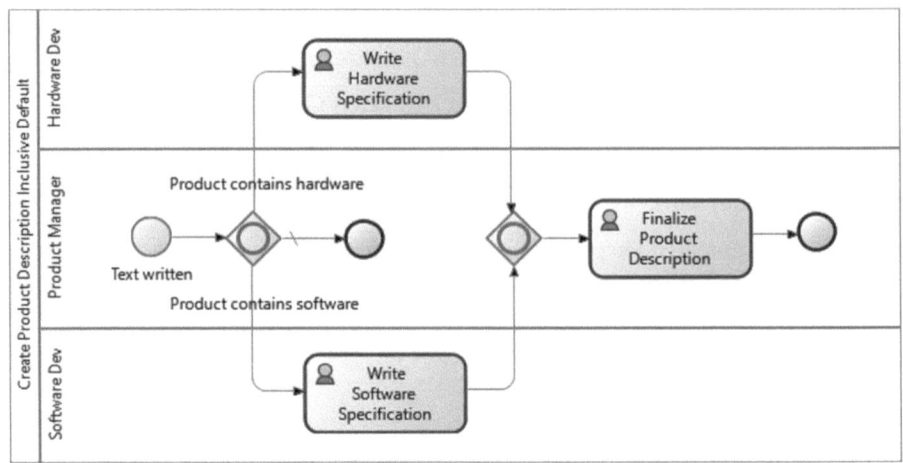

Abbildung 26: Der Default-Ausgang mit dem Schrägstrich sorgt dafür, dass immer ein Pfad gewählt wird.

mation wird in booleschen Variablen gespeichert, die an den Ausgängen des verzweigenden inklusiven Gateways überprüft werden. Gibt die Produktmanagerin bzw. der Produktmanager fälschlicherweise weder Hard- noch Software an, so bleibt der Prozess an der Verzweigung hängen, da keine der Bedingungen zutrifft. Bonita weist auf dieses Problem hin: Über das kleine Warnsymbol, das in Abbildung 25 am verzweigenden Gateway eingeblendet ist, wird man auf einen entsprechenden Hinweis aufmerksam gemacht.

In einem produktiv eingesetzten Prozess müsste ein solches Hängenbleiben verhindert werden. Hierfür kann man an der Verzweigung einen dritten Ausgang hinzufügen und mit einem Schrägstrich als Standard- oder Default-Ausgang kennzeichnen, der dann durchlaufen wird, wenn keine der Bedingungen an den anderen Ausgängen zutrifft. Damit ist sichergestellt, dass immer mindestens ein Ausgang gewählt wird.

In der Variante in Abbildung 26 führt der Default-Ausgang direkt zu einem Endereignis. Wenn weder Hard- noch Software enthalten sind, bezieht sich das Produktblatt möglicherweise auf ein reines Dienstleistungsprodukt, und der Schritt „Finalize Product Description" („Produktblatt fertigstellen") kann entfallen. Alternativ hätte man den Default-Fluss auch zur Zusammenführung verlaufen lassen können. Auf jeden Fall wird das Hängenbleiben des Prozesses verhindert.

Der zusammenführende inklusive Gateway stellt eine gewisse Herausforderung für eine Process-Engine dar. Die Ausführung der anderen bisher verwendeten Gateway-Typen ist einfach: Beim zusammenführenden exklusiven Gateway wird einfach jede ankommende Marke weitergeleitet. Beim parallelen Gateway wird gewartet, bis an jedem Eingang eine Marke angekommen ist. Im Gegensatz dazu muss die Process-Engine beim inklusiven Gateway wissen, auf welche Marken sie zu warten hat. Je nachdem, ob in

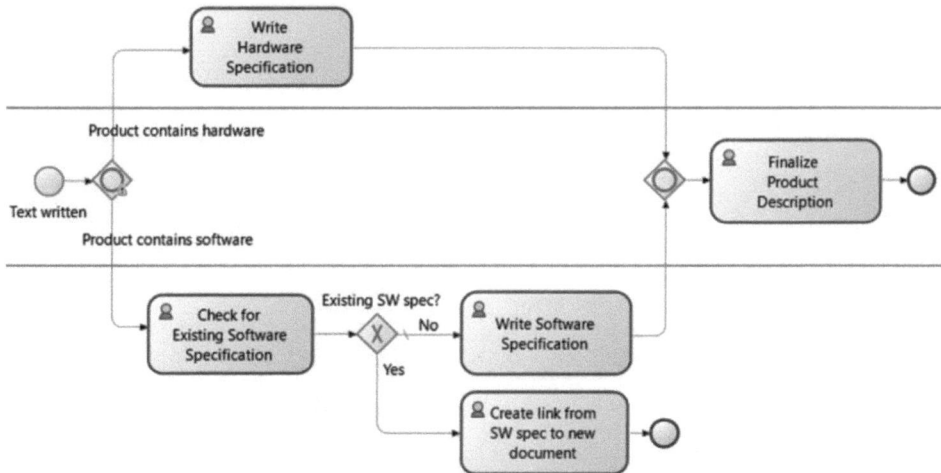

Abbildung 27: Nicht jede ausgehende Marke muss am zusammenführenden Gateway ankommen.

Abbildung 25 nur einer der Pfade oder aber alle beide gewählt wurden, muss der zusammenführende Gateway nach Eingang einer Marke entweder auf eine zweite Marke warten oder nicht.

Dabei genügt es auch nicht, zu wissen, wie viele Marken ein vorangegangener verzweigender Gateway losgeschickt hat. In Abbildung 27 wird im unteren Zweig zunächst in dem Task „Check for Existing Software Specification" geprüft, ob bereits eine geeignete Softwarespezifikation vorhanden ist. In diesem Fall zweigt die Marke ab zur nächsten Aktivität, „Create link from SW spec to new document" („Link von der Softwarespezifikation zum neuen Dokument erstellen").

Falls die Aktivität „Write Hardware Specification" („Hardwarespezifikation schreiben") schon durchgeführt wurde, wartet an der Zusammenführung bereits die Marke aus dem oberen Zweig. Erst wenn die untere Marke den exklusiven Gateway durch den „Yes"-Ausgang verlassen hat, steht fest, dass sie nicht mehr an der Zusammenführung ankommen kann. Der zusammenführende inklusive Gateway muss davon erfahren und daraufhin die Fortsetzung des Prozesses anstoßen.

Beim Prozess in Abbildung 27 wird davon ausgegangen, dass der Task „Finalize Product Description" („Produktblatt fertigstellen") nicht mehr durchgeführt werden muss, wenn keine Hardware-Spezifikation benötigt wird und die Software-Spezifikation bereits vorliegt. Denn in diesem Fall endet der Prozess damit, dass die einzige aus der Verzweigung ausgehende Marke das untere Endereignis erreicht. Soll der Task „Produktblatt fertigstellen" in jedem Fall durchgeführt werden, so muss man den untersten Sequenzfluss nicht in ein Endereignis münden lassen, sondern ebenfalls in den zusammenführenden inklusiven Gateway (Abbildung 28).

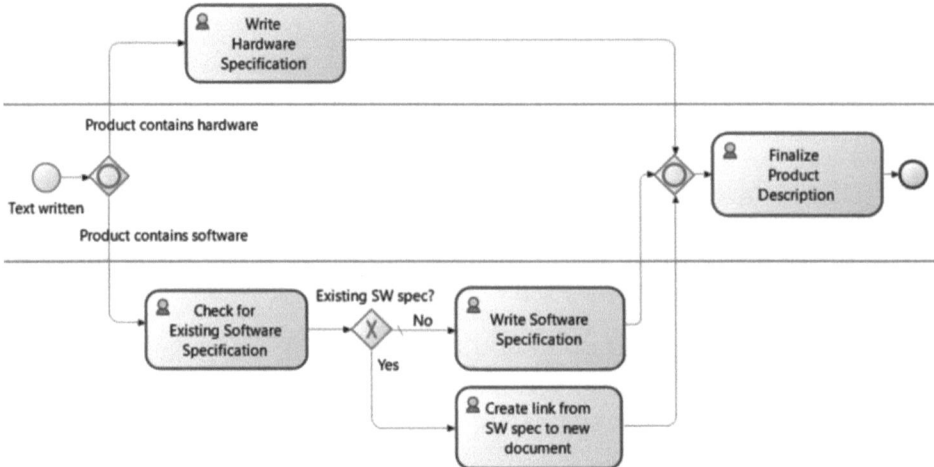

Abbildung 28: Der abzweigende Sequenzfluss mündet nun ebenfalls in den inklusiven Gateway.

Man kann noch wesentlich komplexere Fälle als in Abbildung 27 konstruieren. Es ist daher für BPMS-Hersteller nicht ganz einfach, die Logik eines zusammenführenden inklusiven Gateways zu programmieren. In komplexen Fällen kann dies je nach verwendetem BPMS auch einmal dazu führen, dass ein Modell anders als erwartet ausgeführt wird.

Das gewünschte Verhalten lässt sich aber auch durch Kombinationen unterschiedlicher Gateways erreichen. So kann man den abzweigenden Pfad aus Abbildung 28 zuerst über

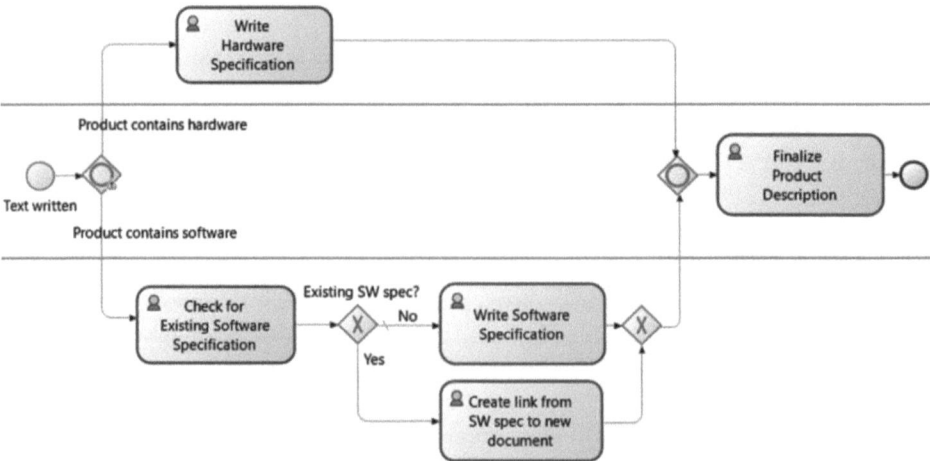

Abbildung 29: Hier wird die Abzweigung wieder über einen exklusiven Gateway zusammengeführt.

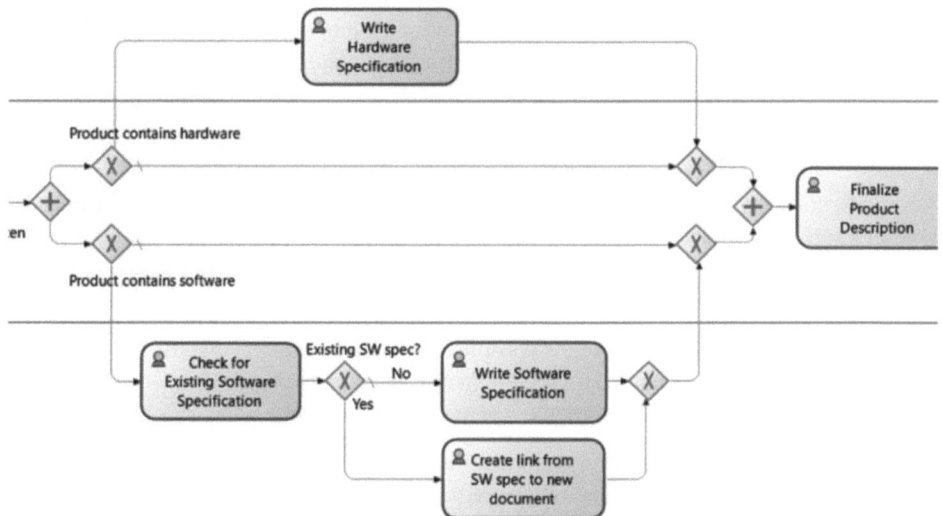

Abbildung 30: Die inklusiven Gateways sind durch parallele und exklusive Gateways ersetzt worden.

einen exklusiven Gateway wieder in den Hauptpfad münden lassen, bevor dieser dann in den inklusiven Gateway führt (Abbildung 29). Die Logik der Zusammenführung ist bei dieser Art der Modellierung auch leichter verständlich.

In der Regel kann man inklusive Gateways auch komplett durch Kombinationen von parallelen und exklusiven Gateways ersetzen. Zumeist wird das Modell dann aber etwas größer und unübersichtlicher. Das Modell aus Abbildung 30 bildet dasselbe Verhalten ab wie die Modelle in Abbildung 28 und Abbildung 29.

Der obere und der untere Pfad in Abbildung 30 gehen von einem parallelen Gateway aus. Damit werden immer genau zwei Marken ausgegeben. Sowohl im oberen als auch im unteren Zweig befindet sich jeweils eine exklusive Verzweigung mit zwei Ausgängen. Einer dieser Ausgänge enthält die betreffende Bedingung (Produkt enthält Hardware bzw. Software).

Trifft an einem der verzweigenden exklusiven Gateways die jeweilige Bedingung nicht zu, so wird automatisch der andere Sequenzfluss gewählt, der durch den kleinen Schrägstrich als Default-Ausgang markiert ist. Auf diese Weise werden immer zwei Marken weitergeleitet. Enthält das Produkt beispielsweise keine Hardware, so wird „Write Hardware Specification" („Hardwarespezifikation" schreiben) nicht ausgeführt. Stattdessen fließt die Marke über den Default-Zweig zum zusammenführenden exklusiven Gateway. Das Gleiche geschieht im unteren Pfad, wenn das Produkt keine Software enthält. Auf diese Weise kommt an jedem der beiden zusammenführenden exklusiven Gateways genau eine Marke an. Diese fließt zum anschließenden parallelen Gateway.

Wenn dort beide Marken angekommen sind, wird eine Marke ausgegeben, und es geht mit „Finalize Product Description" („Produktblatt fertigstellen") weiter.

3.4 Komplexer Gateway

Als weiteren Gateway-Typ kennt die BPMN den komplexen Gateway (Abbildung 31). Diesen kann man verwenden, wenn man das Verhalten bei einer Verzweigung oder einer Zusammenführung nicht so ohne Weiteres mit den einfachen Gateway-Typen darstellen kann.

Ein typisches Beispiel für ein solches komplexes Verhalten ist die „M-aus-N"-Logik, bei der über mehrere – aber nicht alle – eingehende Sequenzflüsse jeweils eine Marke ankommen muss. An n Eingängen müssen m Marken ankommen.

Hierzu ein Beispiel: Eine Regel in einem Konzern könnte lauten, dass die Entscheidung über regionale Projekte mehrere Stellungnahmen erfordert: zum einen von der betreffenden Niederlassung, zum anderen von der zuständigen Landesgesellschaft und schließlich von der Konzernleitung. Leider dauert es oftmals sehr lange, bis alle Stellungnahmen fertig sind. Daher wurde beschlossen, dass zwar immer alle drei Stellungnahmen angefordert werden, der Prozess aber bereits fortgeführt wird, sobald zwei davon vorliegen. Es müssen also 2 von 3 Marken am Gateway ankommen.

Falls das verwendete BPMS dieses Muster direkt unterstützt, ist die Umsetzung einfach. Allerdings ist dies längst nicht bei allen BPMS der Fall. Beispielsweise fehlt bei Bonita der komplexe Gateway in der Modellierungspalette. Sollen verschiedene Pfade mit unterschiedlichen Aktivitäten nach der „M-aus-N"-Logik zusammengeführt werden, so muss ein anderer Weg gefunden werden.

Eine Möglichkeit hierfür sieht man in Abbildung 32. Im Anschluss an den parallelen Gateway erhalten die drei zuständigen Bearbeiterinnen bzw. Bearbeiter in Konzern, Landesgesellschaft und Niederlassung in ihren Tasklisten jeweils die betreffende Aufgabe zum Erarbeiten einer Stellungnahme („Create headquarters' assessment" etc.). Um herauszufinden, wie viele Stellungnahmen bereits verfasst wurden, wird eine Prozessvariable „Zähler" definiert. Jedes Mal, wenn einer der drei parallelen Arbeitsschritte fertiggestellt ist, wird der Wert des Zählers um eins erhöht.

An dem jeweils anschließenden exklusiven Gateway wird überprüft, ob bereits zwei Stellungnahmen abgegeben wurden („2 assessments submitted"). Ist dies nicht der Fall, fließt die Marke über den Default-Sequenzfluss zu einem Endereignis und wird dort gelöscht. Hierdurch wird der betreffende Pfad beendet. Der Prozess läuft aber weiter,

Abbildung 31: Komplexer Gateway

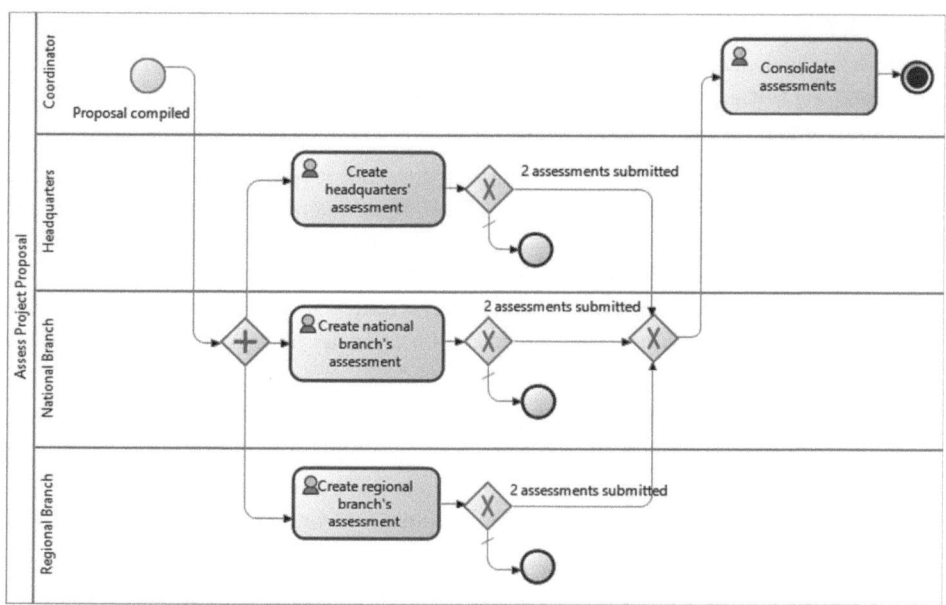

Abbildung 32: Zwei von drei parallelen Pfaden müssen durchlaufen sein, bevor der Prozess fortgesetzt wird.

solange sich noch andere Marken darin befinden. Auch die in dem jeweiligen Pfad erfassten Daten sind nicht verloren, da alle Prozessvariablen mit ihren Werten so lange bestehen bleiben, bis der Prozess komplett abgeschlossen ist.

Nur wenn der Zähler den Wert zwei hat und damit zwei der drei Stellungnahmen erarbeitet wurden, wird die Marke zum zusammenführenden exklusiven Gateway weitergeleitet, wodurch der Arbeitsschritt „Consolidate assessments" („Stellungnahmen zusammenfassen") in die Taskliste des „Coordinator" („Koordinatorin" bzw. „Koordinator") gelegt wird.

Was passiert mit dem Task zum Erarbeiten der dritten Stellungnahme? Zunächst ist die dritte vom parallelen Gateway ausgesandte Marke nach wie vor vorhanden. Die dritte Stellungnahme kann also auch noch erstellt werden. Wird dies gemacht, so fließt die betreffende Marke beim anschließenden exklusiven Gateway über den Default-Ausgang zu dem Endereignis, denn die Zahl der abgegebenen Stellungnahmen ist ja nun nicht mehr zwei, sondern drei. Wird die dritte Stellungnahme noch erstellt, bevor die Koordinatorin oder der Koordinator die Stellungnahmen zusammengefasst hat, dann ist dies durchaus nützlich, da diese weitere Stellungnahme auch noch mit berücksichtigt werden kann.

Wurde die Zusammenfassung hingegen bereits fertiggestellt, so ist es nicht mehr sinnvoll, die dritte Stellungnahme überhaupt noch zu verfassen. Daher wurde rechts oben ein mit einem dunklen Kreis ausgefülltes Terminierungs-Endereignis verwendet. Wird

47

dieses Endereignis von einer Marke erreicht, so wird nicht nur diese eine Marke gelöscht, sondern zugleich alle anderen Marken, die sich nach wie vor im Prozess befinden. Damit wird also auch die eventuell noch vorhandene dritte Marke entfernt und die dritte Stellungnahme wird nicht mehr erstellt.

Verwendet man anstelle des Terminierungs-Endereignisses ein gewöhnliches Endereignis, so existiert die dritte Marke auch nach dem Zusammenfassen der Stellungnahmen weiter. Damit bleibt auch der Task für die dritte Stellungnahme bei der zuständigen Person in der Taskliste, obwohl diese Stellungnahme nicht mehr berücksichtigt werden kann. Die Zusammenfassung ist ja bereits fertiggestellt. Das Terminierungs-Endereignis verhindert diese überflüssige Arbeit durch das Löschen der übrigen Marke und ist daher besser geeignet als ein gewöhnliches Endereignis.

Auch wenn man ein BPMS verwendet, das verschiedene komplexe Szenarien korrekt umsetzt und beispielsweise die beschriebene „M-aus-N"-Logik direkt unterstützt, wird man bei der Entwicklung von ausführbaren Prozessen immer wieder auf Fragestellungen stoßen, die einige Überlegungen und eventuell Umwege in der Modellierung und Umsetzung erfordern.

3.5 Unterprozess und Aufrufaktivität

Bei großen Prozessen kann es sinnvoll sein, verschiedene Details in Unterprozesse auszulagern. Damit wird das übergeordnete Modell besser überschaubar. Neben der Übersichtlichkeit gibt es noch weitere Gründe, Unterprozesse zu nutzen. So kann man sie als Schleifen- oder Mehrfachaktivitäten verwenden (siehe Abschnitt 3.6), und sie können als Ganzes abgebrochen werden (siehe Abschnitt 3.12).

Die BPMN sieht zwei Möglichkeiten vor, Unterprozesse zu bilden: Zum einen den „echten", integrierten Unterprozess. Dieser ist ein untrennbarer Teil eines einzigen übergeordneten Prozesses. Damit kann aus allen Aktivitäten des Unterprozesses direkt auf die Daten des übergeordneten Prozesses zugegriffen werden.

Die zweite Möglichkeit besteht darin, den Unterprozess als eigenständigen Prozess zu modellieren und über eine Aufrufaktivität aus dem übergeordneten Prozess heraus aufzurufen. Dies hat zur Konsequenz, dass der aufgerufene Prozess nicht mehr direkt auf die Daten des übergeordneten Prozesses zugreifen kann. Stattdessen müssen die benötigten Daten beim Aufruf explizit übergeben werden. Hierzu muss ein Mapping defi-

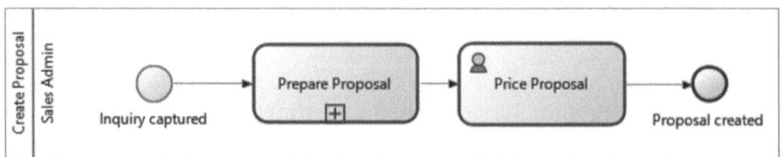

Abbildung 33: Prozess mit Unterprozess, der über eine Aufrufaktivität eingebunden ist

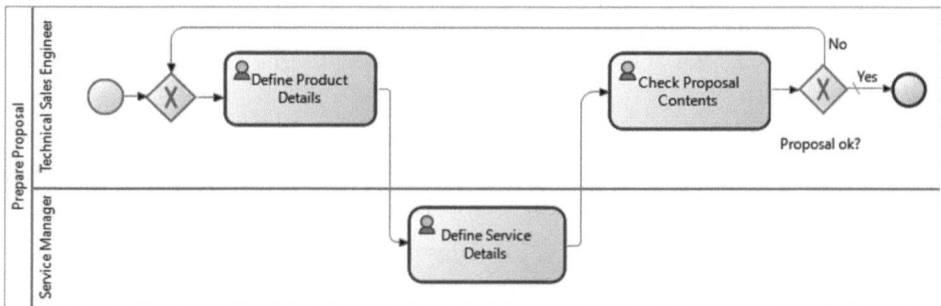

Abbildung 34: Der aufgerufene Unterprozess zu Abbildung 33

niert werden, d. h. eine Zuordnung, welche Variablenwerte beim Aufruf in welche Variablen des Unterprozesses übernommen werden. Für die Rückgabe von Werten nach Beendigung des Unterprozesses wird ein weiteres Mapping definiert.

Dies bedeutet zwar mehr Aufwand als beim „echten" Unterprozess, doch dafür können aufrufbare eigenständige Prozesse wiederverwendet werden. Es kann beliebig viele Aufrufaktivitäten in verschiedenen Prozessen geben, die alle auf denselben Prozess verweisen.

Bonita unterstützt keine „echten" Unterprozesse, sondern nur die Einbindung über Aufrufaktivitäten. Abbildung 33 zeigt wieder den – aus Platzgründen hier stark vereinfachten – Angebotserstellungsprozess. Diesmal sei die Ausarbeitung des Angebots („Prepare Proposal") etwas umfangreicher, weshalb sie als Unterprozess definiert wird. Das „+"-Zeichen am unteren Rand besagt, dass hier ein detaillierter Prozess hinterlegt ist. Die Positionierung der Aufrufaktivität in der Bahn „Sales Admin" (Verkäuferin bzw. Verkäufer) hat hier keine Auswirkung auf die Zuordnung von Actors. Diese Zuordnungen werden durch die Platzierung der einzelnen Aktivitäten in den Bahnen des Unterprozesses getroffen, wie in Abbildung 34 zu sehen ist.

Abbildung 35 zeigt das Daten-Mapping in Bonita. In dem geöffneten Register „Data to send" („zu sendende Daten") ist dargestellt, welche Daten beim Aufruf übergeben werden. Unter der Überschrift „Data from root process" („Daten aus dem Ursprungsprozess") sind die Variablen des übergeordneten Angebotsprozesses ausgewählt, deren

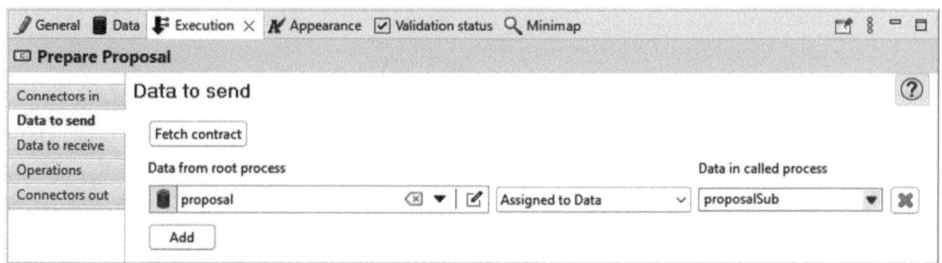

Abbildung 35: Daten-Mapping beim Aufruf eines anderen Prozesses

Werte übergeben werden sollen. Unter „Data in called process" („Daten im aufgerufenen Prozess") stehen die Variablen des aufgerufenen Prozesses, die die betreffenden Werte aufnehmen sollen.

Über die Schaltfläche „Add" („Hinzufügen") kann man weitere Variablen auswählen, um auch deren Werte zu übergeben. Jede Zielvariable des aufgerufenen Prozesses muss denselben Datentyp haben wie die zugehörige Ursprungsvariable.

Im vorliegenden Fall wird nur eine Ursprungsvariable verwendet: „proposal" („angebot"). Sie hat den selbst definierten Datentyp „Proposal" („Angebot"), der ein komplettes Angebot mit Kundenname, Beschreibung, Preis, etc. aufnehmen kann. Die „proposalSub" benannte Variable im aufgerufenen Prozess ist ebenfalls vom Typ „Proposal".

Alternativ wäre es möglich, mehrere Variablen mit einfachen Typen, wie Zahlen oder Strings (Zeichenketten) zu verwenden.

Ist der aufgerufene Prozess beendet, so kann er wiederum Daten an den Ursprungsprozess zurückgeben. Hierfür wird ebenfalls ein Daten-Mapping definiert. Dieses erreicht man in Bonita über den auf der linken Seite von Abbildung 35 zu sehenden Eintrag „Data to receive" („zu empfangende Daten").

Im vorliegenden Fall wird allerdings kein Mapping für zurückzugebende Daten benötigt. Der Grund dafür ist, dass für den selbst definierten Datentyp „Proposal" („Angebot") das Bonita-Konzept der Business-Variablen genutzt wurde. Übergibt man einem aufgerufenen Prozess eine Business-Variable, so werden – anders als bei einer einfachen Prozessvariable – nicht die enthaltenen Werte kopiert, sondern es wird eine Referenz auf das Original-Datenobjekt übermittelt. Sämtliche Änderungen, die der aufgerufene Prozess an diesem Datenobjekt durchführt, sind damit sofort auch im Ursprungsprozess wirksam.

Je nach verwendetem BPMS kann die Definition und Nutzung komplexer Datentypen unterschiedlich gelöst sein. Hinsichtlich der Übergabe und Rückgabe einfacher Datentypen sind die meisten Tools einander eher ähnlich. Eine ausführlichere Diskussion der Verwendung von Daten in Prozessen findet sich in Kapitel 4.

Führt man den übergeordneten Prozess aus, so startet beim Erreichen der Aufrufaktivität „Prepare proposal" („Angebot vorbereiten") erwartungsgemäß der aufgerufene Prozess mit seinem Starteueignis. Aufgrund des oben definierten Daten-Mappings referenziert die Variable „proposalSub" das im Ursprungsprozess erstellte Angebotsobjekt.

Ist das Endereignis des aufgerufenen Prozesses erreicht, so erfolgt ein Rücksprung in den Ursprungsprozess. Dort kann nun das um die Produkt- und Service-Details erweiterte Angebotsobjekt in der Aktivität „Price Proposal" („Angebot kalkulieren") mit einem Preis versehen werden.

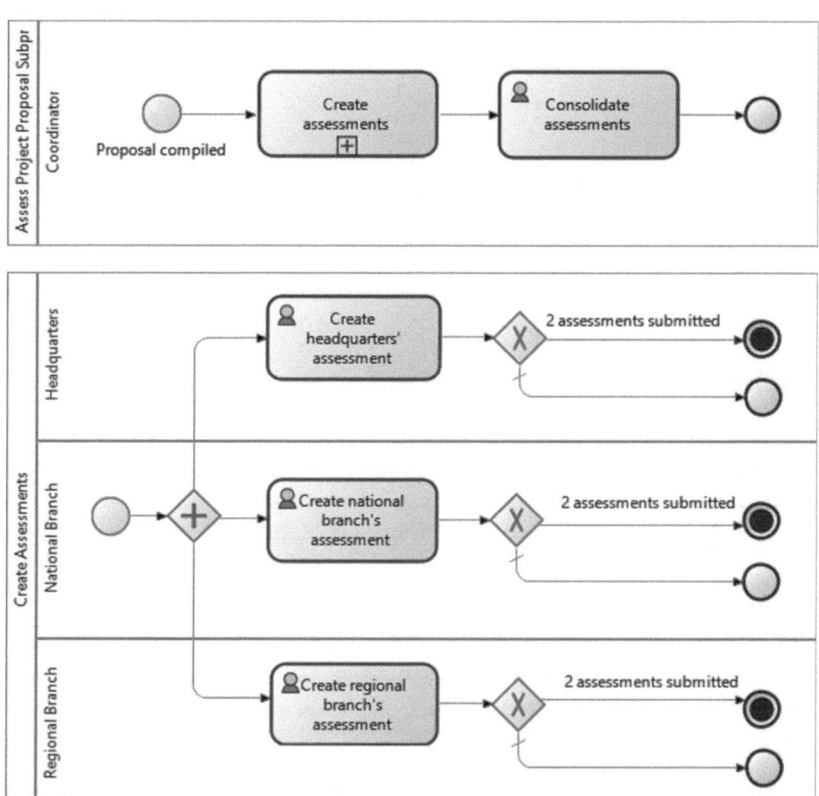

Abbildung 36: Bewertung eines Projektantrags, modelliert mit einer Aufrufaktivität (Alternative zu Abbildung 32)

Werden in einem aufgerufenen Prozess nicht nur eine, sondern mehrere Marken erzeugt (z. B. durch einen parallelen Gateway), so erfolgt der Rücksprung erst, wenn keine dieser Marken mehr existiert.

Auch der Prozess zur Bewertung eines Projektantrags aus Abbildung 32, bei dem zwei von drei Stellungnahmen vorliegen müssen, lässt sich mithilfe einer Aufrufaktivität modellieren (Abbildung 36).

Die drei parallelen Pfade mit den verschiedenen Stellungnahmen sind nun in einen eigenen Prozess ausgelagert, der über die Aktivität „Create assessments" („Stellungnahmen erarbeiten") aufgerufen wird. Sobald die zweite Stellungnahme fertiggestellt ist, wird ein Terminierungs-Endereignis erreicht. Dieses spezielle Endereignis sorgt dafür, dass der aufgerufene Prozess abgebrochen und die Kontrolle an den Ursprungsprozess zurückgegeben wird.

In Abbildung 32 stand der Task für die dritte Stellungnahme noch solange zur Verfügung, bis „Consolidate assessments" („Stellungnahmen zusammenfassen") abgeschlos-

51

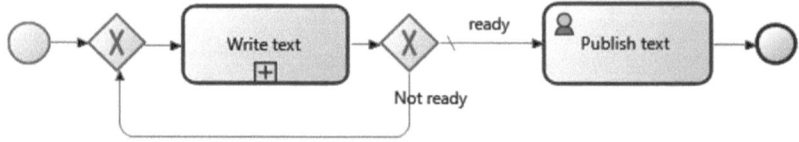

Abbildung 37: Schleife – modelliert mithilfe von exklusiven Gateways

sen war. Im Gegensatz dazu verhindert in dem Prozess aus Abbildung 36 der sofortige Abbruch des aufgerufenen Prozesses, dass noch eine dritte Stellungnahme verfasst wird.

3.6 Schleifen- und Mehrfachaktivität

Möchte man eine oder mehrere Aktivitäten mehrfach ausführen, so kann man dies wie in Abbildung 37 modellieren. Im Anschluss an die Aktivität „Write text" („Text schreiben") gelangt man von der exklusiven Verzweigung über den unteren Sequenzfluss zurück, und die Aktivität wird erneut ausgeführt. Das geht so lange, bis der Text freigegeben ist.

Dies kann mithilfe einer booleschen Variable realisiert werden. Sie hat zunächst den Wert „false". Von dem über die Aufrufaktivität gestarteten Unterprozess wird dieser Wert – wenn der Text okay ist – auf „true" gesetzt. Der mit „Not ready" („nicht fertig") bezeichnete Sequenzfluss enthält die Bedingung, dass die Variable den Wert „false" hat, der Text also noch nicht fertig ist.

Andernfalls, wenn der Wert „true" ist, tritt der durch den Schrägstrich gekennzeichnete Default-Fall ein, und es folgt der Task „Publish text" („Text veröffentlichen"). Auch das einführende Beispiel am Anfang des Buches enthielt bereits eine auf diese Weise modellierte Schleife (Abbildung 1).

Eine kompaktere Darstellung kann man mithilfe von Schleifenaktivitäten (engl. „Loop-Activities") erreichen. Dabei handelt es sich um Tasks oder Aufrufaktivitäten, die mit einem kleinen kreisförmigen Pfeil als Schleifensymbol versehen sind. Dieses Symbol bedeutet, dass die betreffende Aktivität in Abhängigkeit von einer Bedingung mehrfach ausgeführt wird. Der Prozess in Abbildung 38 tut daher genau dasselbe wie der in Abbildung 37.

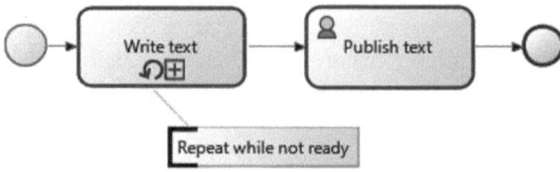

Abbildung 38: Schleifenaktivität

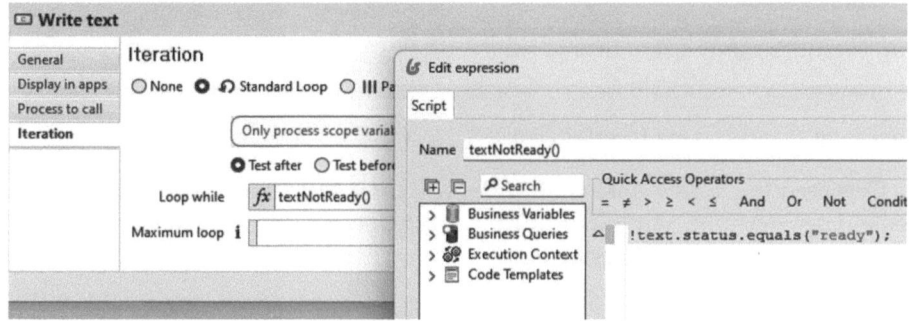

Abbildung 39: Bedingungen für eine Schleifenaktivität

Da es nun keinen Sequenzfluss mehr gibt, an dem man die Bedingung im Klartext notieren kann, wurde diese als Anmerkung hinzugefügt: „Repeat while not ready" („Wiederholen, solange nicht fertig"). Die eigentliche Bedingung wird aber in den Eigenschaftsdialog der Schleifenaktivität eingetragen. In Abbildung 39 steckt hinter dem Eintrag „textNotReady()" bei „Loop while" („Wiederhole, solange") der rechts angezeigte Ausdruck. Anstelle einer einfachen booleschen Variable wurde in dem Beispiel das Attribut „status" eines komplexen Datentyps „Text" verwendet. Das Ausrufezeichen bedeutet „nicht". Daher ist der Ausdruck true, wenn das Attribut „status" des Text-Objekts *nicht* den Wert „ready" („fertig") hat. Die Schleife wird also so lange wiederholt, wie der Text noch nicht fertig ist.

Da in dem Dialog auf der linken Seite von Abbildung 39 das Optionsfeld „Test after" („Testen nach") selektiert ist, wird die Bedingung nach jeder Ausführung der Aktivität überprüft. Die Aktivität wird daher mindestens einmal ausgeführt. Selektiert man hingegen „Test before" („Testen vor"), so wird die Überprüfung vor jeder Ausführung vorgenommen. Da es auch vorkommen kann, dass eine Bedingung von Anfang an nicht erfüllt ist, wird eine solche Aktivität unter Umständen gar nicht durchgeführt.

Schließlich lässt sich durch einen Eintrag bei „Maximum loop" eine Höchstzahl von Wiederholungen festlegen. Öfter wird die Schleife nicht durchlaufen, auch wenn die Bedingung noch zutrifft.

Neben der kompakteren Darstellung haben Schleifenaktivitäten einen weiteren Vorteil gegenüber der Modellierung mit Gateways und zurückführenden Sequenzflüssen: Sie lassen sich einfacher mithilfe von angehefteten Zwischenereignissen abbrechen. Dies wird in Abschnitt 3.12 erläutert.

Auch Abbildung 40 enthält eine Aktivität, die mehrfach ausgeführt wird. Der Task „Check order item" („Bestellposition prüfen") ist durch die drei Striche als mehrfach instanziierte Aktivität, kurz „Mehrfachaktivität", gekennzeichnet.

Order captured

Abbildung 40: Prozess mit Mehrfachaktivität

Im Gegensatz zur Schleifenaktivität wird hier nicht vor oder nach jedem Durchlauf eine Bedingung überprüft. Stattdessen wird die Aktivität für jedes Objekt aus einer vorher festgelegten Menge einmal ausgeführt.

Der Prozess in Abbildung 40 wird durch einen Dialog zur Erfassung einer Bestellung gestartet. Dabei kann eine Bestellung mehrere Positionen enthalten. In dem Dialog (Abbildung 41) können über die Schaltfläche „Add Order Item" („Bestellposition hinzufügen") links unten beliebig viele Positionen eingetragen werden.

In dem Prozess sollen die einzelnen Bestellpositionen überprüft werden. Dies könnte man auch mit einem einzigen, gewöhnlichen Task erledigen. Der Dialog für diesen Task könnte ebenso wie der in Abbildung 41 eine Auflistung aller Positionen enthalten, wobei zu jeder Zeile noch ein Feld hinzukäme, in das das Prüfungsergebnis für die jeweilige Position eingetragen werden könnte.

Nun kann es aber vorkommen, dass die einzelnen Bestellpositionen je nach Art der Artikel von unterschiedlichen Personen geprüft werden müssen.

Diesen Fall könnte man mit einer Schleife lösen: In jedem Schleifendurchlauf wird eine Bestellposition geprüft. Solange noch weitere ungeprüfte Positionen vorliegen, wird die Schleife erneut durchlaufen.

Order

Customer *		Order Date
ABC Ltd		08.10.

Order Items

Number	Product	Amount	
1	Notebook	2	✖
2	Mouse	3	✖
3	Case	2	✖
4	External Storage	1	✖

+ Add Order Item

Submit

Abbildung 41: Dialog zum Erfassen einer Bestellung mit mehreren Positionen

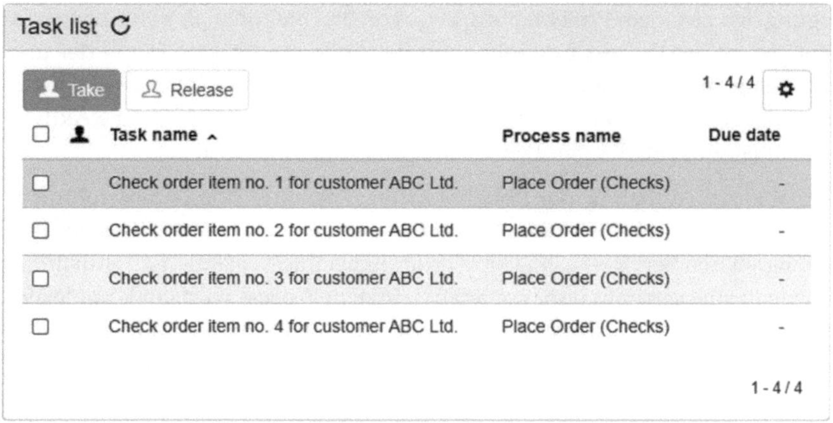

Task list ⟳			
👤 Take 👥 Release			1 - 4 / 4 ⚙
☐ 👤 Task name ⌃		Process name	Due date
☐ Check order item no. 1 for customer ABC Ltd.		Place Order (Checks)	-
☐ Check order item no. 2 for customer ABC Ltd.		Place Order (Checks)	-
☐ Check order item no. 3 for customer ABC Ltd.		Place Order (Checks)	-
☐ Check order item no. 4 for customer ABC Ltd.		Place Order (Checks)	-
			1 - 4 / 4

Abbildung 42: Bearbeitung von Mehrfachaktivitäten im Prozessportal

Dies hat jedoch den Nachteil, dass die Positionen nur streng sequenziell, d. h. eine nach der anderen, überprüft werden können. Falls beispielsweise die für die Prüfung der ersten Position zuständige Person nicht sofort verfügbar ist, kann in der Zwischenzeit keine andere Position geprüft werden. Hierdurch verlängert sich die Durchlaufzeit erheblich.

Verwendet man hingegen eine mit drei Strichen markierte Mehrfachaktivität wie in Abbildung 40, so können die Bestellpositionen parallel bearbeitet werden. Im vorliegenden Beispiel werden alle Prüfungen von derselben Person ausgeführt. Sie bekommt im Portal vier Tasks angezeigt – einen für jede Bestellposition (Abbildung 42).

Diese vier Tasks können in beliebiger Reihenfolge bearbeitet werden. Erst wenn alle abgeschlossen sind, wird die Bestellung zur Gesamtbewertung angezeigt („Review order"). Die einzelnen Prüfungsergebnisse sind in Abbildung 43 in der Spalte „Approval Status" („Genehmigungs-Status") zu sehen.

Es gibt auch die Möglichkeit, andere Abschlusskriterien anzugeben, z. B. dass nur 80 % aller Objekte oder drei von vier Objekten bearbeitet sein müssen, bevor es weitergeht. Damit steht eine alternative Lösungsmöglichkeit für das Beispiel aus Abbildung 32 zur

Number	Product	Amount	Approval Status
1	Notebook	2	okay
2	Mouse	3	okay
3	Case	2	not okay
4	External Storage	1	not okay

Abbildung 43: Anzeige der geprüften Bestellung im Task „Review order"

Verfügung, wo zu einem Projektantrag zwei von drei Stellungnahmen eingegangen sein mussten, bevor der Prozess fortgesetzt wurde. Andererseits wäre es mit der ursprünglichen Lösung aus Abbildung 32 möglich, in jedem parallelen Zweig etwas ganz anderes zu tun, wogegen es sich bei einer Mehrfachaktivität immer um die gleiche Aktivität handelt. Dafür ist die Zahl der parallelen Durchführungen variabel.

Die Variable zur Aufnahme der Bestellpositionen benötigt eine Datenstruktur, die eine Liste von Objekten enthalten kann. Damit hängt es auch zusammen, dass der Prozess in Abbildung 40 den Service-Task „Copy order items into separate list" enthält („Bestellpositionen in eine separate Liste kopieren"). In dem Prozess wird ein komplexer Datentyp für Bestellungen samt ihren Positionen verwendet. Da Bonita für eine Mehrfachaktivität aber eine separate Liste benötigt, ist dieser Kopiervorgang notwendig.

3.7 Kollaboration mehrerer Prozesse

In Abschnitt 3.5 wurde bereits dargestellt, wie ein Prozess einen anderen Prozess aufrufen kann. Dabei wird die Verbindung über eine Aufrufaktivität hergestellt und es werden Daten an den aufgerufenen Prozess übergeben. Wenn dieser beendet ist, gibt er seinerseits Daten an den ursprünglichen Prozess zurück.

Ist hingegen ein komplexeres und flexibles Zusammenspiel zwischen mehreren Prozessen gewünscht, bei dem auch zwischen Aufruf und Beendigung beliebig Informationen ausgetauscht werden können, empfiehlt es sich, eine Kollaboration zu modellieren. Dabei handelt es sich um zwei oder mehr Prozesse, die sich gegenseitig Nachrichten schicken.

Modelliert man Prozesse aus rein fachlicher Sicht, so verwendet man Kollaborationen vor allem, um das Zusammenspiel zwischen verschiedenen beteiligten Geschäftspartnern darzustellen.

Bei der Modellierung ausführbarer Prozesse kann es hingegen sinnvoll sein, auch Kollaborationen interner, innerhalb eines einzigen BPMS ablaufender Prozesse zu modellieren. Der wesentliche Vorteil ist, dass die zusammenarbeitenden Prozesse relativ unabhängig voneinander sind und über klar definierte Schnittstellen miteinander kommunizieren. Damit sind sie lose gekoppelt und können separat weiterentwickelt werden. Zudem lassen sie sich leichter wiederverwenden.

Als Beispiel werden die beiden Prozesse in Abbildung 44 betrachtet, bei denen es um die Bestellung und die Einrichtung von User-Accounts für verschiedene IT-Systeme in einem Unternehmen geht. Der obere Prozess zeigt, wie eine Abteilung einen Account für eine Mitarbeiterin bzw. einen Mitarbeiter beantragt. Im unteren Prozess richtet die IT-Abteilung einen beantragten Account ein. Das Zusammenspiel zwischen diesen beiden Prozessen erfolgt mittels der gestrichelten Nachrichtenflüsse.

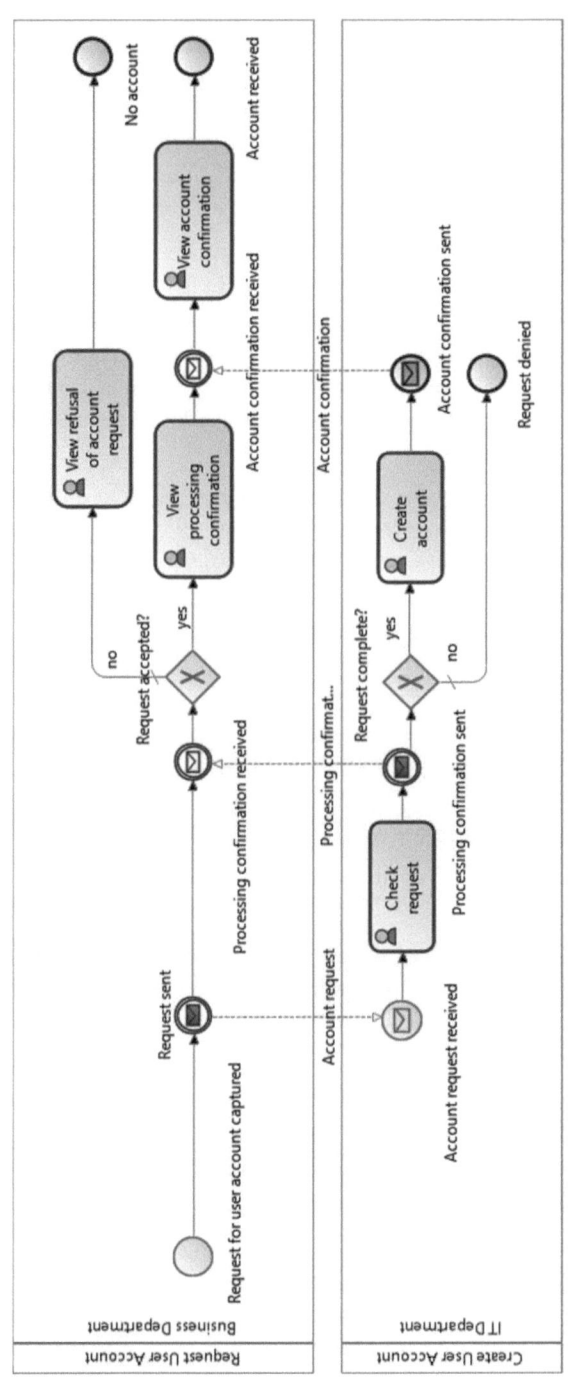

Abbildung 44: Kollaboration zweier Prozesse

57

Den gesamten Ablauf hätte man auch in Form eines einzigen Prozesses mit je einer Lane für die Fachabteilung und für die IT-Abteilung modellieren können. Doch der Prozess „Create User Account" („User-Account einrichten") könnte auch an ganz anderen Stellen genutzt werden. Vielleicht möchte die Schulungsabteilung bei der Vorbereitung ihrer Schulungen jeweils User-Accounts für alle Teilnehmerinnen und Teilnehmer bestellen. Dann könnte die Einrichtung des User-Accounts auch aus dem Prozess der Schulungsvorbereitung heraus angestoßen werden.

Ohne Verwendung einer Kollaboration müsse man die auf die Account-Einrichtung bezogenen Teile des Prozesses aufwändig in das Modell der Schulungsvorbereitung kopieren. Änderungen im internen Ablauf der Account-Einrichtung wären dann nur noch mühsam und in enger Abstimmung mit den verschiedenen Fachabteilungen und der Schulungsabteilung möglich. Auch müsste jede Änderung in mehreren Prozessmodellen durchgeführt werden.

Der obere Prozess „Request User Account" („User-Account bestellen") enthält nach dem Start ein sendendes Nachrichten-Zwischenereignis „Request sent" („Antrag versandt"). Sendende Nachrichtenereignisse sind mit einem ausgefüllten Briefsymbol gekennzeichnet. Beim nachfolgenden Nachrichten-Zwischenereignis „Processing confirmation received" („Bearbeitungsbestätigung eingegangen") ist das Briefsymbol nicht ausgefüllt, daher handelt es sich um ein empfangendes Ereignis. An dieser Stelle wartet der Prozess so lange, bis eine Bearbeitungsbestätigung eingegangen ist. Erst dann wird der Ablauf fortgesetzt.

In der Bearbeitungsbestätigung wird mitgeteilt, ob der Antrag vollständig war. Ist das der Fall, so geht es mit dem Task „View processing confirmation" („Bearbeitungsbestätigung ansehen") weiter. Anschließend wird wieder auf den Eingang einer Nachricht gewartet, diesmal auf eine Accountbestätigung. Wenn diese eingetroffen ist, geht es mit „View account confirmation" („Accountbestätigung ansehen") weiter.

Der untere Prozess „Create User Account" („User-Account einrichten") bildet das Gegenstück. Sein Start wird nicht von einer Bearbeiterin oder einem Bearbeiter ausgelöst, sondern durch ein empfangendes Nachrichten-Startereignis.

Sobald ein „Account request" („Account-Antrag") eingegangen ist, wird automatisch eine neue Instanz des Prozesses gestartet. Die Zuständigen in der IT-Abteilung bekommen daraufhin den Task „Check request" („Antrag prüfen") in ihre Tasklisten. Sobald dieser Task durchgeführt wurde, wird eine „Processing confirmation" („Bearbeitungsbestätigung") versandt. War der Antrag unvollständig, so ist der Prozess an dieser Stelle beendet.

Ansonsten wird im Task „Create account" ein Account eingerichtet. Das Endereignis ist dann wieder ein sendendes Nachrichtenereignis. Die Nachricht ist in diesem Fall eine „Account confirmation" („Accountbestätigung").

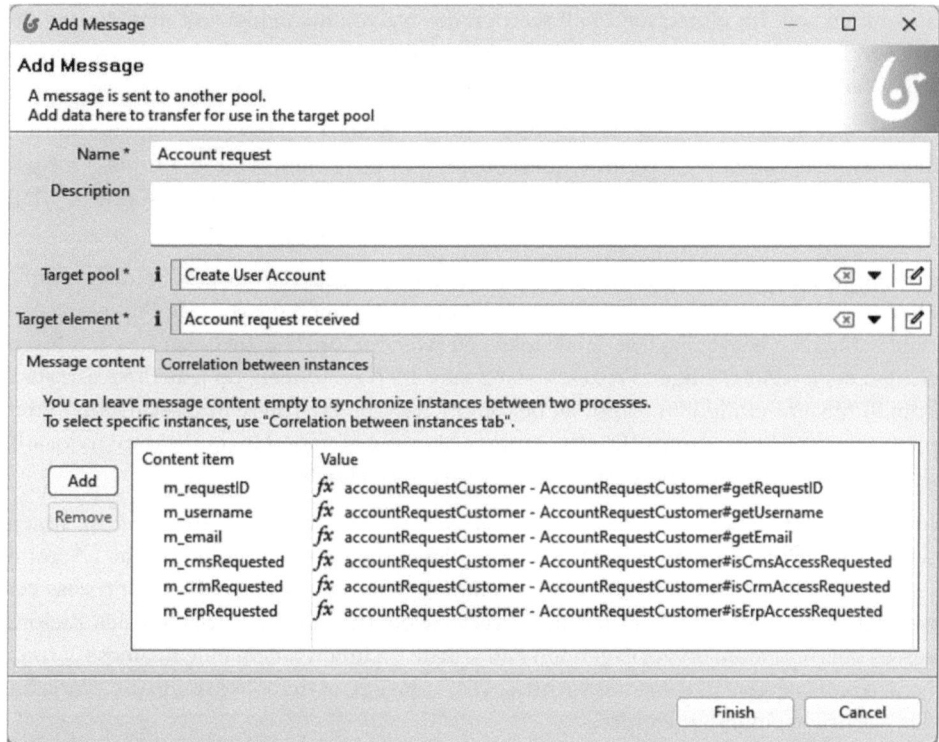

Abbildung 45: Nachrichtendefinition

Abbildung 45 zeigt den Inhalt der Nachricht „Account request" („Account-Antrag"), die beim sendenden Zwischenereignis „Request sent" („Antrag versandt") definiert wird. Im oberen Bereich sind der „Target pool" („Zielpool") und das „Target element" („Zielelement") innerhalb des Zielpools eingetragen. Damit wird angegeben, wohin die Nachricht versandt werden soll.

Als Zielelement kann entweder ein Task oder ein Nachrichten-empfangendes Ereignis ausgewählt werden. Zwar sieht die BPMN auch spezielle Empfangs-Tasks vor, die als Nachrichtenempfänger agieren können, doch wird das Ankommen einer Nachricht treffender durch ein Ereignis dargestellt.

Der Zielpool muss in Bonita nicht im selben Diagramm liegen. Wählt man allerdings einen Pool aus einem anderen Diagramm aus, so werden die Nachrichtenflüsse nicht grafisch dargestellt. Die Funktionalität ist davon aber nicht betroffen.

Für die zu übertragenden Daten ist in dem Dialog weiterhin eine Reihe von Feldern angelegt worden. Um diese von den zum Teil gleichnamigen Variablen des Prozesses unterscheiden zu können, wurden sie hier alle mit vorgestelltem „m_" (für „Message", also „Nachricht") gekennzeichnet. Für jedes Nachrichtenfeld ist angegeben, welchen Wert es annehmen soll. Im einfachsten Fall werden die Nachrichtenfelder mit den Werten der entsprechenden Prozessvariable gefüllt. Man kann jedoch auch Skripte eintragen, die z. B. Werte berechnen.

Im hier betrachteten Beispiel werden die vorher im Start-Dialog eingetragenen und in der Business-Variable „accountRequestCustomer" („Account-Antrag Kunde") gespeicherten Angaben in die Nachricht aufgenommen. Hierzu gehören User-Name, E-Mail-Adresse und die IT-Systeme, für die Berechtigungen beantragt werden.

Die „requestID" („antragsID") spielt im weiteren Prozessverlauf eine wichtige Rolle. Hierbei handelt es sich um eine eindeutige Antragsnummer, die für jede Prozessinstanz unterschiedlich sein muss. Sie wird später verwendet, um die zurückgesandten Nachrichten der jeweils richtigen Prozessinstanz zuordnen zu können. Da jede Prozessinstanz vom BPMS eine eindeutige Nummer bekommt, wird einfach diese Prozessinstanz-Nummer in das Attribut „requestID" des Antrags übernommen und in das Feld m_requestID der Nachricht „Account request" („Account-Antrag") kopiert.

Im Zielpool „Create User Account" („User-Account einrichten") wird dann im Eigenschaftsdialog des empfangenden Starterereignisses die betreffende Nachricht „Account request" selektiert. Damit die Inhalte der empfangenen Nachricht in diesem Prozess verwendet werden können, werden ihre Werte wiederum in die Variablen des Zielprozesses übernommen. Im vorliegenden Fall wurde im unteren Pool eine Business-Variable „accountRequestIT" („Account-Antrag IT") angelegt, in deren Attribute die Werte aus der Nachricht eingefügt werden.

Die anderen Nachrichtenflüsse und -ereignisse in den beiden Prozessen werden auf dieselbe Art definiert. Allerdings gilt es bei empfangenden Nachrichten-Zwischenereignissen nun, die eingehenden Nachrichten den richtigen Prozessinstanzen zuzuordnen. Diese Zuordnung wird auch als Korrelation bezeichnet.

Der obere Prozess „Request User Account" („User-Account bestellen") wird immer wieder durchgeführt, d. h., es werden mehrere Instanzen dieses Prozesses erzeugt. Jedes Mal, wenn eine dieser Instanzen einen Antrag versandt hat, wird zudem eine neue Instanz des Prozesses „Create User Account" („User-Account einrichten") angelegt. Schickt nun diese Prozessinstanz eine Bearbeitungsbestätigung zurück, so muss man sicherstellen, dass die Bestätigung wieder der richtigen Instanz von „Request User Account" zugeordnet wird.

Beispielsweise könnte es zwei Instanzen von „Request User Account" geben. In der einen wird ein Account für die Nutzerin „Lucy" beantragt, in der anderen für den Nutzer „Charlie". Anschließend warten beide Prozessinstanzen gleichzeitig auf den Eingang der Bearbeitungsbestätigung. Geht nun eine Nachricht mit einer Bearbeitungsbestätigung für den Nutzer „Charlie" ein, so muss diese von derjenigen Prozessinstanz verarbeitet werden, in der der Antrag für „Charlie" gestellt wurde. Die andere Prozessinstanz

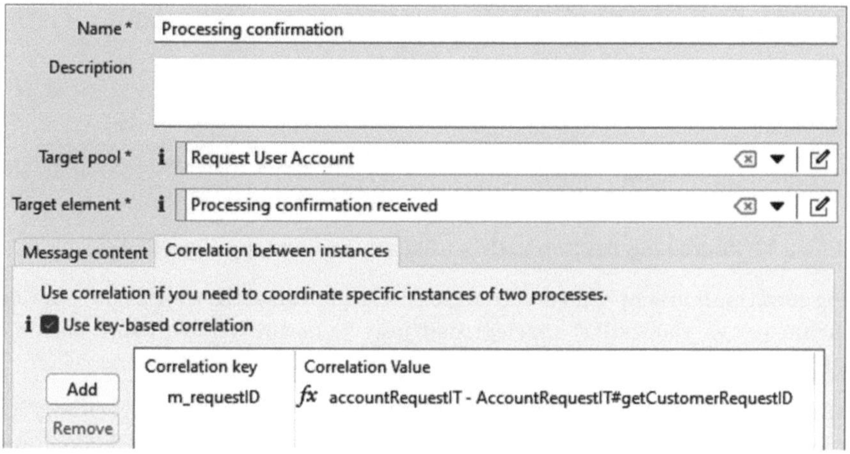

	Name *	Processing confirmation			
	Description				
	Target pool * i	Request User Account	⊠	▼	☑
	Target element * i	Processing confirmation received	⊠	▼	☑

Message content | **Correlation between instances**

Use correlation if you need to coordinate specific instances of two processes.

i ☑ Use key-based correlation

	Correlation key	Correlation Value
Add	m_requestID	_fx_ accountRequestIT - AccountRequestIT#getCustomerRequestID
Remove		

Abbildung 46: Definition des Korrelationsschlüssels in der Nachricht „Bearbeitungsbestätigung"

darf hingegen nicht reagieren, sondern muss warten, bis die Bearbeitungsbestätigung für „Lucy" eingeht.

Diese Zuordnung erreicht man mithilfe eines Korrelationsschlüssels, d. h. eines eindeutigen Identifizierers, der den Nachrichten mitgegeben wird. Ein solcher Korrelationsschlüssel ist mit einer Auftrags- oder Rechnungsnummer vergleichbar. Wenn man eine Rechnung per Überweisung bezahlt, gibt man die eindeutige Rechnungsnummer des Rechnungsstellers mit an. Damit kann dieser die Zahlung der richtigen Rechnung zuordnen.

Als Korrelationsschlüssel wird im vorliegenden Beispiel eine Variable benötigt, die den Antrag eindeutig identifiziert, auf den sich die jeweilige Nachricht bezieht. Wie bereits oben erläutert, übermittelt der obere Prozess „Request User Account" in der ersten Nachricht „Account Request" die Variable „requestID" („antragID") mit einer eindeutigen Nummer. Diese „requestID" kann nun als Korrelationsschlüssel verwendet werden.

Dazu sendet der untere Prozess „Create User Account" in den Nachrichten „Processing confirmation" und „Account confirmation" den Wert der „requestID" wieder mit zurück. Im oberen Prozess „Request User Account" wird nun am empfangenden Zwischenereignis verglichen, ob der von einer Nachricht zurückgelieferte Wert mit dem Wert des Attributs requestID in der eigenen Variable „accountRequestCustomer" übereinstimmt. Die Prozessinstanz, bei der das der Fall ist, läuft dann weiter und verarbeitet die empfangene Nachricht.

Im betrachteten Beispiel wurde der Wert der empfangenen m_requestID im unteren Prozess in das Attribut „customerRequestID" der Business-Variable „accountRequestIT" kopiert. Abbildung 46 zeigt einen Ausschnitt aus der Definition der Nachricht „Processing confirmation („Bearbeitungsbestätigung") beim sendenden Zwischenereignis „Pro-

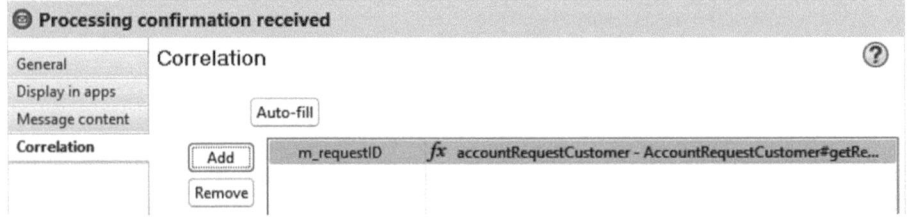

Abbildung 47: Zuordnung des Korrelationsschlüssels im empfangenden Ereignis

cessing confirmation sent" („Bearbeitungsbestätigung versandt"). Hier wird ein Korrelationsschlüssel „m_requestID" angelegt, dem nun wiederum der Wert von „customerRequestID" zugeordnet wird.

Im empfangenden Ereignis „Processing confirmation received" („Bearbeitungsbestätigung eingegangen") im oberen Prozess wird dann der Korrelationsschlüssel aus der empfangenen Nachricht mit dem requestID-Attribut der Business-Variable „accountRequestCustomer" verglichen (Abbildung 47). Damit wird beim Empfang einer Bearbeitungsbestätigung immer die Prozessinstanz ausgewählt, bei der der Wert von requestID in der Business-Variable mit dem von m_requestID übereinstimmt.

Für das Nachrichten-Startereignis „Account request received" („Account-Antrag eingegangen") im unteren Prozess ist keine derartige Korrelationsbedingung erforderlich, da hier keine Zuordnung zu einer bestehenden Prozessinstanz erfolgt, sondern eine neue Prozessinstanz angelegt wird. Deswegen wurde in Abbildung 45 keine Korrelation ein-

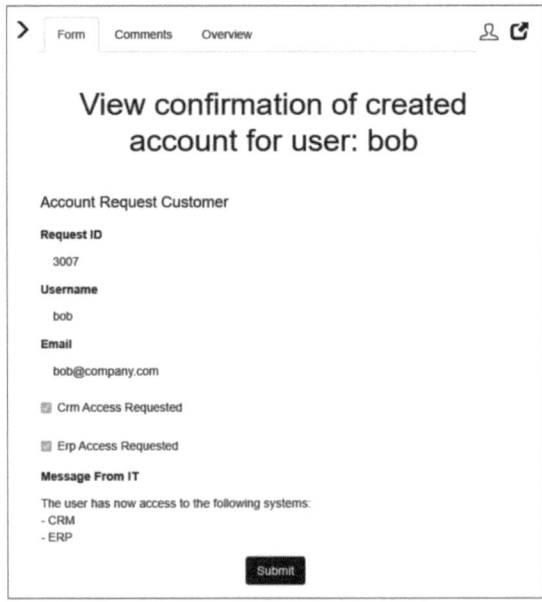

Abbildung 48: Dialog „Bestätigung Accountantrag ansehen"

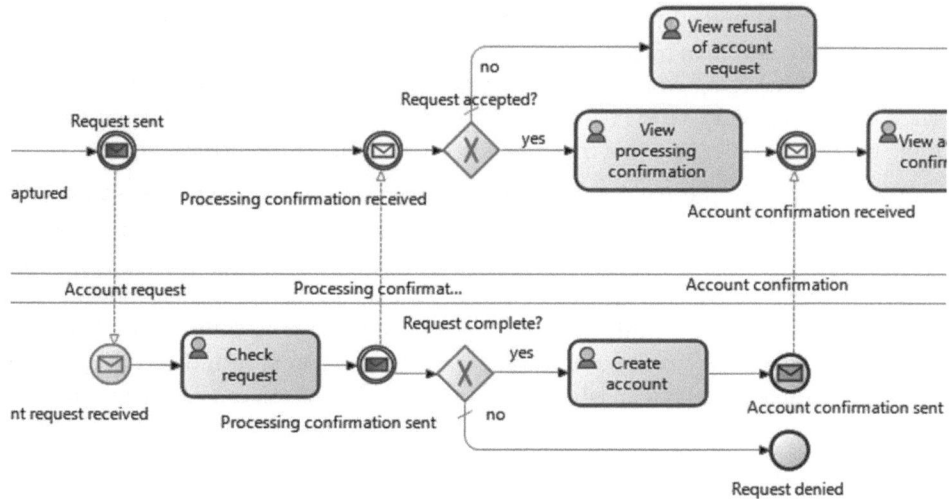

Abbildung 49: Ausschnitt aus Abbildung 44

getragen. Im Ereignis „Account confirmation received" („Accountbestätigung eingegangen") hingegen erfolgt wieder derselbe Vergleich wie beim Empfang der „Processing confirmation" („Bearbeitungsbestätigung").

In dem Dialog in Abbildung 48 werden einerseits die beantragten Accounts aus dem Bestellprozess angezeigt, andererseits der mit der Nachricht „Account confirmation" („Account-Bestätigung") empfangene Bestätigungstext der IT-Abteilung. Die darin angegebenen Accounts – für das CRM-System und das ERP-System – entsprechen in der Tat den beantragten Accounts. Um zu überprüfen, ob die Korrelation korrekt funktioniert, muss man mehrere Accounts bestellen und diese in abweichender Reihenfolge von der IT-Abteilung bearbeiten lassen.

Der Prozess aus Abbildung 44 wirft noch eine weitere Frage auf: Was passiert mit einer Nachricht, die zu früh eintrifft? Abbildung 49 zeigt einen Ausschnitt aus diesem Prozess. Wenn der obere Prozess die „Processing confirmation" („Bearbeitungsbestätigung") empfangen hat, muss die Bearbeiterin bzw. der Bearbeiter bei einem vollständigen Antrag als Nächstes die Bestätigung ansehen („View processing confirmation"). Anschließend wartet der Prozess auf den Eingang der „Account confirmation" („Accountbestätigung").

Was geschieht aber, wenn die IT-Mitarbeiterin bzw. der IT-Mitarbeiter direkt nach dem Versand der „Processing confirmation" weiterarbeitet und die „Account confirmation" bereits im oberen Prozess eintrifft, bevor „View processing confirmation" durchgeführt wurde? Dann erwartet die Prozessinstanz ja noch gar keine Nachricht. Von der eigentlichen Bedeutung des Modells her müsste man erwarten, dass der Prozess stecken bleibt. Denn nach der Durchführung des Tasks „View processing confirmation" würde

63

nie mehr eine passende „Account confirmation" eintreffen. In diesem Fall wäre der Prozess fehlerhaft, und man müsste das Ereignis „Account confirmation received" und den Task „View processing confirmation" in parallelen Sequenzflüssen modellieren. Dann wäre sichergestellt, dass der Prozess direkt nach dem Eingang der Bearbeitungsbestätigung beginnt, auf die „Account confirmation" zu warten.

Im Falle von Bonita funktioniert das vorliegende Modell aber korrekt, da dieses System den Nachrichtenempfang anders verarbeitet. Ebenso wie man in einem manuellen Prozess ein noch gar nicht erwartetes Schreiben aufbewahren würde, bis man es bearbeiten kann, bewahrt Bonita Nachrichten auf, die noch nicht verarbeitet werden können. Trifft im Beispiel die „Account confirmation" zu früh ein, so wird sie aufbewahrt. Nach der Beendigung von „View processing confirmation" stellt Bonita fest, dass die passende Nachricht bereits eingegangen ist. Somit tritt das Ereignis „Account confirmation received" sofort ein, und der Prozess wird ohne Wartezeit fortgesetzt.

3.8 Ereignisbasierte Entscheidung

Im vorigen Beispiel wurde eine Entscheidung aufgrund des Inhalts einer Nachricht getroffen. Wie in Abbildung 49 zu sehen ist, folgt auf den Eingang einer „Processing confirmation" eine Verzweigung. Hier wird aufgrund eines Attributwertes der Nachricht eine Auswahl getroffen. Was aber, wenn der untere Prozess das Ergebnis seiner Vollständigkeitsprüfung nicht immer in ein und derselben Nachricht übermitteln würde, sondern in Form unterschiedlicher Nachrichten? War die Prüfung erfolgreich, könnte eine Bestätigung versandt werden, war sie unvollständig, eine Ablehnung. Entsprechend gäbe es zwei Nachrichten-empfangende Ereignisse: „Bestätigung eingegangen" und „Ablehnung eingegangen".

Am Gateway müsste der Sequenzfluss dann nicht nach dem Inhalt der Nachricht ausgewählt werden, sondern danach, welches der beiden empfangenden Ereignisse eingetreten ist.

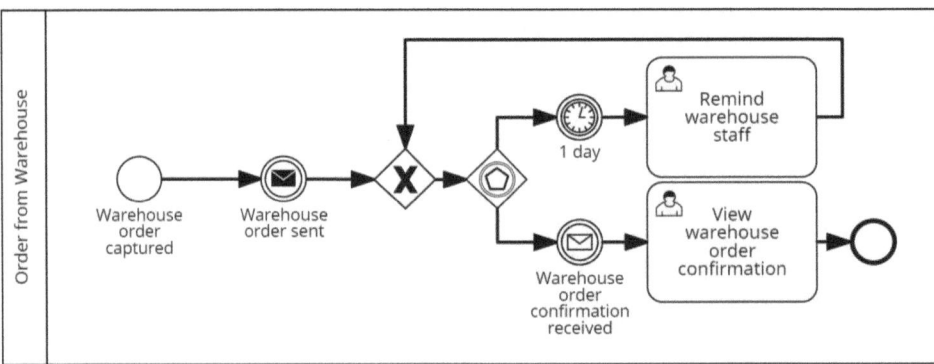

Abbildung 50: Ereignisbasierte Entscheidung

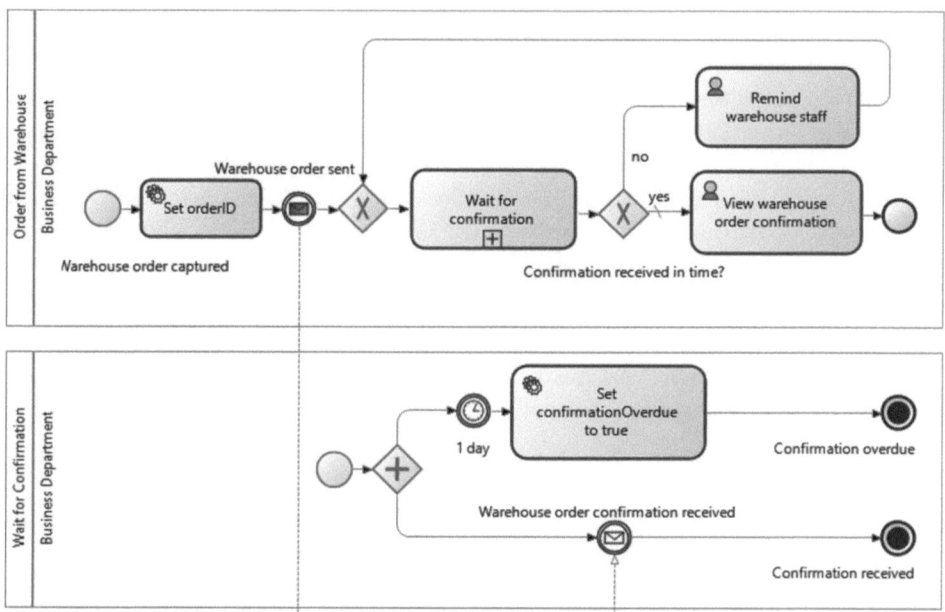

Abbildung 51: Ereignisbasierte Entscheidung mithilfe eines Unterprozesses

Auch andere Arten von empfangenden Ereignissen können eine Rolle für die Auswahl eines Sequenzflusses spielen, z. B. zeitliche Ereignisse, bei denen auf bestimmte Zeitpunkte oder auf den Ablauf festgelegter Zeitdauern gewartet wird.

Abbildung 50 zeigt ein Beispiel für eine solche ereignisbasierte Entscheidung. Wenn eine Lagerbestellung versandt worden ist („Warehouse order sent"), gelangt der Prozess zu einem ereignisbasierten exklusiven Gateway. Ein solcher Gateway wird immer von empfangenden Ereignissen (oder entsprechenden Empfangs-Tasks) gefolgt. An dem Gateway wird auf all diese Ereignisse gewartet. Tritt eines davon ein, so wird der betreffende Sequenzfluss ausgewählt. Es „gewinnt" also immer das Ereignis, das als erstes eintrifft.

Ist in dem Beispiel nach einem Tag noch keine Bestätigung eingegangen, so tritt das zeitliche Zwischenereignis ein, und es wird der Task „Remind warehouse staff" („Lagermitarbeiterinnen und -mitarbeiter erinnern") durchgeführt. Anschließend wird erneut gewartet. Trifft andererseits die Bestätigung vor dem zeitlichen Ereignis ein, so geht es mit „View warehouse order confirmation" („Bestätigung der Lagerbestellung ansehen") weiter.

Leider verfügt Bonita nicht über den ereignisbasierten exklusiven Gateway. Das betreffende Verhalten lässt sich jedoch auch anders erreichen. In Abbildung 51 wurde die Entscheidung in einen eigenen Prozess ausgelagert. Der aufgerufene Prozess „Wait for confirmation" („Auf Bestätigung warten") enthält zwei parallele Sequenzflüsse. Im oberen befindet sich das zeitliche Ereignis. Dort wird darauf gewartet, dass ein Tag vergangen ist. In diesem Fall folgt ein automatisierter Task, der eine Prozessvariable „confirmationOverdue" („Bestätigung überfällig") auf den Wert „true" setzt. Durch das anschließende Terminierungs-Endereignis wird der komplette Unterprozess beendet, d. h., es wird dann auch nicht mehr auf den Eingang der Lagerbestellung gewartet. Geht hingegen zuerst die Bestätigung ein, so wird das untere Terminierungs-Ereignis erreicht. Die Variable „confirmationOverdue" hat den Default-Wert „false". Daher braucht der Wert in diesem Fall nicht mehr gesetzt zu werden.

Mit dem Erreichen eines der Terminierungs-Endereignisse ist der aufgerufene Prozess beendet und der ermittelte Wert der Variable „confirmationOverdue" wird an eine Variable des ursprünglichen Prozesses zurückgegeben. Dieser Wert wird dann am folgenden gewöhnlichen exklusiven Gateway zur Auswahl eines der beiden Pfade verwendet.

Der Prozess zur Bestätigung der Bestellung seitens des Lagers ist hier nicht dargestellt. Ebenso wird auf die Erläuterung der Details bzgl. der verwendeten Variablen, des Prozess-Aufrufs und der Nachrichtenereignisse verzichtet, da die entsprechenden Sachverhalte bereits an anderer Stelle besprochen wurden. Zudem kann der Prozess – ebenso wie alle anderen Beispielprozesse – von der Website des Buchs heruntergeladen werden.

3.9 Wiederverwendung von Prozessen mithilfe von Kollaborationen

Ein Vorteil der losen Kopplung über Nachrichtenflüsse ist die Wiederverwendbarkeit einzelner Prozesse. Der vereinfachte Bestellungsprozess aus Abbildung 52 soll von zwei verschiedenen Prozessen genutzt werden. Diese sind in Abbildung 53 dargestellt. Im oberen Prozess wird einmal monatlich eine Bestellanforderung („Purchase requisition") auf Grundlage eines Produktionsplans versandt, im unteren Prozess wird eine individuelle, ungeplante Bestellanforderung aufgegeben. In beiden Fällen soll die Bestellanforderung von dem Prozess aus Abbildung 52 bearbeitet werden.

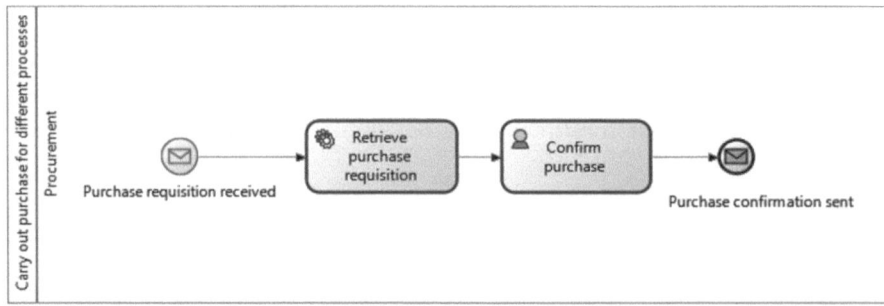

Abbildung 52: Dieser Prozess soll von verschiedenen anderen Prozessen genutzt werden.

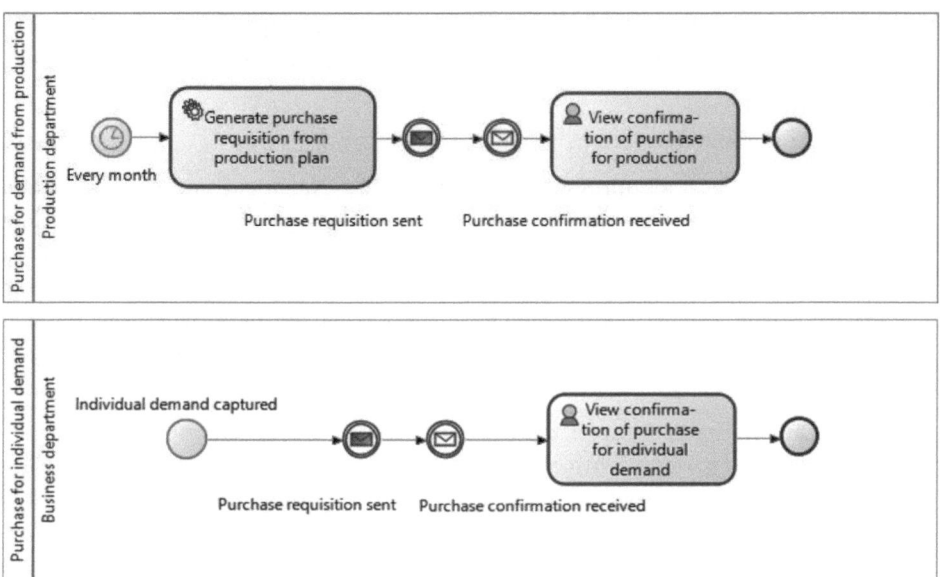

Abbildung 53: Zwei verschiedene Prozesse, die den Prozess aus Abbildung 52 nutzen

Beide Prozesse enthalten je ein sendendes Nachrichtenereignis „Purchase requisition sent" („Bestellanforderung versandt"). Von dort wird eine Nachricht an das Startereignis des Bestellungsprozesses aus Abbildung 52 versandt. Diese Nachricht enthält zwei Attribute. Das eine enthält die Bestellanforderung, das andere den Namen des Prozesses, der die Nachricht geschickt hat. Beides wird in Variablen des Prozesses gespeichert.

Der Einfachheit halber wird die Bestellanforderung in dem Beispiel nie abgelehnt, sondern immer bestätigt. Die Bestätigung wird vom Endereignis in Abbildung 52 versandt. Dort ist der Name des Empfängerprozesses nicht fest hinterlegt. Stattdessen ist die Variable eingetragen, die den mit der Startnachricht empfangenen Prozessnamen enthält. Auf diese Weise wird die Bestätigung immer an den Prozess zurückgesandt, von dem die Bestellanforderung erhalten wurde.

Damit auch die richtige Instanz dieses Prozesses ausgewählt wird, wird die eindeutige Nummer der Bestellanforderung als Korrelationsschlüssel verwendet, wie dies in Abschnitt 3.7 erläutert wurde.

Der Bestellprozess kann auch leicht von weiteren Prozessen genutzt werden. Diese müssen lediglich das Nachrichtenprotokoll einhalten, d. h. eine Nachricht mit der Bestellanforderung und dem Namen des sendenden Prozesses hinschicken und eine Nachricht mit der Bestätigung empfangen. Der Prozess aus Abbildung 52 muss dabei nicht verändert werden.

67

In großen und komplexen Prozesslandschaften kann eine derartige Entkopplung verschiedener Prozesse wesentlich zu einer besseren Änderbarkeit und Wartbarkeit beitragen.

Noch zwei Anmerkungen zu dem beschriebenen Beispiel:

1. Da in diesem Beispiel nur jeweils eine aufrufende Nachricht und eine Rückgabenachricht übergeben werden, wäre es einfacher, den Bestellungsprozess über eine Aufrufaktivität einzubinden, wie in Abschnitt 3.5 beschrieben. Die hier gewählte Vorgehensweise mit Nachrichtenflüssen ist dann erforderlich, wenn zwischen Start und Ende noch weitere Nachrichten über Zwischenereignisse ausgetauscht werden. Das Beispiel sollte aber möglichst übersichtlich bleiben, weshalb auf weitere Nachrichtenflüsse verzichtet wurde.

2. In dem ausführbaren Beispiel, das auf der Website zum Buch heruntergeladen werden kann, wird in der Nachricht zum Start des Bestellprozesses nicht der komplette Inhalt der Bestellanforderung übermittelt (auch wenn dies ebenso möglich wäre), sondern nur ihre eindeutige Nummer. Der Task „Retrieve purchase requisition" („Bestellanforderung abrufen") lädt dann die entsprechende Bestellanforderung aus einer Datenbank. Dabei wurde das Bonita-spezifische Konzept der Business-Variablen genutzt, die automatisch in einer Datenbank gespeichert werden. Das Thema Daten wird in Kapitel 4 ausführlicher diskutiert.

3.10 Mehrfachteilnahme

Mehrfachaktivitäten und Kollaborationen lassen sich auch miteinander verknüpfen. An den bisherigen Kollaborationen waren zwar mehrere Prozesse beteiligt, doch wurde pro Ausführung der Kollaboration immer nur eine Instanz jedes Prozesses durchgeführt. Es

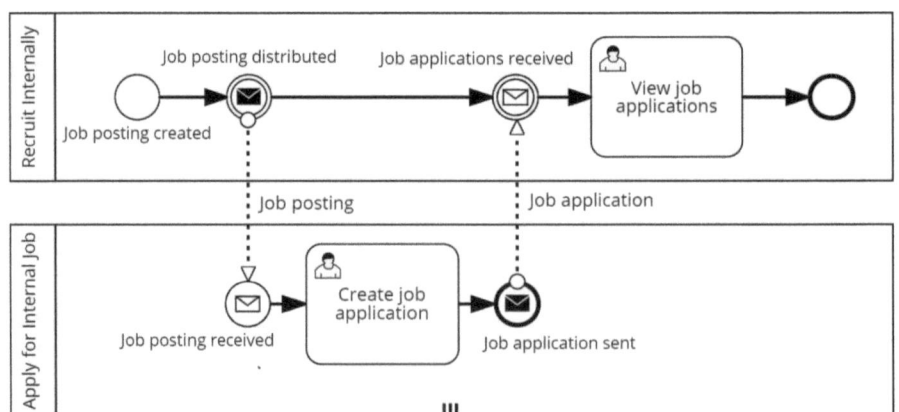

Abbildung 54: Zu einer Stellenausschreibung (oberer Prozess) werden mehrere Bewerbungen erstellt. Daher gibt es mehrere Instanzen des unteren Prozesses.

Recruit Internally
Job posting created
Distribute job posting
Receive job applications
View job applications
Job posting
Job application
Apply For Internal Job
Job posting received
Create job application
Job application sent
Multi-instance participant

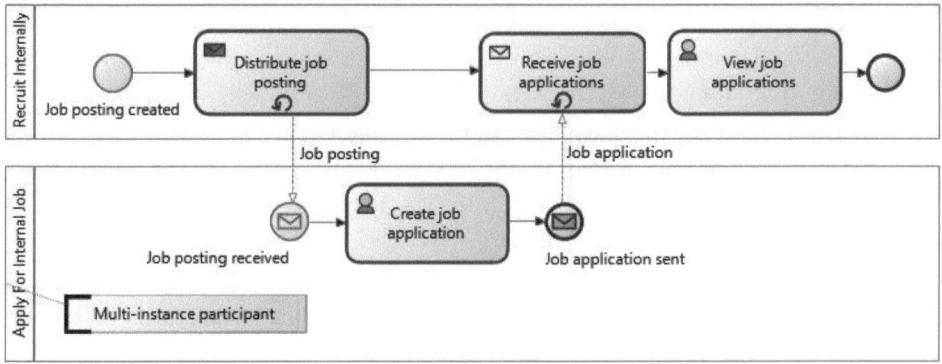

Abbildung 55: Ausführbarer Prozess mit Mehrfachteilnehmer

gibt aber auch den Fall, dass eine Prozessinstanz mit mehreren Instanzen eines anderen Prozesses interagiert.

Beispielsweise kann eine interne Stellenausschreibung an mehrere geeignete Kandidatinnen und Kandidaten geschickt werden. Diese erstellen dann jeweils ihre Bewerbung und reichen sie ein. Für jede Kandidatin und jeden Kandidaten gibt es daher eine eigene Instanz des Prozesses zum Erstellen einer Bewerbung. Die BPMN sieht vor, den Pool eines solchen mehrfach instanziierten Prozesses mit drei Strichen als „Multi-Instance-Participant" („Mehrfachteilnehmerin" bzw. „-teilnehmer") zu markieren (Abbildung 54). Diese Markierung gibt es in Bonita nicht. Dennoch lässt sich das Szenario umsetzen.

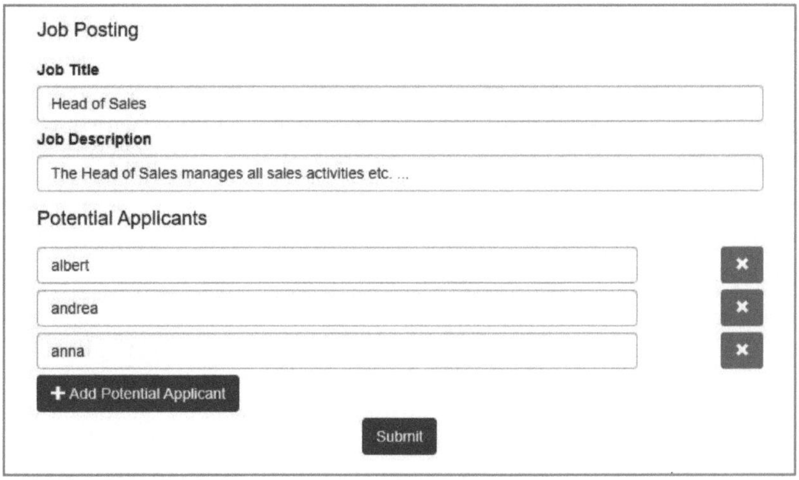

Job Posting
Job Title
Head of Sales
Job Description
The Head of Sales manages all sales activities etc. ...
Potential Applicants
albert
andrea
anna
+ Add Potential Applicant
Submit

Abbildung 56: Dialog zum Erstellen einer internen Stellenausschreibung. Die zur Bewerbung eingeladenen Mitarbeiter werden in eine Liste eingetragen.

Um das Modell aus Abbildung 54 ausführbar zu machen, muss definiert werden, wie Nachrichten mit mehreren Instanzen eines anderen Prozesses ausgetauscht werden. Dies wird in Abbildung 55 gezeigt.

Im Start-Dialog wird ein „Job posting" („Stellenausschreibung") erstellt. Hierbei werden die möglichen Bewerberinnen und Bewerber in eine Liste eingetragen („Potential Applicants" in Abbildung 56). Dann wird für jede Person in dieser Liste eine Nachricht verschickt.

Anstelle eines sendenden Nachrichtenereignisses wird hier ein Sende-Task genutzt. Im Gegensatz zu einem Ereignis kann ein solcher Task beispielsweise als Schleife oder Mehrfachaktivität gekennzeichnet werden (vgl. Abschnitt 3.6). Da hier eine Liste verwendet wird, liegt es nahe, eine Mehrfachaktivität zu nutzen. Leider wirft in Bonita die Nutzung des Sende-Tasks als Mehrfachaktivität einige Probleme auf. Daher wurde eine Schleifenaktivität verwendet, die die Stellenausschreibung nacheinander an die einzelnen Bewerber verschickt.

Für jede der versandten Nachrichten – und damit für jede Kandidatin und jeden Kandidaten – wird eine neue Instanz des unteren Prozesses aus Abbildung 55 gestartet. Mit der Nachricht wird die Nummer eines individuellen Bewerbungsobjekts übergeben. Das Bewerbungsobjekt enthält unter anderem den Namen der betreffenden Kandidatin bzw. des betreffenden Kandidaten.

Daneben befindet sich in der Nachricht die Nummer der Stellenausschreibung. Damit kann die Prozessinstanz auf das Stellenausschreibungsobjekt zugreifen. Zudem wird diese Nummer als Korrelationsschlüssel verwendet, damit die Antwortnachricht von der richtigen Instanz des oberen Prozesses verarbeitet wird.

Der untere Prozess enthält einen User-Task, „Create job application" („Bewerbung erstellen"). Dieser Task wird nun keiner fest vordefinierten Benutzergruppe übergeben. Stattdessen wird mittels des Namens die betreffende Benutzerin oder der betreffende Benutzer identifiziert und dynamisch als Actor ausgewählt. Entsprechend bekommt diese Person den Task „Create job application" in ihre Taskliste.

Die dynamische Zuordnung von Tasks zu Benutzerinnen und Benutzern lässt sich in Bonita mithilfe von Actor-Filtern realisieren. Dieses Thema wird in Kapitel 5 ausführlicher behandelt.

Die eingehenden Bewerbungen aller Kandidatinnen und Kandidaten werden im oberen Prozess in einer Schleife verarbeitet und ebenfalls in eine Liste eingetragen. Es wird so lange gewartet, bis alle ihre Bewerbungen geschickt haben. Anstelle eines Nachrichtenempfangenden Ereignisses wurde ein Empfangs-Task verwendet, da dieser als Schleifenaktivität markiert werden kann.

Da man in der Praxis nicht immer davon ausgehen kann, dass alle Kandidatinnen und Kandidaten rechtzeitig antworten, könnte man noch eine Abgabefrist vorgeben und überwachen. Hierzu müsste man den Empfangs-Task mit einem angehefteten zeitlichen Ereignis abbrechen. Der Abbruch von Aktivitäten wird in Abschnitt 3.12 behandelt.

Man kann sich auch hier wieder die Frage stellen, ob man dasselbe Verhalten anstatt mit einer Kollaboration mithilfe eines gewöhnlichen Prozesses mit zwei Lanes erreichen könnte. Hierfür könnte man eine Benutzeraktivität als Mehrfachaktivität auszeichnen und die unterschiedlichen Kandidatinnen und Kandidaten aus der Liste jeweils als Ausführende zuweisen. Ein Vorteil der Kollaboration mit der Mehrfachteilnahme ist hier wieder die prinzipielle Möglichkeit, auch zwischen Aufruf und Rückgabe weitere Nachrichten auszutauschen. Außerdem wäre etwa die angesprochene Überwachung einer Abgabefrist einfacher zu realisieren.

3.11 Start eines Prozesses durch eine Bedingung

Die bisher betrachteten Prozesse wurden zumeist von einer Benutzerin oder einem Benutzer des BPMS oder durch das Eintreffen einer Nachricht gestartet. Möchte man hingegen erreichen, dass ein Prozess zu einem bestimmten Zeitpunkt oder beim Eintreten einer bestimmte Bedingung startet, so kann man dies in BPMN mit einem zeitlichen Startereignis bzw. einem Bedingungsereignis modellieren (Abbildung 57).

Bonita bietet das zeitliche Startereignis in seiner Modellpalette an, nicht jedoch das Bedingungsereignis.

Das Erreichen eines Zeitpunktes oder der Ablauf einer Zeitspanne lässt sich von einem BPMS recht einfach mithilfe der in jedem Computer eingebauten Systemuhr ermitteln. Für ein Bedingungsereignis muss man hingegen nicht nur die Bedingung formulieren, sondern es muss auch geklärt werden, wie die Process-Engine davon erfährt, dass eine Bedingung wahr geworden ist.

Typischerweise muss man hierfür auf Daten zugreifen, die außerhalb des BPMS liegen, z. B. in einer Datenbank. Es muss dann regelmäßig überprüft werden, ob sich die zugrunde liegenden Daten so geändert haben, dass die betreffende Bedingung erfüllt ist. Wenn das BPMS hierfür kein vorgefertigtes Konstrukt anbietet, dann kann man die Überprüfung auch als Teil des Prozesses modellieren.

Der Prozess „Finish Donation Campaign" („Spendenaktion abschließen") im oberen Teil von Abbildung 58 soll dann durchgeführt werden, wenn in einer Spendenaktion eine bestimmte Spendensumme erreicht ist.

Abbildung 57: Zeitliches Startereignis und Bedingungs-Startereignis

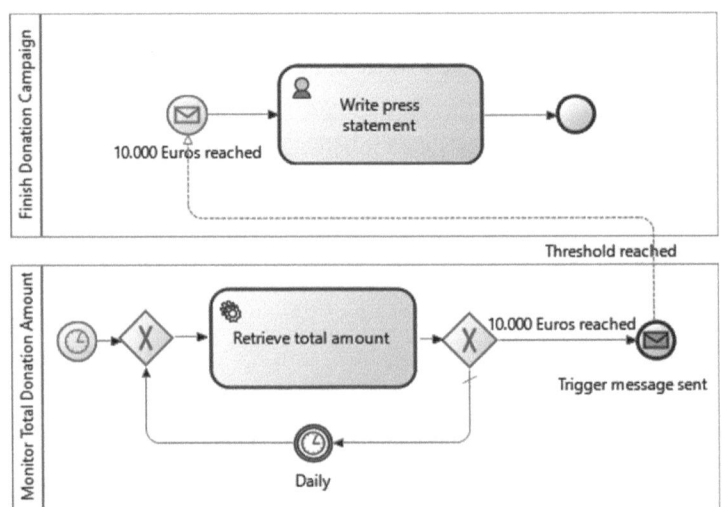

Abbildung 58: Der obere Prozess beginnt, wenn eine bestimmte Mindestsumme erreicht ist.

Wann dies der Fall ist, wird vom unteren Prozess ermittelt. Dieser wird durch das zeitliche Startereignis einmalig gestartet, sodass es genau eine Instanz dieses Prozesses gibt. Darin wird eine Schleife ausgeführt, in der die bisher gesammelte Spendensumme aus der Datenbank ausgelesen wird. Für die Datenbankabfrage ist der Service-Task „Retrieve total amount" („Gesamtsumme abrufen") zuständig.

Ist die gewünschte Spendensumme noch nicht erreicht, so läuft der Prozess zum zeitlichen Zwischenereignis „Daily" („täglich"), wo einen Tag gewartet wird, bevor die Datenbank erneut abgefragt wird.

Wenn die Spendensumme erreicht ist, wird dies dem oberen Prozess über die Nachricht „Threshold reached" („Schwelle erreicht") mitgeteilt. Dort wird die Spendenaktion mit dem Task „Write press statement" („Pressemitteilung schreiben") abgeschlossen.

Wie kommen die Spendendaten in die Datenbank hinein? Das ist aus Sicht des hier betrachteten Prozesses unerheblich. Vielleicht gibt es eine spezielle Anwendung, mit der eingehende Spenden erfasst und in der Datenbank gespeichert werden. Genauso gut könnte es einen anderen Prozess im selben BPMS geben, mit dem dies erledigt wird. Für den Prozess „Finish Donation Campaign" ist es nur wichtig, dass sich die Spendendaten in der Datenbank befinden.

Warum wurden hier zwei separate Prozesse erstellt? Schließlich wäre es genauso möglich gewesen, nur einen Prozess zu verwenden und darin vom Gateway einen direkten Sequenzfluss zum Task „Write press statement" zu modellieren. Die Aufteilung in zwei separate Prozesse dient der Trennung von technischen und fachlichen Aspekten. Der untere Prozess ist zuständig für die technische Aufgabe, regelmäßig die Datenbank zu überprüfen. Der obere Prozess enthält hingegen nur fachliche Inhalte. Für Fachanwen-

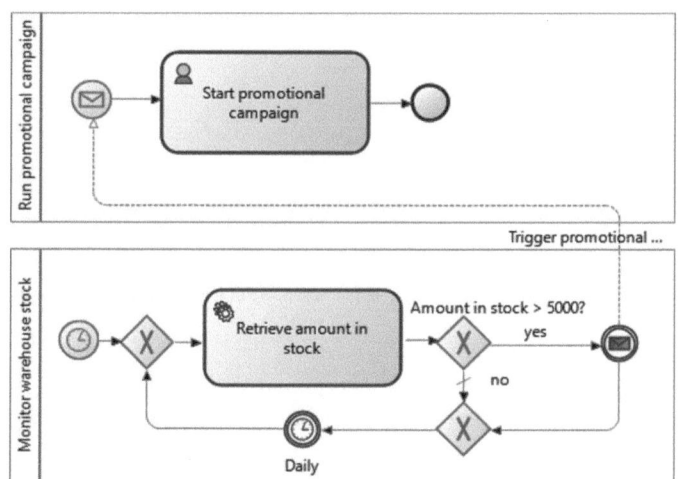

Abbildung 59: Der obere Prozess wird jedes Mal gestartet, wenn die Bedingung wahr ist.

derinnen und -anwender ist es uninteressant, auf welche Weise der technische Prozess ermittelt, dass die Schwelle von 10.000 € erreicht wurde. Für sie ist lediglich interessant, was im oberen Prozess passiert.

Es ist ein nützliches Prinzip, fachliche und technische Prozesse separat zu modellieren und sie mittels Nachrichten kommunizieren zu lassen. Da die fachlichen Prozessmodelle keine technischen Details enthalten, werden sie auch von den Anwenderinnen und Anwendern verstanden. Diese Modelle können daher von Fachabteilungen und IT gemeinsam entwickelt werden. Für die Details in den technischen Prozessen ist dann die IT alleine zuständig.

Da es sich hier bei den fachlichen Prozessmodellen ebenfalls um ausführbare Prozessmodelle handelt, sind die Fachabteilungen direkt in die Entwicklung einbezogen: Das, was sie – in enger Absprache mit der IT – modellieren, wird anschließend auch genauso ausgeführt. Eine ausführliche Erläuterung dieses Prinzips und seine Verwendung als Teil einer Methodik zur Entwicklung prozessgesteuerter Anwendungen findet sich in [St13].

Im betrachteten Beispiel wird der obere Prozess nur einmal gestartet, da die gesamte Spendensumme nur einmal den gewünschten Wert überschreiten kann. Es ist aber auch möglich, dass eine Bedingung im Laufe der Zeit mehrmals wahr wird und der betreffende Prozess mehrfach gestartet wird. Dies ist bei dem Szenario in Abbildung 59 der Fall. Darin wird überprüft, ob der Lagerbestand eines bestimmten Produktes eine festgelegte Menge übersteigt. Immer wenn das der Fall ist, wird ein Prozess zur Durchführung einer speziellen Promotionskampagne gestartet.

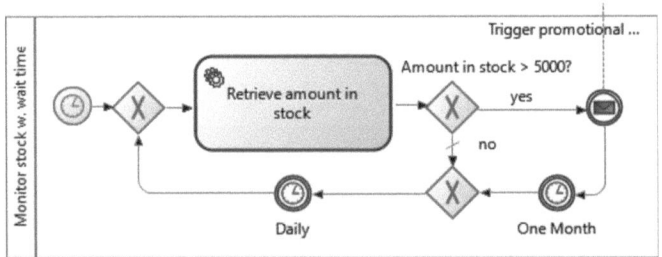

Abbildung 60: Die Wartezeit verhindert, dass der andere Prozess sofort wieder gestartet wird.

Der Prozess „Monitor warehouse stock" („Lagerbestand überwachen") schickt jedes Mal, wenn die Bedingung zutrifft, eine Nachricht und startet so eine neue Instanz des Prozesses zur Durchführung einer Promotionskampagne.

Allerdings ist dieses Verhalten nicht unbedingt erwünscht. Schließlich sinkt der Lagerbestand mit dem Beginn der Promotionskampagne nicht unmittelbar wieder unter den Schwellenwert. Somit wird die Bedingung beim nächsten Schleifendurchlauf erneut als zutreffend erkannt und es wird sofort wieder eine Promotionskampagne gestartet. Um dies zu verhindern, könnte man z. B. nach dem Start einer Kampagne eine zusätzliche Wartezeit einbauen, bis man die Bedingung erneut überprüft. Hierzu dient das zusätzliche zeitliche Zwischenereignis „One Month" („ein Monat") in Abbildung 60.

Oder man wartet, bis der Lagerbestand unter eine zweite, niedrigere Schwelle gefallen ist, bevor man erneut mit dem Überprüfen der Bedingung beginnt. Hierzu wurde in dem Prozess aus Abbildung 61 eine boolesche Variable definiert, die angibt, ob eine Kampagne möglich ist („campaign possible"). Eine Promotionskampagne wird nur noch dann gestartet, wenn der Bestand über 5.000 ist *und* eine Kampagne möglich ist.

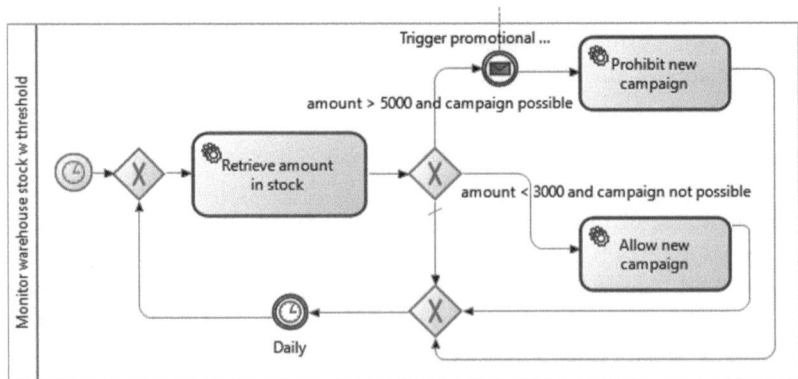

Abbildung 61: Zunächst muss der Lagerbestand wieder unter eine bestimmte Schwelle gefallen sein, bevor die Bedingung erneut geprüft wird.

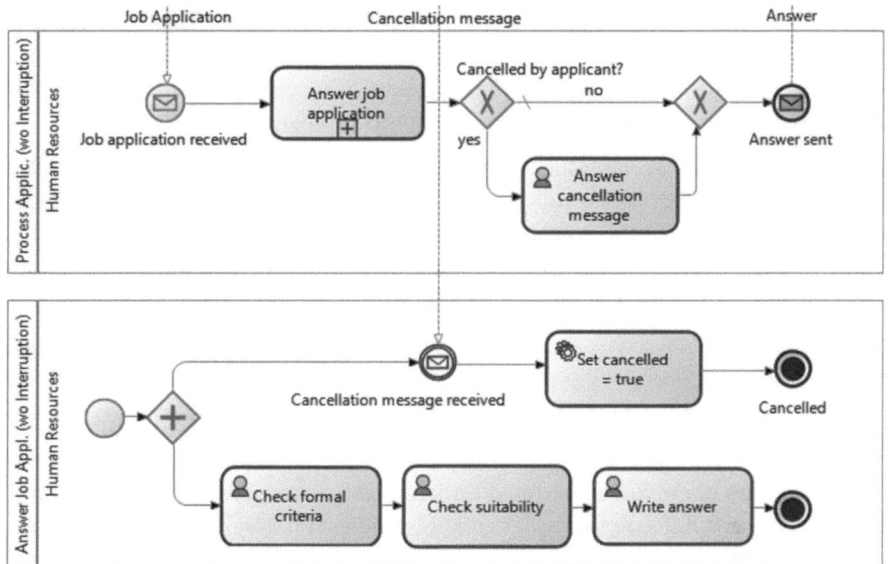

Abbildung 62: Das Eintreffen einer Nachricht löst eine Ausnahmebehandlung aus.

Wenn der Start einer Kampagne ausgelöst wurde, wird diese Variable durch den Task „Prohibit new campaign" („Neue Kampagne verhindern") auf false gesetzt. Auch wenn der Bestand beim nächsten Schleifendurchlauf noch über 5.000 ist, wird dennoch keine weitere Kampagne gestartet. Erst wenn der Bestand unter die niedrigere Schwelle 3.000 fällt, wird die Variable im Task „Allow new campaign" („Neue Kampagne erlauben") wieder auf true gesetzt, sodass der nächste Anstieg des Bestands auf über 5.000 wieder eine Kampagne auslöst.

3.12 Ausnahmen und Fehlerbehandlungen

Bei der Bearbeitung eines Prozesses können vielerlei Ausnahmen und Fehler auftreten. Oft ist die Behandlung aller Ausnahmen und Sonderfälle wesentlich aufwendiger als die Modellierung und Umsetzung des „Happy Path", d. h. des normalen Ablaufs ohne Störungen und Besonderheiten.

Ausnahmefälle erfordern häufig, dass man die augenblickliche Aktivität abbricht und spezielle Aktivitäten zur Behandlung der Ausnahmesituation durchführt. Z. B. müssen Aktionen rückgängig gemacht oder unvollständige Ergebnisse manuell vervollständigt werden.

Abbildung 62 zeigt die Bearbeitung einer Bewerbung. „Answer job application" („Bewerbung beantworten") ist eine Aufrufaktivität. Der aufgerufene Prozess befindet sich im unteren Pool.

Der Pool des Bewerbers ist nicht mit dargestellt. Von dort kommt die Bewerbung („Job Application"), die den Prozess startet. Solange der Bewerber noch keine Antwort bekommen hat, kann er jederzeit selbst eine Absage („Cancellation") senden. Dies wird er z. B. tun, wenn er ein anderes Stellenangebot angenommen hat.

Im Falle einer solchen Absage ist es nicht mehr sinnvoll, mit der Bearbeitung der Bewerbung fortzufahren. Stattdessen soll die Absage beantwortet werden. Hierfür enthält der aufgerufene Prozess zwei parallele Pfade: Im unteren Pfad findet die eigentliche Bearbeitung statt. Im oberen Pfad wird parallel dazu auf das Eintreffen einer Absage gewartet.

Trifft keine Absage ein, so wird das untere Terminierungs-Endereignis erreicht, das den kompletten aufgerufenen Prozess beendet. Damit wird auch der parallele obere Pfad abgebrochen, und es geht im Ursprungsprozess weiter.

Wird während der Durchführung des aufgerufenen Prozesses aber eine Absage empfangen, so wird das obere Terminierungs-Endereignis „Cancelled" („Abgesagt") erreicht. Dieses beendet ebenfalls den kompletten aufgerufenen Prozess – unabhängig davon, ob bereits ein oder mehrere Tasks durchgeführt worden sind.

Zuvor wird von dem Service-Task eine boolesche Variable „cancelled" („abgesagt") von „false" auf „true" gesetzt. Der Wert dieser Variable wird an den Ursprungsprozess zurückgegeben. Ist der Wert „true", so wird im Ursprungsprozess an der Verzweigung der nach unten führende Sequenzfluss gewählt und der Task „Answer cancellation message" („Absage-Nachricht beantworten") durchgeführt.

3.12.1 Angeheftetes Zwischenereignis

Neben diesem Lösungsansatz gibt es noch weitere Möglichkeiten, eine Aktivität abzubrechen. In Abbildung 63 befindet sich das Nachrichten-Zwischenereignis, das die Absage empfängt, nicht mehr im aufgerufenen Prozess. Stattdessen ist es im Ursprungsprozess an den Rand der Aufrufaktivität geheftet worden. Auch mit einem solchen angehefteten Zwischenereignis wird die komplette Aktivität und damit der gesamte aufgerufene Prozess abgebrochen. Noch nicht bearbeitete Tasks des aufgerufenen Prozesses werden bei den Mitarbeiterinnen und Mitarbeitern der Personalabteilung („Human Resources") aus der Taskliste gelöscht.

Im Anschluss an den Abbruch folgt der Prozess nicht dem normalen Sequenzfluss, sondern dem Ausnahme-Sequenzfluss, der am angehefteten Zwischenereignis „Cancellation message received" („Absage-Nachricht empfangen") beginnt. Der Nachrichtenfluss zu diesem angehefteten Zwischenereignis wird im Pool des Bewerbers genauso definiert wie ein Nachrichtenfluss zu einem gewöhnlichen Nachrichten-Zwischenereignis. Auch die Korrelation mit der zugehörigen Prozessinstanz erfolgt wie in Abschnitt 3.7 beschrieben.

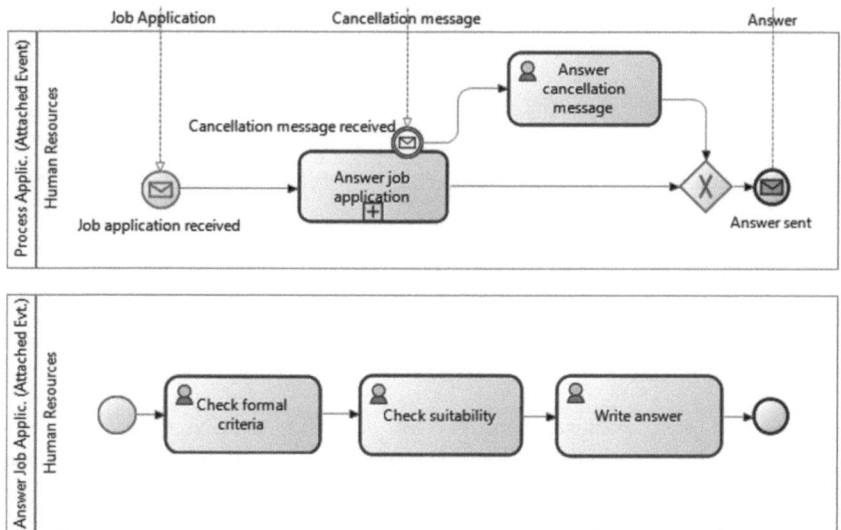

Abbildung 63: Abbruch einer Aktivität durch ein angeheftetes Ereignis

Wichtig ist, dass von diesem Ereignis ein Sequenzfluss ausgeht, da der Prozess nur dann mit dem gewöhnlichen, aus der Aktivität herausgehenden Sequenzfluss fortfährt, wenn die Aktivität nicht durch eine eingehende Absage abgebrochen wurde.

Abbildung 64 zeigt ein anderes Beispiel für den Abbruch eines kompletten Unterprozesses. Es handelt sich um eine Erweiterung des Bestellungsprozesses, der in Abbildung 40 gezeigt wurde. In diesem Prozess werden die einzelnen Bestellpositionen („order items") einer Bestellung in einer Mehrfachaktivität geprüft.

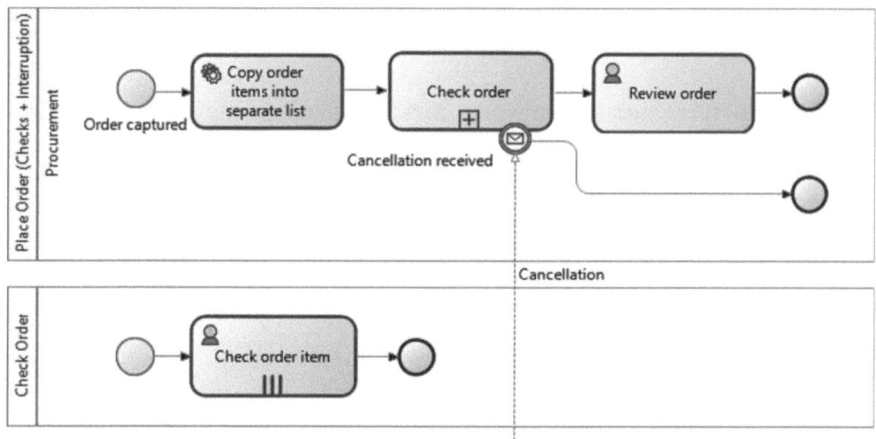

Abbildung 64: Abbruch einer Mehrfachaktivität

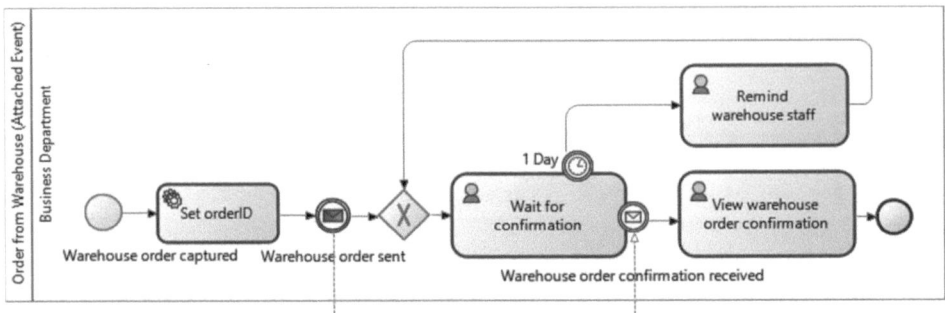

Abbildung 65: Reagieren auf unterschiedliche angeheftete Ereignisse – Variante zum Prozess aus Abbildung 51

In Abbildung 64 wurden diese Prüfungen in einen Unterprozess ausgelagert. Soll nun die Überprüfung aller Bestellpositionen mithilfe einer Stornierungsnachricht komplett abgebrochen werden, so erfolgt dies über das angeheftete Zwischenereignis an der Aufrufaktivität „Check order" („Bestellung prüfen").

Es wäre auch denkbar, das abbrechende Zwischenereignis direkt an die Mehrfachaktivität zu heften. In diesem Fall bricht Bonita jedoch nur eine der vorhandenen Instanzen ab. Die Auslagerung in einen Unterprozess ermöglicht es, alle noch nicht abgeschlossenen Instanzen gleichzeitig abzubrechen.

Mithilfe von angehefteten Zwischenereignissen kann man auch den in Bonita nicht vorhandenen ereignisbasierten Gateway ersetzen. In Abbildung 51 war dies mit einem aufgerufenen Prozess erreicht worden. Abbildung 65 zeigt eine andere Möglichkeit, diesen Prozess zu modellieren. Der Task „Wait for confirmation" („Auf Bestätigung warten") ist ein Pseudo-Task, der nur dazu dient, die beiden abbrechenden Zwischenereignisse aufzunehmen. Bei Bonita muss es sich zudem um einen User-Task handeln. Dem für den Task zuständigen Actor wurden keine existierenden Benutzerinnen oder Benutzer zugeordnet. Somit erscheint der Task bei niemandem in der Taskliste und wird nie ausgeführt.

Aus diesem Task führt auch kein gewöhnlicher Sequenzfluss heraus. Das bedeutet, dass der Task nur durch das Eintreten eines der angehefteten Zwischenereignisse verlassen werden kann. Geht zuerst eine Bestätigung des Lagers ein („Warehouse order confirmation received"), so wird der Task abgebrochen, und der nächste Task „View warehouse order confirmation" („Bestätigung der Lagerbestellung ansehen") wird ausgeführt. Tritt hingegen zuerst das zeitliche Zwischenereignis ein, so wird die Belegschaft im Lager erinnert („Remind warehouse staff"). Anschließend wird erneut auf den Eingang der Bestätigung gewartet.

3.12.2 Fehlerereignis

Angeheftete Zwischenereignisse ermöglichen es auch, in einem Prozess auf auftretende Fehler zu reagieren. Hierzu wird noch einmal der Angebotsprozess aus Kapitel 2 betrachtet. Darin werden Angebote und Absagen automatisch als E-Mails verschickt. Was passiert aber, wenn der E-Mail-Versand fehlschlägt, weil z. B. der E-Mail-Server nicht erreichbar ist? Wird dieser Fehler nicht erkannt, so merkt niemand, dass die Kundin oder der Kunde keine Antwort erhalten hat.

In Abbildung 66 haben die beiden Tasks, die E-Mails verschicken, angeheftete Fehler-Zwischenereignisse. Meldet ein solcher Task einen Fehler, so wird der Ausnahmefluss durchgeführt. Hierbei erhält eine Mitarbeiterin oder ein Mitarbeiter einen Task zum manuellen Versenden des Angebots oder der Absage („Send proposal manually" bzw. „Send refusal manually"). In dem Dialog zu diesem Task bestätigt man, dass man eine entsprechende Mail verschickt hat.

Man könnte den Prozess auch dahingehend ändern, dass jeder Task mit einem automatischen E-Mail-Versand zunächst mehrfach wiederholt wird, bevor die Aufgabe an einen Menschen weitergeleitet wird. Schließlich könnte es sich bei der Nichterreichbarkeit des E-Mail-Servers um ein vorübergehendes Problem handeln.

Damit das angeheftete Zwischenereignis einen eingetretenen Fehler erkennen kann, muss dieser von dem Task gemeldet werden. Hierzu definiert man für den verwendeten Konnektor, dass er bei einem Fehlschlag ein Fehlerereignis auslöst (Abbildung 67). Damit man unterschiedliche Fehlerereignisse unterscheiden kann, muss man ihnen Namen geben. In Abbildung 67 wurde der Name „EmailError" („E-Mail-Fehler") gewählt.

Im angehefteten Zwischenereignis kann man diesen Namen angeben, damit es nur auf Fehler vom Typ „EmailError" reagiert. Wenn es in diesem Task noch andere Typen von

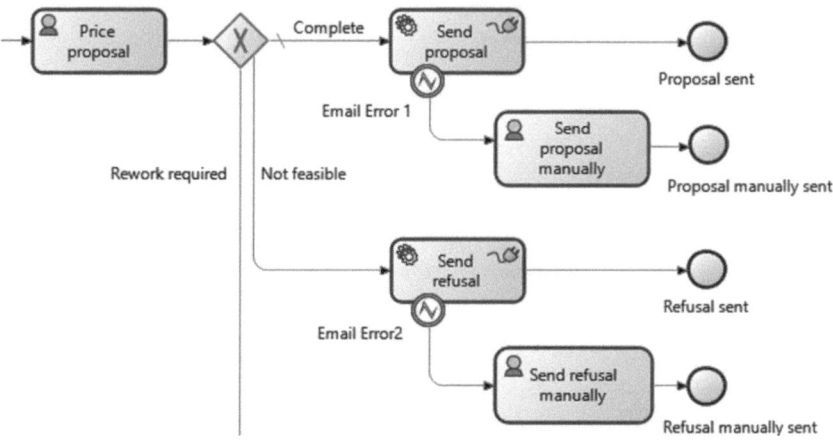

Abbildung 66: Abfangen technischer Fehler mithilfe von Fehlerereignissen

79

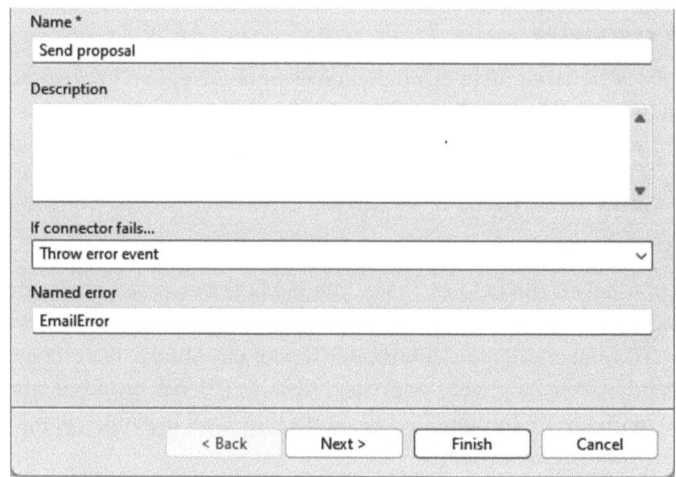

Abbildung 67: Spezifikation eines Fehlerereignisses bei einem Konnektor

Fehlern gäbe, könnte man hierfür weitere Zwischenereignisse anheften. Ist an einem angehefteten Fehler-Zwischenereignis kein Fehlertyp angegeben, dann reagiert es auf alle Fehler dieses Tasks.

Ein Fehlerereignis kann aber nicht nur von einem Konnektor erzeugt werden, sondern auch von einem aufgerufenen Prozess. In Abbildung 68 wird noch einmal die Bearbeitung einer Bewerbung aufgegriffen. Der aufgerufene Prozess ähnelt dem aus Abbildung

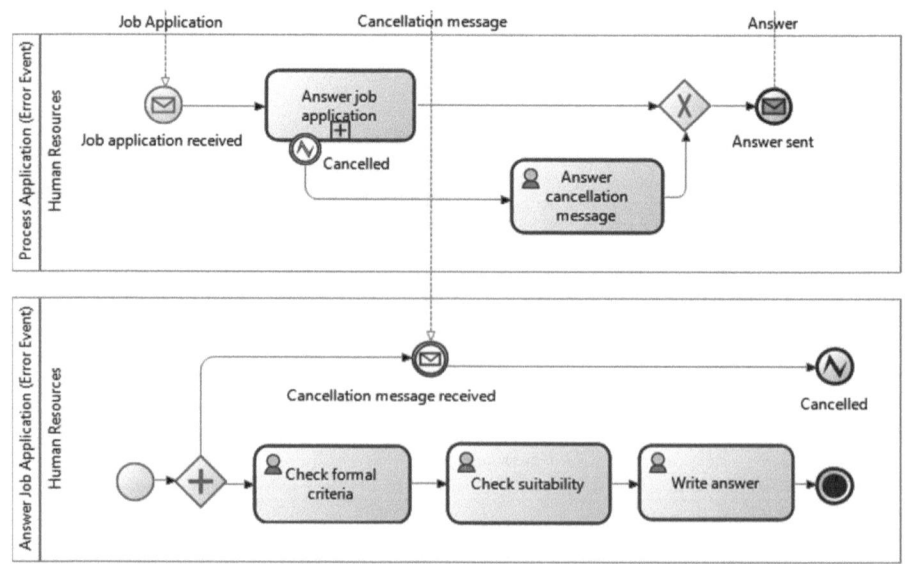

Abbildung 68: Erzeugen eines Fehlerereignisses in einem Unterprozess

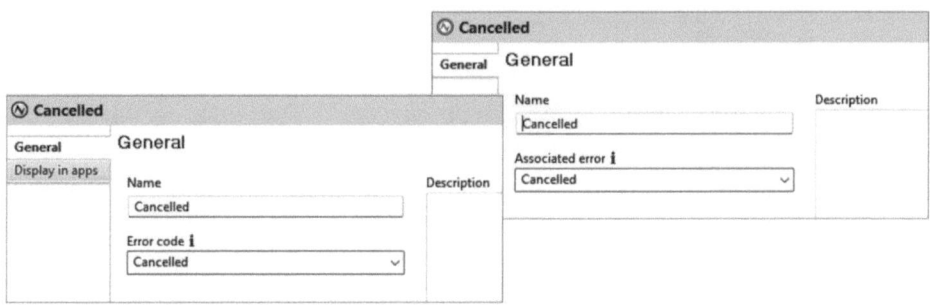

Abbildung 69: Definition der Fehlerereignisse - links das sendende, rechts das empfangende

62. Allerdings endet der obere Zweig, in dem das Eintreffen einer Absage behandelt wird, nicht mit einem Terminierungs-Endereignis, sondern einem sendenden Fehler-Endereignis. Ähnlich wie beim Terminierungs-Endereignis wird beim Erreichen dieses Ereignisses sofort der gesamte Unterprozess abgebrochen.

Zusätzlich wird aber ein Fehler geworfen, der dann im übergeordneten Prozess vom angehefteten Ereignis der Aufrufaktivität „Answer job application" („Bewerbung beantworten") empfangen wird. Im Fehlerfall wird im Anschluss an „Bewerbung beantworten" nicht dem gewöhnlichen Sequenzfluss gefolgt, sondern dem Ausnahmefluss. Anders als in dem Prozess aus Abbildung 62 ist daher kein verzweigender Gateway erforderlich.

Auch hier könnten wieder unterschiedliche Typen von Fehlerereignissen verwendet werden. Sie werden durch „Error-Codes" („Fehlercodes") identifiziert (Abbildung 69). Beim angehefteten Zwischenereignis, das den Fehler empfängt, hätte man das Feld „Associated error" („Zugehöriger Fehler") auch leer lassen können. Hätte man im aufgerufenen Prozess noch weitere sendende Fehlerereignisse mit anderen Fehlercodes definiert, so würden diese dann alle von diesem angehefteten Ereignis empfangen.

Da der aufgerufene Prozess beim Eintreffen einer Absage nicht regulär beendet wird, werden in Bonita auch keine Daten zurückgegeben. Um dieses Problem zu umgehen, kann man eine Business-Variable anlegen (vgl. Abschnitt 4.3) und sowohl im übergeordneten als auch im aufgerufenen Prozess auf dasselbe Geschäftsobjekt zugreifen.

Um nur darzustellen, dass eine eintreffende Nachricht die Aktivität abbricht, würde man normalerweise die Variante aus Abbildung 63 wählen. Die Variante mit dem Fehlerereignis bringt hier in dieser Form zunächst keinen Vorteil. Interessanter wird es, wenn man ein Fehlerereignis in Verbindung mit einem Ereignis-Unterprozess einsetzt.

3.12.3 Ereignis-Unterprozess

Oft möchte man direkt im aufgerufenen Prozess dafür sorgen, dass beim Eintreten eines bestimmten Ereignisses nicht nur der normale Ablauf abgebrochen, sondern auch eine

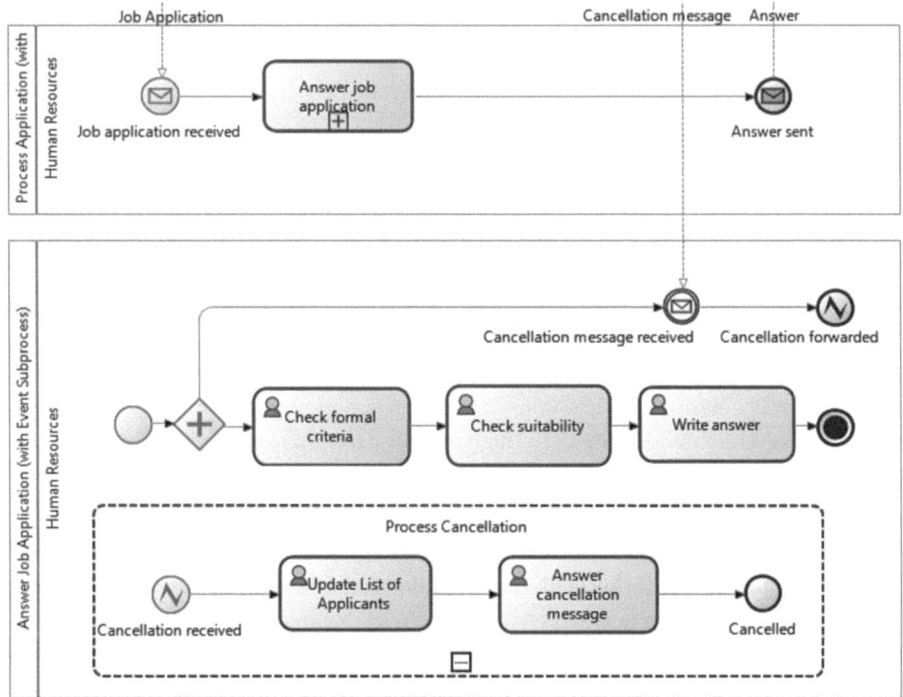

Abbildung 70: Behandlung einer Ausnahme in einem Ereignis-Unterprozess

Ausnahmebehandlung durchgeführt wird. Dadurch muss man im Ursprungsprozess keine Details modellieren, die sich eher auf den aufgerufenen Prozess beziehen. Zudem kann ein Prozess von mehreren anderen Prozessen aufgerufen werden. Dabei möchte man nicht in jedem dieser Prozesse dieselben Schritte zur Ausnahmebehandlung modellieren müssen.

Das Prinzip zur Ausnahmebehandlung innerhalb eines aufgerufenen Prozesses wird in Abbildung 70 gezeigt. Wie in Abbildung 68 endet der obere Pfad im aufgerufenen Prozess mit einem Fehlerereignis. Allerdings wird der Fehler „Cancellation forwarded" („Absage weitergereicht") nicht direkt an den aufrufenden Prozess hochgereicht, sondern an den mit gepunktetem Rand dargestellten Ereignis-Unterprozess „Process cancellation" („Absage verarbeiten") weitergeleitet.

Tritt das Startereignis eines solchen Ereignis-Unterprozesses ein, so wird der umgebende Prozess – in diesem Fall der Prozess im unteren Pool – abgebrochen, und es wird der Ereignis-Unterprozess ausgeführt. Im betrachteten Beispiel wird die Liste der Bewerber aktualisiert („Update list of applicants") und die Absage-Nachricht beantwortet („Answer cancellation message"). Mit dem Endereignis „Cancelled" („abgesagt") geht die Kontrolle zurück zum Ursprungsprozess.

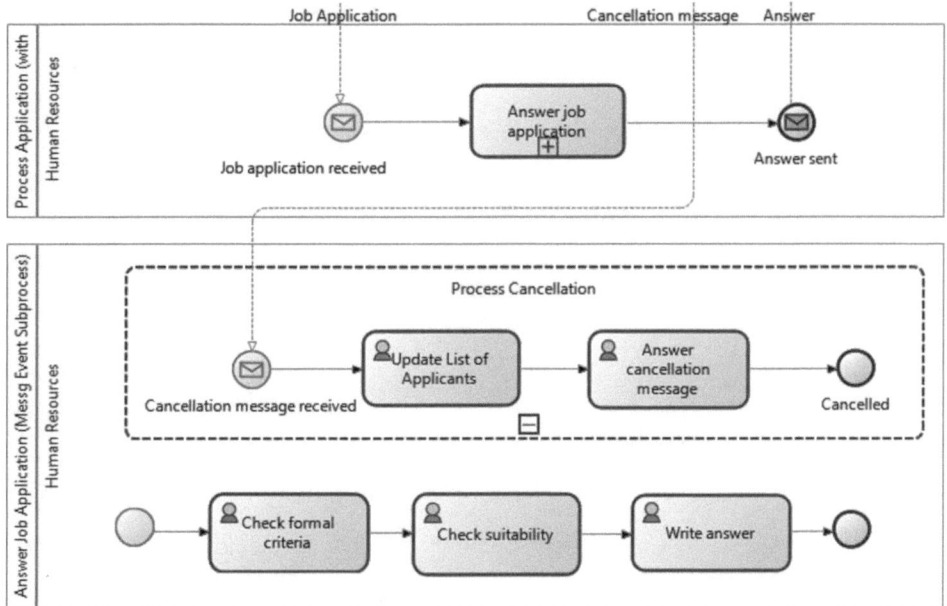

Abbildung 71: Start eines Ereignis-Unterprozesses durch ein Nachrichtenereignis

Dort wird an der Aktivität „Answer job application" („Bewerbung beantworten") kein angeheftetes Ereignis benötigt. Da es sich bei dem Endereignis „Cancelled" nicht selbst wiederum um ein Fehlerereignis, sondern um ein gewöhnliches Ereignis handelt, wird der Ursprungsprozess mit dem regulären Sequenzfluss fortgesetzt. Auch in diesem Szenario gibt Bonita allerdings keine Daten aus dem aufgerufenen Prozess zurück.

Die BPMN-Spezifikation erlaubt auch, dass ein Ereignis-Unterprozess ebenfalls mit einem sendenden Fehler-Endereignis abschließt, das dann wiederum im übergeordneten Prozess mittels eines angehefteten Fehler-Zwischenereignisses verarbeitet werden kann. Dies funktioniert in Bonita jedoch nicht.

Abbrüche durch angeheftete Ereignisse oder Ereignis-Unterprozesse eignen sich – zumindest in Bonita – vor allem dann, wenn es sich um komplette Abbrüche handelt, bei denen außer einem Fehlertyp keine weiteren Daten aus dem abgebrochenen aufgerufenen Prozess weiterverwendet werden sollen. Ist jedoch eine Datenrückgabe erforderlich, so lässt sich dies erreichen, indem man Referenzen auf ein gemeinsames Geschäftsobjekt verwendet, oder indem man den betreffenden Ausnahmefall wie einen unter mehreren gewöhnlichen Fällen modelliert, wie dies in Abbildung 62 gemacht wurde.

Anstelle eines Ereignis-Unterprozesses hätte man in Abbildung 70 die beiden darin enthaltenen Tasks „Update list of applicants" („Bewerberliste aktualisieren") und „Answer cancellation message" („Absage-Nachricht beantworten") auch in den oberen parallelen Pfad hinter das Nachrichtenereignis „Cancellation message received" („Absage-Nach-

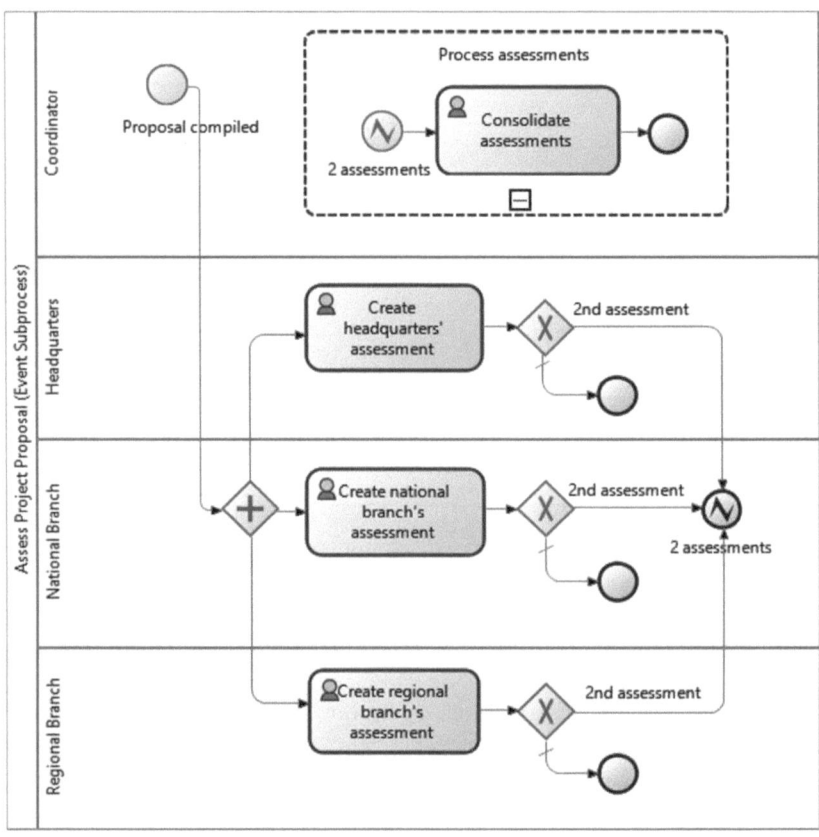

Abbildung 72: Regionalen Projektantrag bewerten – mit Ereignis-Unterprozess

richt eingegangen") einfügen können. Dann würde das Eintreffen einer Absage ebenfalls dazu führen, dass die Bewerberliste aktualisiert, die Absage beantwortet und anschließend der aufgerufene Prozess durch das Fehlerereignis abgebrochen wird.

Der Unterschied liegt darin, dass dann die Bearbeitung im unteren parallelen Pfad nicht sofort mit dem Eintreffen der Absage abgebrochen würde. Unter Umständen würde die Bewerbung also noch weiter bearbeitet, obwohl schon eine Absage angekommen ist – nur weil sich noch niemand um die notwendige Aktualisierung der Bewerberliste und die Beantwortung der Absage gekümmert hat.

Ereignis-Unterprozesse können nicht nur durch Fehlerereignisse gestartet werden, sondern auch durch andere Arten von Startereignissen. So wird der Ereignis-Unterprozess in Abbildung 71 direkt durch das Eintreffen der Nachricht ausgelöst. Der Start des Ereignis-Unterprozesses führt hier ebenfalls dazu, dass der umgebende Prozess abgebrochen wird.

Auch der Prozess zur Bewertung eines Projektantrags aus Abbildung 32, bei dem zwei von drei Stellungnahmen erstellt sein müssen, kann alternativ mithilfe eines Ereignis-Unterprozesses modelliert werden. In Abbildung 72 wird im Anschluss an jeden der parallelen Stellungnahme-Tasks wieder anhand einer Zähler-Variable überprüft, ob es sich um die zweite Stellungnahme handelt. In diesem Fall sendet das Endereignis „2 assessments" („2 Stellungnahmen") einen Fehler, der den Hauptprozess abbricht und den Ereignis-Unterprozess auslöst, wo die Stellungnahmen zusammengefasst werden. Dadurch wird die dritte Stellungnahme nicht mehr verfasst.

Der BPMN-Standard sieht auch nicht-unterbrechende Startereignisse für Ereignis-Unterprozesse vor – die allerdings in Bonita nicht vorhanden sind. Tritt ein solches Startereignis ein, so läuft der umgebende Prozess noch parallel zum Ereignis-Unterprozess weiter. Nicht-unterbrechende Startereignisse können außerdem nicht vom Typ Fehler sein, da ein Fehlerereignis den Prozess immer abbricht. Als Alternative enthält BPMN das – in Bonita ebenfalls nicht implementierte – Eskalationsereignis, das hier auch inhaltlich besser als das Fehlerereignis passen würde. Schließlich handelt es sich bei der Fertigstellung der zweiten Stellungnahmen nicht um einen Fehler, sondern um ein erwünschtes Ereignis. Abbildung 73 zeigt die verschiedenen Varianten des Eskalationsereignisses: Als Startereignis, als sendendes sowie als empfangendes Zwischenereignis und als Endereignis.

Im praktischen Einsatz eines BPMS ist es vor allem sehr wichtig, Ausnahmen und Fehlerbehandlungen für sämtliche möglichen technischen Probleme zu definieren. Ansonsten führt etwa jedes vorübergehende Netzwerkproblem dazu, dass der Prozess scheitert und mit einer Fehlermeldung abgebrochen wird. Im Idealfall können bereits die zur Verbindung mit Datenbanken und sonstigen Systemen eingesetzten Konnektoren typische Fehler abfangen und z. B. mehrere Verbindungsversuche zu einem anderen System unternehmen.

Probleme, die auf dieser Ebene nicht gelöst werden können, müssen im Prozess geregelt werden. Da es recht aufwendig ist, von vornherein jeden denkbaren Fehler mit allen Konsequenzen im Detail zu berücksichtigen, kann man beispielsweise einen User-Task modellieren, der sich um alle nicht anderweitig behandelten Fehlermeldungen kümmert. Die Bearbeiterinnen und Bearbeiter dieses Tasks müssen das jeweilige Problem behandeln und geeignete Maßnahmen einleiten können. Sie könnten z. B. eine neue Prozessinstanz starten oder einen manuellen Workaround anstoßen. Zugleich könnte das aufgetretene Problem an die zuständigen Kolleginnen und Kollegen gemeldet werden, damit sie sich um die Behebung des technischen Problems oder um die Überarbeitung des Prozesses kümmern.

Abbildung 73: Eskalationsereignis

3.12.4 Kompensation und Transaktion

Wird ein Prozess oder ein Teil eines Prozesses abgebrochen, dann ist es oftmals erforderlich, bereits durchgeführte Aktivitäten zu kompensieren, d. h. ihre Wirkungen rückgängig zu machen. In dem Beispiel in Abbildung 74 werden die Materialbestände zweier Lager in zwei unterschiedlichen Systemen verwaltet. Wird Material von dem einen in das andere Lager transportiert, so müssen die Bestände in den beiden Systemen angepasst werden. In dem dargestellten Prozess wird zunächst der Bestand in System A verringert (Aktivität „Decrease stock in system A") und anschließend der Bestand in System B erhöht (Aktivität „Increase stock in system B").

Wird der gesamte Unterprozess nach Ausführung der ersten Aktivität abgebrochen, so ist der Bestand in System A bereits verringert, der in System B aber noch nicht erhöht worden. Damit besteht ein inkonsistenter Zustand. Vergleicht man die Summe der Bestände vor Ausführungsbeginn des Unterprozesses, so stimmt sie nicht mit der Summe nach dem Abbruch überein. Es hat den Anschein, dass Material verschwunden ist.

Um dieses Problem zu vermeiden, muss sichergestellt werden, dass in dem beschriebenen Fall die Bestandsverringerung wieder rückgängig gemacht wird, das heißt, dass die erste Aktivität kompensiert wird.

Die beiden Aktivitäten sind Teil einer gemeinsamen Transaktion. Eine Transaktion muss immer komplett durchgeführt werden. Wird sie abgebrochen, so muss der Zustand vor Beginn der Transaktion wiederhergestellt werden.

Gemäß dem BPMN-Standard kann man einen Unterprozess mittels einer doppelten Umrandung als Transaktion kennzeichnen, wie dies in Abbildung 74 gemacht wurde.

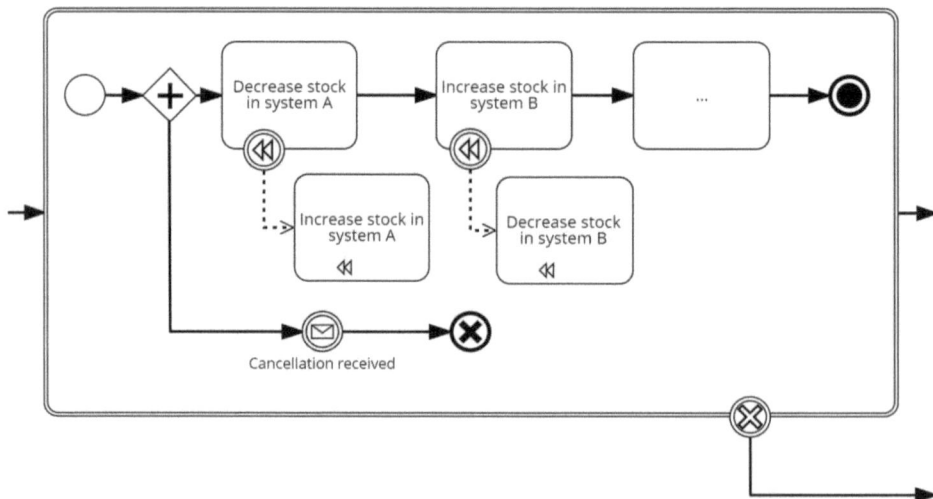

Abbildung 74: Modellierung einer Transaktion in BPMN

Compensate
"Reduce stock
in system A"

Abbildung 75: Kompensationsereignisse

Zu jeder Aktivität, die bei einem Abbruch der Transaktion gegebenenfalls kompensiert werden muss, ist eine Kompensationsaktivität festgelegt. So hat die Aktivität „Decrease stock in system A" („Bestand in System A verringern") die Kompensationsaktivität „Increase stock in system A" („Bestand in System A erhöhen"). Entsprechend kann die Erhöhung des Bestandes in System B durch die zugehörige Kompensationsaktivität „Decrease stock in system B" („Bestand in System B verringern") rückgängig gemacht werden.

Tritt in dem Beispiel das Ereignis „Cancellation received" („Stornierung empfangen") ein, so wird ein Abbruch-Endereignis erreicht, und der Ablauf wird mit dem Ausnahme-Sequenzfluss fortgesetzt, der von dem angehefteten Abbruch-Zwischenereignis ausgeht. Zuvor geschieht aber noch etwas anderes: Für all jene Aktivitäten, die bereits durchgeführt worden sind, werden die zugehörigen Kompensationsaktivitäten ausgeführt. Hierdurch werden alle Veränderungen, die innerhalb der Transaktion bereits stattgefunden haben, rückgängig gemacht.

Die Kompensationsaktivitäten werden in umgekehrter Reihenfolge zu den ursprünglichen Aktivitäten abgewickelt. Damit wird eventuellen inhaltlichen Abhängigkeiten Rechnung getragen. Wird z. B. ein Datenobjekt in einer Aktivität verändert und später in einer anderen Aktivität gelöscht, so sorgt die umgekehrte Reihenfolge der Kompensationen dafür, dass das Datenobjekt zuerst wiederhergestellt wird und dann die an diesem Objekt erfolgte Veränderung rückgängig gemacht wird. Andersherum würde es nicht gehen: Solange die Löschung nicht rückgängig gemacht worden ist, steht das Datenobjekt nicht zur Verfügung, weshalb daran auch keine Veränderung rückabgewickelt werden kann.

Kompensationsaktivitäten können gemäß BPMN auch unabhängig von Transaktionen ausgelöst werden, und zwar mithilfe von Kompensationsereignissen (vgl. Abbildung 75). Wird in einem Sequenzfluss ein solches Ereignis erreicht, so wird die angegebene Aktivität kompensiert – allerdings nur, wenn diese Aktivität auch tatsächlich bereits ausgeführt worden ist. Ansonsten gibt es nichts zu kompensieren.

Ist bei einem sendenden Kompensationsereignis keine Aktivität angegeben, dann werden alle in der Prozessinstanz bereits durchgeführten Aktivitäten, soweit sie über Kompensationsaktivitäten verfügen, kompensiert – und zwar wiederum in umgekehrter Reihenfolge.

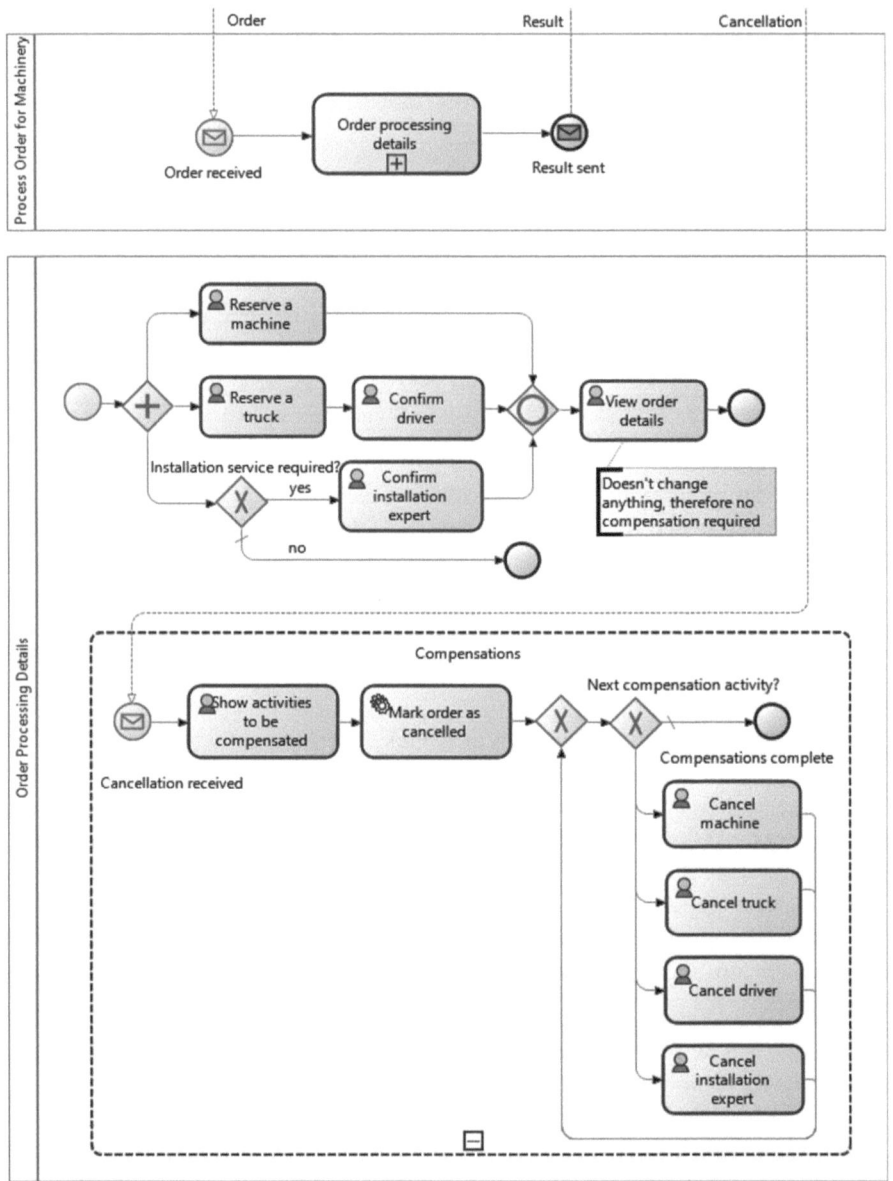

Abbildung 76: Bei einer Stornierung werden die Wirkungen der durchgeführten Tasks mithilfe von Kompensationsaktivitäten rückgängig gemacht.

Da die Symbole zur Modellierung von Kompensationen und Transaktionen in Bonita nicht vorhanden sind, muss ein anderer Weg gefunden werden, wenn es in einem Prozess erforderlich ist, die Wirkungen von Aktivitäten rückgängig zu machen.

In Abbildung 76 soll der aufgerufene Prozess „Order Processing Details" („Auftrags-bearbeitungs-Details") als Transaktion durchgeführt werden. Erfolgt kein Abbruch, so werden in den Aktivitäten „Reserve a machine" und „Reserve a truck" eine Maschine und ein LKW reserviert. In den Aktivitäten „Confirm driver" und „Confirm installation expert" werden die Namen der Personen bestätigt, die als Fahrerin bzw. Fahrer und als Installateurin bzw. Installateur tätig werden. Mithilfe des exklusiven Gateways wird erreicht, dass Letztere nur beteiligt werden, wenn dies im Auftrag angegeben wurde.

Wird der aufgerufene Prozess abgebrochen, so müssen die bereits vorgenommenen Reservierungen und Bestätigungen rückgängig gemacht werden. Die Abwicklung der hierfür erforderlichen Kompensationen erfolgt in einem Ereignis-Unterprozess. Dieser wird durch das Eintreffen einer Nachricht vom Typ „Cancellation" („Stornierung") ausgelöst.

Auf der rechten Seite des Ereignis-Unterprozesses sind die Kompensationsaktivitäten für die Aktivitäten des umgebenden Prozesses dargestellt. Welche Aktivität kompensiert wird, geht aus den Bezeichnungen hervor. So kompensiert „Cancel machine" („Maschine stornieren") die Aktivität „Reserve a machine" („Maschine reservieren") usw.

Zu der Aktivität „View order details" („Auftragsdetails ansehen") gibt es keine Kompensationsaktivität. Da hier nur etwas angezeigt, aber nichts verändert wird, gibt es auch nichts rückgängig zu machen.

Wie wird nun erreicht, dass genau diejenigen Aktivitäten kompensiert werden, die bereits durchgeführt wurden? Hierzu wurde eine Business-Variable mit einer Liste von Strings angelegt, in der die Namen der durchgeführten Aktivitäten gespeichert werden. Jedes Mal, wenn eine Reservierungs- oder Bestätigungsaktivität abgeschlossen wird, wird der Name dieser Aktivität am Ende der Liste hinzugefügt. Die Liste enthält somit zu jeder Zeit die Namen der bereits erfolgten Aktivitäten, und zwar in der Reihenfolge, in der sie durchgeführt wurden.

Im Ereignis-Unterprozess „Compensations" wird an dem verzweigenden Gateway mit der Beschriftung „Next compensation activity?" („Nächste Kompensationsaktivität?") überprüft, welcher Aktivitätsname am Ende der Liste steht. Entsprechend wird die zugehörige Kompensationsaktivität ausgewählt und durchgeführt.

Anschließend wird der Name am Ende der Liste entfernt. Über den zusammenführenden Gateway gelangt der Prozess erneut an die Verzweigung, an der die nächste Kompensationsaktivität ausgewählt wird.

Ist die Liste der noch zu kompensierenden Aktivitäten leer, so wird über den Default-Ausgang das Endereignis des Ereignis-Unterprozesses erreicht.

Es erfolgt der Rücksprung in den übergeordneten Prozess „Process Order for Machinery" („Bestellung einer Maschine bearbeiten"), von wo eine Nachricht mit dem Ergebnis

Abbildung 77: In diesem Dialog wird angezeigt, welche Aktivitäten kompensiert werden müssen.

der Bestellbearbeitung („Result") an den – hier nicht dargestellten – Bestellprozess zurückgeschickt wird.

Im Erfolgsfall enthält die Nachricht Informationen über die verschiedenen Reservierungen. Wurde die Bearbeitung hingegen abgebrochen, so sind aufgrund der Kompensationen keine Reservierungsinformationen mehr enthalten.

Damit man in dem Beispiel verfolgen kann, was getan und was storniert wurde, werden bei den Stornierungen die entsprechenden Einträge in dem Bestellungsobjekt nicht gelöscht, sondern stattdessen mit dem Hinweis „CANCELLED" („storniert") versehen. So kann man sehen, welche Einträge ursprünglich erfolgt waren. Zudem wird die Bestellung als Ganzes als storniert gekennzeichnet. Dies erfolgt im Service-Task "Mark order as cancelled" („Bestellung als storniert markieren").

In dem Benutzerinnen- bzw. Benutzer-Task „Show activities to be compensated" („Zu stornierende Aktivitäten zeigen") kann man sich ansehen, welche Aktivitäten in welcher Reihenfolge durchgeführt wurden und nun kompensiert werden müssen. Auf diese Weise kann man in dem Beispielprozess genauer nachvollziehen, was passiert.

In dem in Abbildung 77 gezeigten Fall müssen zunächst die Reservierung der Maschine, anschließend die Buchung der Installateurin bzw. des Installateurs und schließlich die Reservierung des LKWs storniert werden.

Im – hier nicht gezeigten – Bestellprozess kann man sich in einem User-Task das Ergebnis ansehen (Abbildung 78): Die Bestellung ist storniert, und die Einträge bei Maschine, LKW und Installateurin bzw. Installateur sind alle mit dem Zusatz „CANCELLED" („storniert") versehen. Da zum Zeitpunkt des Abbruchs noch keine Fahrerin und kein Fahrer bestätigt worden waren, ist das entsprechende Feld („Driver") leer.

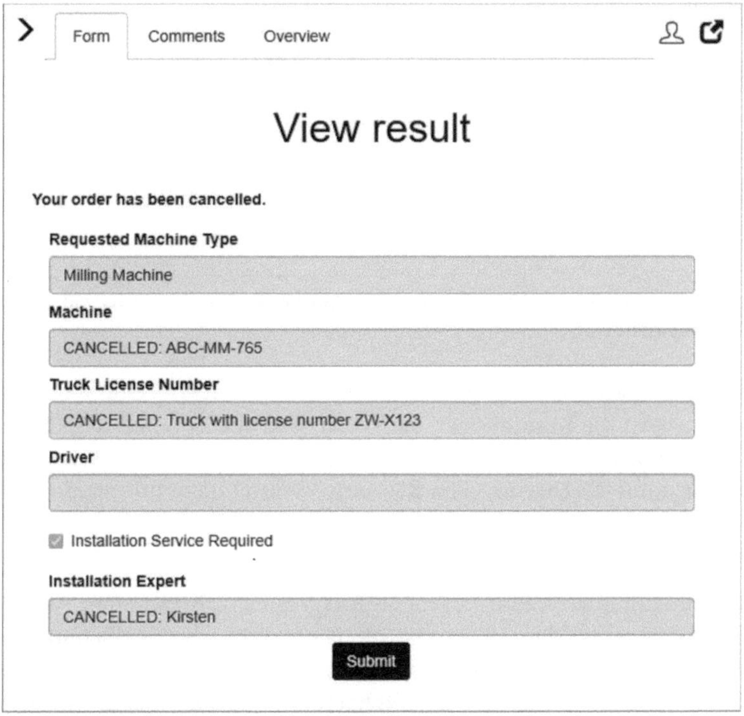

Abbildung 78: Anzeige des Ergebnisses – hier eine stornierte Bestellung

Da es in dem Beispiel keine Abhängigkeiten zwischen den einzelnen Einträgen gibt, ist es eigentlich egal, in welcher Reihenfolge die Kompensationen durchgeführt werden. Man hätte daher auf den zusammenführenden Gateway verzichten und für die Verzweigung zu den Kompensationsaktivitäten einen inklusiven Gateway verwenden können. An jedem Ausgang würde dann einfach überprüft, ob der Name der zugehörigen Aktivität in der Liste enthalten ist. Die auf diese Weise ausgewählten Kompensationen könnten dann in beliebiger Reihenfolge durchgeführt werden.

In Fällen, in denen die Reihenfolge tatsächlich eine Rolle spielt, ist das dargestellte Modell mit den exklusiven Gateways und der sequenziellen Abwicklung der Kompensationen die geeignete Variante.

3.13 Nicht-unterbrechendes Ereignis

Das angeheftete zeitliche Zwischenereignis in Abbildung 79 ist mit gestrichelten Rändern als nicht-unterbrechendes Ereignis gekennzeichnet. Tritt dieses Ereignis während des betreffenden Tasks ein, so wird der Ausnahmefluss gestartet, aber zugleich wird der ursprüngliche Task weiter ausgeführt.

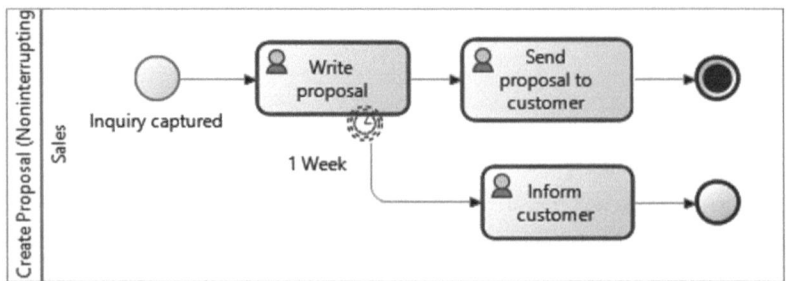

Abbildung 79: An den Task „Write proposal" („Angebot schreiben") ist ein nicht-unterbrechendes Ereignis geheftet.

Ist seit Beginn des Taks „Write proposal" („Angebot schreiben") eine Woche („1 Week") verstrichen, so wird die Kundin oder der Kunde über die Verzögerung informiert („Inform customer"). Zugleich wird die Erstellung des Angebots fortgesetzt. Ein gewöhnliches Ereignis – mit durchgezogenen Rändern – würde dazu führen, dass „Write proposal" nach einer Woche abgebrochen würde. Das soll in dem betrachteten Fall nicht passieren.

Noch eine Bemerkung zum Eintreten eines Ereignisses während einer Aktivität: Bei einem User-Task bedeutet dies nicht, dass die Benutzerin oder der Benutzer bereits mit der Bearbeitung des Tasks begonnen haben muss. Es genügt vielmehr, dass die Engine die Aufgabe bereits in die Taskliste gestellt hat und der Task somit auf seine Erledigung wartet.

Da es sich bei „Inform customer" („Kundin oder Kunden informieren") in Abbildung 79 ebenfalls um einen User-Task handelt, ist auch nicht sichergestellt, dass die Benutzerin oder der Benutzer ihn sofort ausführt. Es ist daher möglich, dass nach einer Woche „Inform customer" in die Taskliste gestellt wird, aber vor diesem Task die beiden Tasks im oberen Pfad durchgeführt werden, in denen das Angebot geschrieben und an die Kundin oder den Kunden gesendet wird. Danach ist es natürlich nicht mehr sinnvoll, „Inform customer" auszuführen. Daher sorgt das Terminierungs-Endereignis dafür, dass der nun überflüssige Task entfernt wird.

3.14 Signal

Prozesse können nicht nur mittels Nachrichten, sondern auch mittels Signalen kommunizieren. Diese werden von Signal-Zwischen- oder -Endereignissen gesendet und von Signal-Start- oder -Zwischenereignissen empfangen. Die Prozesse in Abbildung 80 beziehen sich auf eine elektronische Handelsplattform. Wenn diese Plattform zur Wartung abgeschaltet wird, sollen alle laufenden Käufe und Verkäufe abgebrochen und für eine spätere Ausführung vorgemerkt werden. Außerdem sollen die Kundinnen und Kunden automatisch über die Abschaltung informiert werden.

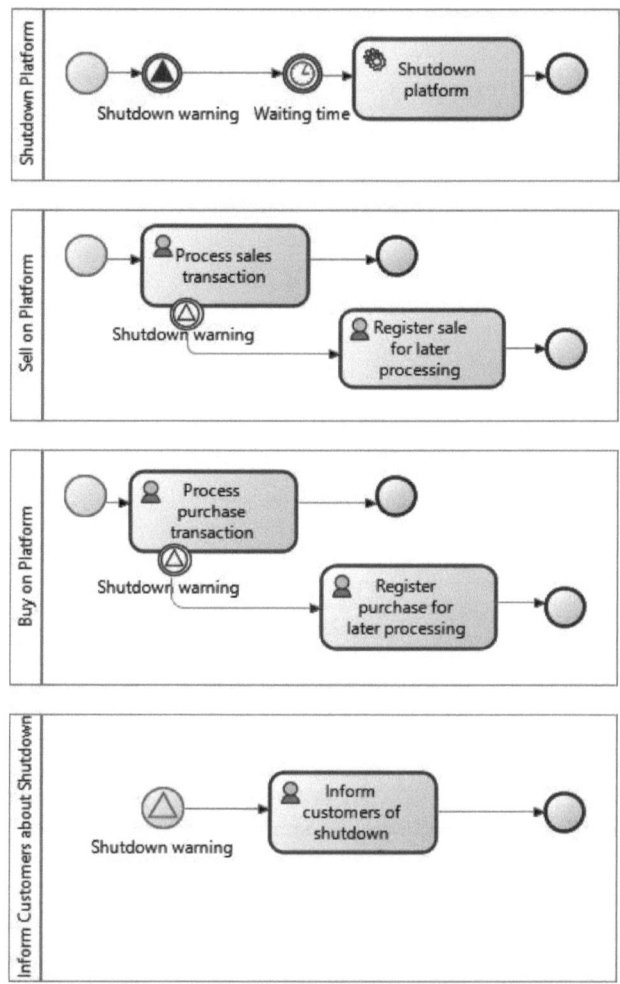

Abbildung 80: Sendendes Signalereignis und empfangende Signalereignisse

Wenn der Prozess „Shutdown platform" („Plattform abschalten") gestartet wird, sendet zunächst das erste Zwischenereignis das Signal „Shutdown warning" („Abschaltungs-warnung"). Anschließend wird am folgenden Zwischenereignis „Waiting time" („War-tezeit") etwas gewartet, damit noch Zeit ist, um auf das Signal zu reagieren, bevor die Plattform durch den Service-Task heruntergefahren wird.

Das sendende Signalereignis enthält – anders als ein sendendes Nachrichtenereignis – keine Informationen darüber, wo es empfangen wird. Beim Modellieren gibt man lediglich den Namen des gesendeten Signals an. Jeder beliebige Prozess kann das Signal empfangen und darauf reagieren. So wird das Signal „Shutdown warning" in den Prozessen „Sell on platform" („Auf der Plattform verkaufen") und „Buy on platform" („Auf der

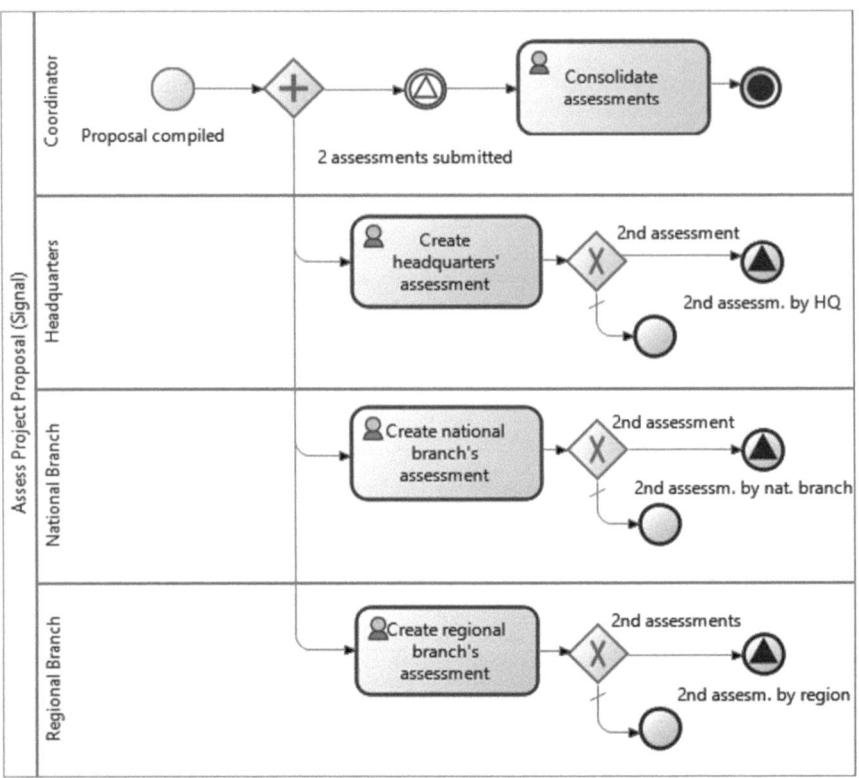

Abbildung 81: Dieser Prozess hat unerwünschte Seiteneffekte auf andere Instanzen desselben Prozesses, da die Signale von allen Instanzen empfangen werden.

Plattform kaufen") dazu verwendet, die Tasks „Process sales transaction" („Verkauf abwickeln") und „Process purchase transaction" („Kauf abwickeln") abzubrechen.

Im Gegensatz zu einer Nachricht enthält ein Signal in Bonita auch keine Korrelationsinformation. Es wird also nicht jeweils eine einzelne Instanz abgebrochen. Vielmehr werden alle laufenden Instanzen terminiert, die gerade bei „Process sales transaction" bzw. „Process purchase transaction" stehen.

Als weitere Reaktion auf ein Abschaltungswarnungs-Signal wird vom empfangenden Signal-Startereignis eine neue Instanz des Prozesses „Inform customers about shutdown" („Kundinnen und Kunden über Abschaltung informieren") gestartet, der im untersten Pool der Abbildung 80 dargestellt ist. Ein empfangendes Signal-Startereignis benötigt als einzige Information ebenfalls den Namen des Signals.

Signale können auch innerhalb eines Prozesses gesendet und empfangen werden. Hierbei ist aber zu beachten, dass Signale immer von allen Prozessinstanzen empfangen werden – auch von anderen Instanzen desselben Prozesses. Ansonsten könnte man den in Abschnitt 3.4 betrachteten Prozess, bei dem zwei von drei Stellungnahmen zu einem

Projektantrag erforderlich sind, auch wie in Abbildung 81 modellieren. Wenn die zweite Stellungnahme erstellt worden ist, wird vom jeweiligen Signal-Endereignis ein Signal „Zweite Stellungnahme" gesendet. In der oberen Lane wartet der Prozess am Zwischenereignis auf das Eintreffen dieses Signals, um anschließend den Task „Stellungnahmen zusammenfassen" zu starten.

Testet man diesen Prozess, so funktioniert er wunderbar – solange man nur eine Instanz gestartet hat. Gibt es jedoch mehrere Instanzen dieses Prozesses, so wird durch das von einer Instanz gesendete Signal bei allen Instanzen der Task „Stellungnahme zusammenfassen" gestartet. Sobald also für einen Antrag zwei Stellungnahmen verfasst sind, werden für alle laufenden Anträge die Stellungnahmen zusammengefasst – auch für diejenigen, für die überhaupt noch keine Stellungnahme vorliegt.

Signale unterscheiden sich also von Nachrichten: Eine Nachricht wird an ein bestimmtes Ereignis in einem bestimmten Prozess geschickt. Über einen Korrelationsschlüssel kann man außerdem erreichen, dass die Nachricht von einer ganz bestimmten Prozessinstanz verarbeitet wird. Signale hingegen werden immer von allen zugehörigen Signal-Empfangsereignissen verarbeitet, unabhängig von Prozess und Prozessinstanz.

Daher müsste man in Abbildung 81 eigentlich Nachrichtenereignisse anstelle von Signalereignissen verwenden. In Bonita ist dies prinzipiell möglich. Gemäß BPMN-Spezifikation sind Nachrichten innerhalb von Prozessen aber nicht erlaubt. Zumeist lassen sich die Koordinationsaufgaben schließlich auch mithilfe des Sequenzflusses lösen, wie dies für das vorliegende Beispiel in Abschnitt 3.4 auch gemacht wurde (Abbildung 32).

3.15 Weitere Kontrollfluss-Muster

In diesem Kapitel konnten nur die wichtigsten Konstrukte und Sachverhalte bei der Modellierung von Sequenz- und Nachrichtenflüssen behandelt werden. In der Praxis können noch zahlreiche weitere Fälle auftreten, die sich zumeist durch geeignete Kombinationen der vorgestellten Konstrukte lösen lassen. In besonders komplizierten Fällen kann es jedoch auch erforderlich sein, an der einen oder anderen Stelle eigenen Programmcode einzufügen. Hierzu stehen Konnektoren bereit, beispielsweise um Groovy- bzw. Java-Code auszuführen.

Sammlungen von Kontrollfluss-Mustern für BPMS finden sich in [RuAa16] und auf der Website *www.workflowpatterns.com*.

4 Daten

Beim Einsatz eines BPMS können folgende Arten von Daten unterschieden werden:

1. Daten über Prozesse und ihre Ausführung, u. a. zur Beschreibung und Identifikation von Prozessdefinitionen und Prozessinstanzen, sowie Informationen über die bisherigen Verläufe und die aktuellen Bearbeitungszustände. Beispiele sind die eindeutige ID jeder Prozessinstanz, die Bezeichnungen der Tasks, die in der Taskliste angezeigt werden, oder eine Liste der bisher durchgeführten Aktivitäten.
2. Prozessvariablen, deren Werte jeweils für eine Prozessinstanz gültig sind. Beispielsweise werden die Nummer des bearbeiteten Auftrags oder das Ergebnis einer Entscheidung in Prozessvariablen gespeichert.
3. Daten über Geschäftsobjekte, die dauerhaft in einer Datenbank gespeichert werden und somit auch außerhalb einer einzelnen Prozessinstanz verfügbar sind.
4. Daten, die zwischen Prozessinstanzen ausgetauscht werden, z. B. über Aufrufaktivitäten oder Nachrichtenflüsse.
5. Daten, die von Prozessinstanzen mit anderen Systemen ausgetauscht und dort gespeichert werden, z. B. in externen Datenbanken, ERP-Systemen oder sonstigen Drittsystemen.

Im Folgenden werden die Punkte 1 bis 3 behandelt. In den Beispielen in Kapitel 2 und 3 wurden bereits an vielen Stellen Prozessvariablen und Daten über Geschäftsobjekte genutzt. Deren Anwendung wird im vorliegenden Kapitel noch einmal im Zusammenhang diskutiert.

Der Datenaustausch über Aufrufaktivitäten und über Nachrichtenflüsse war bereits Thema in den Abschnitten 3.5 und 3.7. Der Datenaustausch mit unterschiedlichen Arten von Drittsystemen ist Gegenstand von Kapitel 7.

Im Gegensatz zur Modellierung und Ausführung der Sequenzflüsse, für die es mit BPMN einen weithin genutzten Standard gibt, existiert für den Umgang mit Daten in Prozessen kein vergleichbarer Standard. Daher stößt man bei diesem Thema auf Unterschiede zwischen den verschiedenen BPMS. Dennoch gibt es zahlreiche grundlegende Problemstellungen, die von jedem BPMS-Hersteller gelöst werden müssen. Dabei werden häufig ähnliche Lösungsprinzipien angewandt, sodass die Unterschiede eher in der konkreten Ausgestaltung als im Grundsatz liegen.

Lediglich das in Bonita vorhandene Konzept der Business-Variablen für Daten über Geschäftsobjekte findet sich in anderen BPMS meist nicht in dieser Form. Daher wird auch erläutert, wie man ohne dieses Konzept mit derartigen Daten arbeiten kann.

4.1 Daten über Prozesse und ihre Ausführung

Jede Prozessdefinition wird durch Daten beschrieben, wie z. B. einen eindeutigen Identifizierer, eine Versionsnummer und einen Namen. Außerdem können Prozessdefinitionen unterschiedliche Zustände haben, z. B. können sie aktiviert oder deaktiviert sein. Ist ein Prozess deaktiviert, so können keine neuen Prozessinstanzen gestartet werden.

Ebenso existieren zu jeder einzelnen Prozessinstanz eine Reihe von Daten. Auch für sie gibt es einen Identifizierer, daneben den Startzeitpunkt, die als nächste auszuführende Aktivität usw.

Diese Daten werden von der Process-Engine für die Verwaltung und Ausführung der Prozesse benötigt. Sie sind daher weitgehend fest vorgegeben und können allenfalls um zusätzliche Attribute ergänzt werden.

Viele dieser Daten können im Administrationsportal von Bonita angezeigt werden. So sind in Abbildung 82 für die Prozessdefinitionen unter anderem der Name, die Versionsnummer, der eindeutige Identifizierer („Process id"), der Aktivierungsstatus („enabled", also „aktiv") und Informationen zur Installation angegeben.

Zudem wird eine Übersicht über die Prozessinstanzen angezeigt, in Bonita als „Cases" („Fälle") bezeichnet. Zu dem betrachteten Prozess gibt es sechs laufende Prozessinstanzen („open cases"), die alle „gesund" („healthy") sind, d. h., bei ihnen existieren keine Probleme. Zwei Fälle sind bereits abgeschlossen und daher archiviert („archived cases").

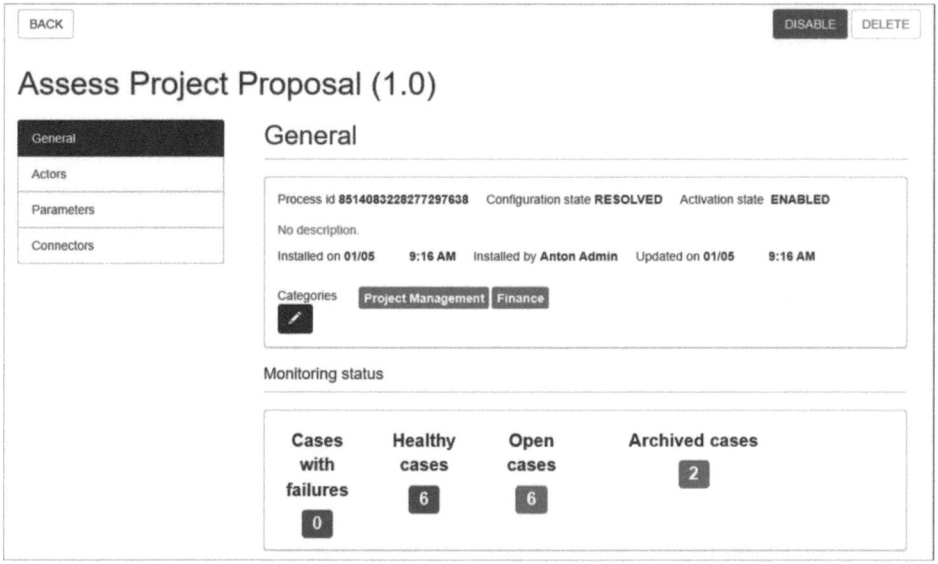

Abbildung 82: Daten über einen Prozess

Abbildung 83: Daten über eine Prozessinstanz

In Abbildung 83 sind einige Daten zu einer der laufenden Instanzen zu sehen. Dazu gehören der eindeutige Identifizierer der Prozessinstanz („Case ID") sowie der Name und die Version des zugehörigen Prozesses. Weiterhin ist angegeben, wer die Instanz zu welcher Zeit gestartet hat, dass bereits zwei Tasks erledigt („done") sind und zwei weitere Tasks zur Bearbeitung anstehen („pending").

Abbildung 84 gibt einen Überblick über die „Timeline", also den bisherigen Verlauf der Prozessinstanz. Es lässt sich nachvollziehen, wann welcher Arbeitsschritt von wem erledigt wurde („executed by"). Für die beiden ausstehenden Arbeitsschritte, bei denen noch kein Häkchen eingetragen ist, kann man sehen, wann sie in die Taskliste gestellt wurden und wem sie ggf. bereits zugeordnet sind („assigned to").

Derartige Informationen sind insbesondere für Administratorinnen und Administratoren nützlich. Es kann beispielsweise überprüft werden, wie weit eine bestimmte Prozessinstanz abgearbeitet ist, oder an welchen Stellen Fehler aufgetreten sind.

Als Prozessmodelliererin oder -modellierer muss sich normalerweise nicht aktiv mit derartigen Daten beschäftigen, es sein denn, man möchte Prozesse erstellen, die andere Prozesse bearbeiten oder nutzen. Beispielsweise könnte man einen Prozess zur Freigabe einer neuen Prozessversion erstellen, in dessen Verlauf alle laufenden Instanzen eines bestimmten Prozesses abgebrochen werden und ein Protokoll erzeugt wird, damit die betreffenden Informationen nicht verloren gehen. In Bonita kann man Java- oder Groovy-Code einsetzen um über das Bonita-API („Application-Programming-Interface") auf die Daten zuzugreifen, mit denen die Prozesse intern abgebildet sind.

Ein Attribut, das vor allem in Kollaborationen verwendet wird, ist der eindeutige Identifizierer der Prozessinstanz, die „Case ID". Sie kann in vielen Fällen als Korrelationsschlüssel genutzt werden, um eine eingehende Nachricht der richtigen Prozessinstanz zuzuordnen. Dies wurde in Abschnitt 3.7 erläutert.

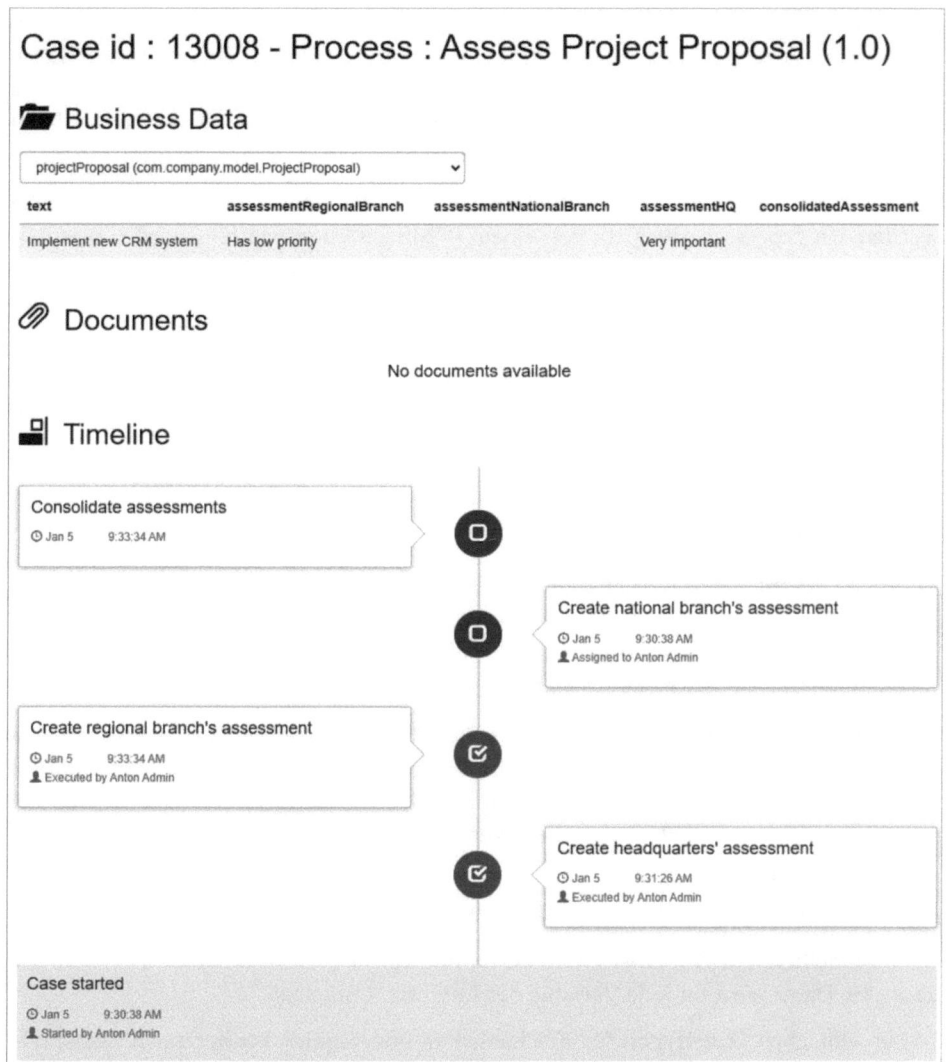

Abbildung 84: Daten über die Ausführung einer Prozessinstanz

Die beschriebenen Daten werden in erster Linie von der Process-Engine selbst benötigt, um die Prozesse zu verwalten und die Prozessinstanzen zu steuern. Die Administratorinnen und Administratoren nutzen die Daten, um das Prozessgeschehen zu überwachen, den Verlauf einzelner Prozessinstanzen zu verfolgen und bei Problemen eingreifen zu können.

Nicht zuletzt stellen die in einem BPMS anfallenden Daten über die laufenden und abgeschlossenen Prozessinstanzen eine nützliche Grundlage für Analysen dar. So kann ermittelt werden, wie lange die Durchlaufzeit eines Prozesses ist, an welchen Stellen es häufig Verzögerungen gibt, welche Pfade innerhalb eines Prozesses wie häufig durchlaufen werden, und vieles mehr. Derartige Auswertungen werden meist mithilfe von Process-Mining-Systemen durchgeführt. Sie dienen unter anderem dazu, Schwachstellen zu erkennen und die Prozesse zu verbessern.

Für das Process-Mining können Daten aus ganz unterschiedlichen Systemen einbezogen werden. Bei Prozessen, die nicht von einem BPMS gesteuert werden, werden beispielsweise Log-Daten und elektronische Belege, wie Aufträge und Rechnungen, aus ERP-Systemen und anderen betrieblichen Anwendungen ausgewertet, um den Prozessverlauf zu rekonstruieren.

Dabei haben die Daten eines BPMS den Vorteil, dass sie sich bereits explizit auf die Prozesse beziehen. Daher lassen sie sich sehr gut für prozessbezogene Auswertungen verwenden.

4.2 Prozessvariablen

Eine einfache Prozessvariable kann einen Wert aufnehmen, wie z. B. eine Zeichenkette (String), eine Zahl oder einen booleschen Wahrheitswert („true" oder „false"). Bei der Abwicklung einer Prozessinstanz werden den Prozessvariablen Werte zugewiesen, die im weiteren Verlauf der Prozessinstanz benötigt werden.

Beispielsweise kann ein Wert, der in einem Benutzungsdialog eingegeben wird, in einer Prozessvariable gespeichert werden. Später kann dieser Wert im Dialog eines anderen Tasks wieder angezeigt werden. Dabei kann auch ein anderer Wert eingegeben und erneut in der Prozessvariable gespeichert werden.

Werte, die über Nachrichtenflüsse empfangen, aus anderen Systemen ausgelesen oder durch Skripte berechnet werden, lassen sich ebenso in Prozessvariablen speichern.

Beim Modellieren des Prozesses wird bestimmt, welche Prozessvariablen es in dem Prozess gibt. Dabei wird für jede Variable der Datentyp festgelegt.

Neben einfachen Datentypen für Zeichenketten oder Zahlen können auch Listen oder individuelle, komplexe Datentypen verwendet werden. So kann man in Bonita selbst geschriebene Java-Klassen als Datentypen nutzen. Beispielsweise könnte man einen Datentyp für einen Auftrag mitsamt den enthaltenen Auftragspositionen erstellen. Da derartige Daten über Geschäftsobjekte aber meist auch außerhalb einer Prozessinstanz verfügbar sein sollen, wird man sie eher in einer Datenbank speichern und lediglich die eindeutige ID des betreffenden Datensatzes einer Prozessvariable zuweisen. Mit dieser ID liest man den Datensatz bei Bedarf wieder aus der Datenbank aus.

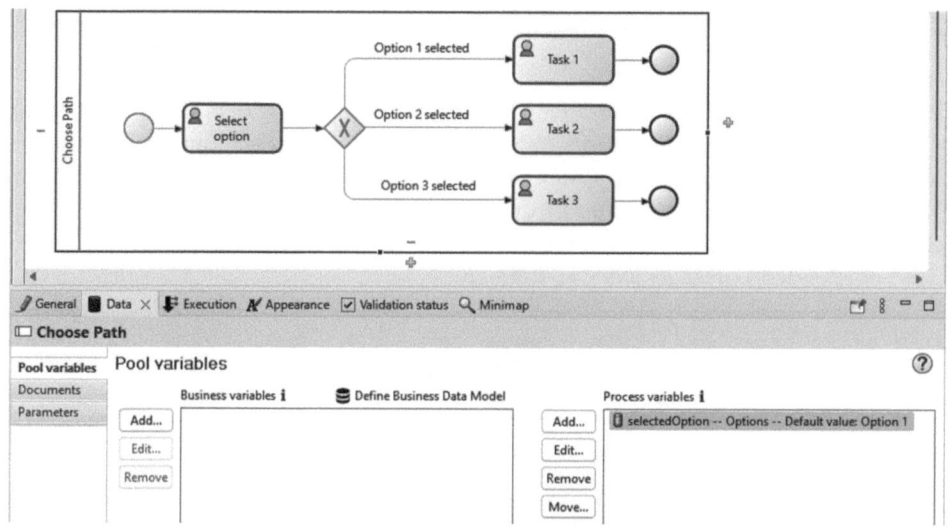

Abbildung 85: Das Ergebnis einer Entscheidung wird in der rechts unten angezeigten Prozessvariable „selectedOption" gespeichert und zur Auswahl eines Gateway-Ausgangs genutzt.

Der Gültigkeitsbereich einer Prozessvariable ist die jeweilige Prozessinstanz. Das bedeutet, dass innerhalb einer Prozessinstanz überall darauf zugegriffen werden kann. So können die Werte der Prozessvariablen in allen Aktivitäten genutzt werden, aber auch in den Bedingungen an den Ausgängen inklusiver oder exklusiver Gateways. Beispielsweise kann eine in einem User-Task getroffene Entscheidung in einer Prozessvariable gespeichert werden. Anschließend wird der Wert dieser Prozessvariable an einem Gateway ausgewertet, um den richtigen Sequenzfluss zu bestimmen.

Der Prozess in Abbildung 85 enthält eine Prozessvariable „selectedOption" („gewählte Option"). Ihr Datentyp ist „Options". Das ist ein selbst definierter Aufzählungstyp, der nur Werte aus einer vorher festgelegten Liste enthalten darf, wie z. B. „Option 1", „Option 2" und „Option 3". Der zu Beginn voreingestellte Wert („default value") ist „Option 1".

In dem User-Task „Select option" kann man eine der drei Optionen auswählen. Die gewählte Option wird in der Prozessvariable „selectedOption" gespeichert. An den Ausgängen des exklusiven Gateways wird jeweils mithilfe einer hinterlegten Bedingung der Form `selectedOption == "Option 1"` usw. überprüft, ob die betreffende Option gewählt wurde und daher der dazugehörige Task ausgeführt werden soll.

Ein weiteres Beispiel für die Verwendung einer Prozessvariable findet sich in Abschnitt 3.4. In dem dort beschriebenen Prozess soll der Ablauf an einem zusammenführenden Gateway fortgesetzt werden, wenn zwei von drei parallelen Tasks abgeschlossen sind. Hierfür wird eine Prozessvariable „Zähler" genutzt, deren Wert bei jeder Ausführung eines der parallelen Tasks um eins erhöht wird. Es kann dann an einem anschließenden exklusiven Gateway überprüft werden, ob die gewünschte Zahl von zwei bearbeiteten Tasks erreicht wurde.

Prozessvariablen sollte man vor allem für solche Daten verwenden, die nur innerhalb der Prozessinstanz benötigt werden. So sind der Wert der Zähler-Variable und die Information über den gewählten Gateway-Ausgang außerhalb der Prozessinstanz nicht von Bedeutung. Auch die in einer Prozessvariable gespeicherte ID eines Auftrags oder einer Kundin bzw. eines Kunden wird nur benötigt, um innerhalb der Prozessinstanz den betreffenden Datensatz laden zu können.

4.3 Daten über Geschäftsobjekte

4.3.1 Speicherung in einer separaten Datenbank

In den meisten Prozessen werden Daten über Geschäftsobjekte erstellt und bearbeitet. Wie bereits erwähnt, wird davon abgeraten, diese Daten in Prozessvariablen zu speichern. Wird beispielsweise ein Auftrag in einer Prozessvariable gespeichert, dann kann man nicht einfach über die Auftragsnummer oder über andere Attribute auf diesen Auftrag zugreifen. Stattdessen muss man erst herausfinden, in welcher Prozessinstanz er bearbeitet wird, um die Auftragsdetails ansehen zu können.

Und auch wenn die Auftragsdaten bei Abschluss des Prozesses in eine Datenbank geschrieben werden, sind sie doch während der gesamten Laufzeit der Prozessinstanz noch nicht in der Datenbank auffindbar. Dadurch ist es beispielsweise nicht möglich, eine komplette Liste aller Aufträge zu erstellen, die auch die aktuell in Arbeit befindlichen Aufträge beinhaltet.

Möchte man außerhalb der Prozessinstanz jederzeit vollständige und aktuelle Daten der Geschäftsobjekte haben, so muss der Prozess den betreffenden Datensatz nach jeder Änderung in eine Datenbank schreiben. Wie oben bereits beschrieben, benötigt man dann lediglich eine Prozessvariable für die eindeutige ID des Datensatzes.

Die Kommunikation mit der Datenbank kann über einen geeigneten Konnektor erfolgen. Bei der Konfiguration eines solchen Konnektors schreibt man beispielsweise Befehle in SQL („Structured-Query-Language"). Sie werden an eine relationale Datenbank geschickt. In den Befehlen verwendet man Platzhalter, die bei der Ausführung mit Variablenwerten gefüllt werden, z. B. mit der ID eines Geschäftsobjekts oder mit Werten, die in einem Benutzerdialog eingegeben worden sind.

Diese Vorgehensweise, die sich mit den meisten gängigen BPM-Systemen umsetzen lassen dürfte, hat den Nachteil, dass es mit einigem Aufwand verbunden ist, die Datenbank-Konnektoren zu konfigurieren und insbesondere die SQL-Befehle zu schreiben.

Außerdem ist nicht unbedingt sichergestellt, dass man im Prozess immer mit der aktuellen Version eines Datensatzes arbeitet. So kann man in Bonita einem User-Task einen Datenbank-Konnektor hinzufügen, der ausgeführt wird, wenn der Task in die Taskliste gestellt wird. Da es manchmal lange dauert, bis ein Task tatsächlich erledigt wird, kann sich bis dahin der Datensatz in der Datenbank geändert haben. In dem Task wird dann mit veralteten Daten gearbeitet. Dies könnte vermieden werden, wenn der Datenbank-Konnektor erst beim Start der tatsächlichen Bearbeitung ausgeführt würde. Dies ist im Fall von Bonita jedoch nicht möglich.

Erfolgt die Datenbank-Kommunikation ausschließlich mithilfe der beschriebenen Konnektoren, so hat dies zudem den Nachteil, dass der Austausch mit der Datenbank immer nur zwischen den Benutzer-Tasks erfolgt. Für eine benutzerfreundliche Interaktion ist es hingegen erforderlich, dass man auch direkt aus den Benutzerdialogen heraus Datenbank-Abfragen anstoßen kann.

Möchte man beispielsweise beim Anlegen einer Bestellung ein Produkt auswählen, so sollte es direkt in dem Dialog möglich sein, eine Produktsuche durchzuführen und im Suchergebnis das gewünschte Produkt zu selektieren. Es ist wenig benutzungsfreundlich, wenn man nach Eingabe des Suchbegriffs zunächst den aktuellen Task beenden muss, um anschließend über die Taskliste den nächsten Task zu starten, wo dann endlich die Liste mit dem Suchergebnis angezeigt wird.

4.3.2 Business-Variablen

Mit dem Konzept der Business-Variablen bietet Bonita eine Lösung für die genannten Probleme an. Hierbei handelt es sich um ein produktspezifisches Konzept, d. h., in anderen BPMS sind die entsprechenden Problemstellungen unterschiedlich gelöst.

Eine Business-Variable wird ähnlich wie eine gewöhnliche Prozessvariable in dem Pool eines Prozesses angelegt. Ebenso wie bei Prozessvariablen kann man überall in der gesamten Prozessinstanz auf die Business-Variablen zugreifen, um Werte zu ändern oder auszulesen. Entsprechend können die in Business-Variablen gespeicherten Werte z. B. über Konnektoren zu anderen Systemen übertragen, in Skripten verwendet oder in Bedingungen an Gateway-Ausgängen genutzt werden.

Der wesentliche Unterschied zu gewöhnlichen Prozessvariablen besteht darin, dass die Werte bei jeder Änderung automatisch in eine Datenbank geschrieben werden. Die Prozessmodelliererinnen und -modellierer müssen sich somit nicht mehr selbst darum kümmern, wie die Daten in die Datenbank gelangen.

Der Einsatz von Business-Variablen reduziert aber nicht nur den Aufwand. Vielmehr werden auch die oben angesprochenen Probleme gelöst. So kann es nicht mehr passieren, dass man mit veralteten Inhalten arbeitet. Greift man nämlich auf eine Business-Variable zu, so wird immer der aktuelle Inhalt aus der Datenbank geliefert.

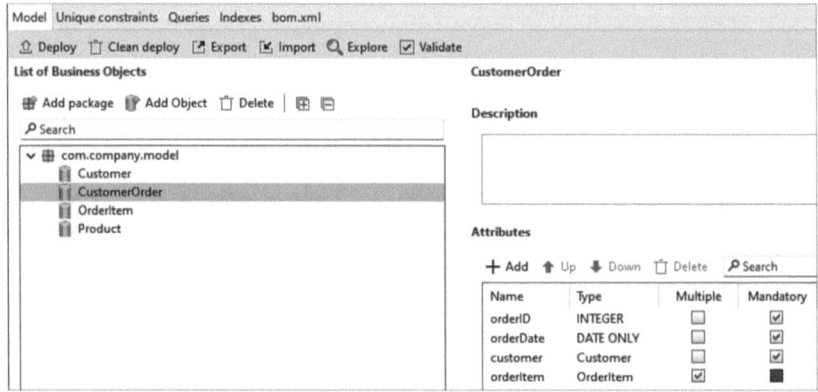

Abbildung 86: Definition eines Datentyps

Auch der direkte, interaktive Zugriff aus Dialogen heraus ist mithilfe von REST-Aufrufen möglich. Dabei ist die Technologie der Seiten und Dialoge, die man mit dem UI-Designer von Bonita erstellen kann, auf die Nutzung der Business-Variablen abgestimmt. Beispielsweise lässt es sich recht einfach realisieren, aus der Oberfläche heraus eine Suche nach Produkten anzustoßen und die gefundenen Produktdaten in einer Tabelle darzustellen.

Anders als für Prozessvariablen werden für Business-Variablen keine einfachen Datentypen wie Zahlen oder Strings genutzt. Stattdessen werden komplexe Strukturen verwendet, die in einem Business-Datenmodell definiert werden. Bevor man eine Business-Variable erstellen kann, muss man zunächst den entsprechenden Datentyp anlegen, z. B. einen Datentyp „Auftrag" mit Auftragsnummer, Datum, Kundin bzw. Kunde und mehreren Auftragspositionen.

Ein solcher Datentyp wird in Bonita als „Business-Object" („Geschäftsobjekt") bezeichnet, was ein wenig verwirrend ist, da es sich nicht um eines von vielen Einzelobjekten handelt (wie z. B. Auftrag Nr. 1001, Auftrag Nr. 1002 usw.), sondern um die Definition der zugrunde liegenden Datenstruktur.

Abbildung 86 zeigt die Definition eines Datentyps „CustomerOrder" („Kundinnen- bzw. Kundenauftrag"). Bei „orderID" („Auftrags-ID") und „orderDate" („Auftragsdatum") handelt es sich um Attribute mit einfachen Datentypen zum Speichern einer Zahl und eines Datums. Für die anderen beiden Attribute wurden hingegen die selbst definierten Datentypen „Customer" („Kundin bzw. Kunde") und „OrderItem" („Auftragsposition") verwendet. Sie sind auf der linken Seite in der Liste der Datentypen aufgeführt und enthalten selbst wieder diverse Attribute.

Bei „orderItem" ist „Multiple" („mehrfach") selektiert. Ein Auftrag kann also mehrere Auftragspositionen enthalten.

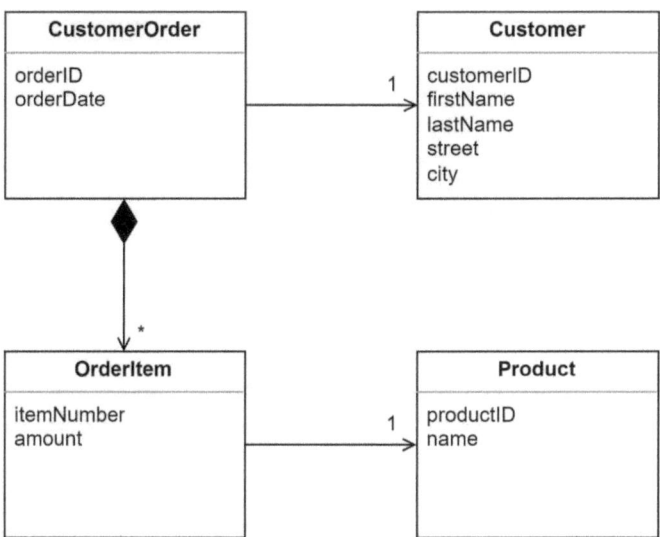

Abbildung 87: Datenmodell zum Datentyp „CustomerOrder" („Kundinnen- bzw. Kundenauf-trag")

Die Zusammenhänge zwischen den angelegten Datentypen sind in Abbildung 87 als UML-Klassendiagramm dargestellt.

Legt man in einem Prozess eine Business-Variable mit dem Datentyp „CustomerOrder" an, so hat man ein Objekt zur Verfügung, das sämtliche im Datenmodell spezifizierten Inhalte eines Auftrags enthalten kann.

Mit dem Definieren eines solchen Datentyps werden automatisch die entsprechenden Tabellen in einer Datenbank angelegt. Zudem werden verschiedene „Queries" (Abfragen) generiert, mit denen man z. B. Geschäftsobjekte über ihre Attributwerte finden kann. Weiterhin werden entsprechende Java-Klassen erzeugt, mit deren Hilfe man im Prozess auf die Geschäftsobjekte zugreifen und sie verändern kann.

Die für Geschäftsobjekte generierten Abfragen und Zugriffsmöglichkeiten stehen aber nicht nur im Prozess zur Verfügung. Sie lassen sich vielmehr auch über die von Bonita bereitgestellte Programmierschnittstelle („Application-Programming-Interface", API) im REST-Stil ansprechen (vgl. Abschnitt 7.1.1). Hierüber können z. B. externe Systeme zugreifen.

Vor allem aber wird die REST-API für die Kommunikation zwischen der Benutzungs-oberfläche und der Process-Engine verwendet. So kann man in den Dialogen für die User-Tasks, die man mit dem Oberflächen-Editor („UI-Designer") von Bonita erstellen kann, REST-Aufrufe nutzen, um auf die im Prozess verwendeten Business-Variablen zugreifen und sie anzuzeigen. Auch die Rückgabe von Werten an den Prozess erfolgt per REST-Aufruf.

Auf diese Weise sind Benutzungsoberfläche und Process-Engine nur lose miteinander gekoppelt. Dadurch ist es z. B. auch möglich, eine eigene Oberfläche mit einer ganz anderen Technologie zu entwickeln und mit der Process-Engine zu verbinden. Das ist zum Beispiel nützlich, wenn nicht mit dem Portal des BPMS gearbeitet werden soll, sondern die Process-Engine im Hintergrund einer separaten Anwendung laufen soll.

Nutzt man im Falle von Bonita die enthaltene Oberflächentechnologie und den UI-Designer, so erhält man einige Unterstützung, wenn man Business-Variablen einsetzt.

Eine Business-Variable kann als Grundlage für den „Vertrag" verwendet werden, in dem die Datenstruktur festgelegt wird, die von dem Dialog eines User-Tasks zurückgegeben wird. Man braucht lediglich auszuwählen, welche Attribute der Business-Variable in dem User-Task bearbeitet werden. Aus diesem Vertrag generiert Bonita dann automatisch die benötigten Skripte, um die von dem Dialog zurückgegebenen Werte korrekt in die Business-Variablen zu übernehmen.

Weiterhin kann man sich aus dem Vertrag automatisch einen passenden Dialog generieren lassen. Dieser lässt sich dann verändern und weiterentwickeln. Der Dialog zum Anlegen eines Auftrags in Abbildung 88 ist in dieser Form bereits verwendbar. Jedoch müsste im Sinne einer guten Nutzbarkeit z. B. das Layout der Liste mit den „Order Items" („Auftragspositionen") verbessert werden, und die Auswahllisten der Produkte müssten so geändert werden, dass anstelle der gesamten JSON-Struktur eines Produkts der Produktname angezeigt wird.

Das Zusammenspiel zwischen Daten und Benutzungsoberfläche wird in Abschnitt 6.1 ausführlicher erläutert. Beispiele für den Einsatz von Business-Variablen finden sich sowohl in dem zur Einführung verwendeten Prozess in Kapitel 2 als auch in vielen Prozessen in Kapitel 3.

Beim Aufruf anderer Prozesse und beim Nachrichtenaustausch zwischen Prozessen wurde in einigen Fällen die Möglichkeit genutzt, dass ein und dasselbe Datenobjekt gleichzeitig mehreren Business-Variablen zugewiesen werden kann.

So wurde in Abschnitt 3.5 erläutert, dass man beim Aufruf eines anderen Prozesses eine Business-Variable übergeben kann. Anders als bei einer Prozessvariable mit einem einfachen Datentyp handelt es sich dabei nur um eine Referenz auf das Originalobjekt. Ändert der aufgerufene Prozess das Objekt, sind diese Änderungen daher sofort auch im Ursprungsprozess wirksam, und es ist nach Abschluss des aufgerufenen Prozesses auch keine explizite Rückgabe erforderlich.

Etwas Vergleichbares kann man bei Prozessen machen, die über Nachrichtenflüsse kommunizieren. Dabei sendet man in einer Nachricht die eindeutige, von Bonita vergebene „persistenceID" eines Geschäftsobjekts. Der Empfängerprozess holt sich mittels der für jeden selbst definierten Datentyp automatisch angelegten Abfrage „findByPersistence-Id" eine Referenz auf dieses Geschäftsobjekt und weist sie einer Business-Variable zu. Nun arbeiten Sender- und Empfängerprozess mit ein und demselben Geschäftsobjekt,

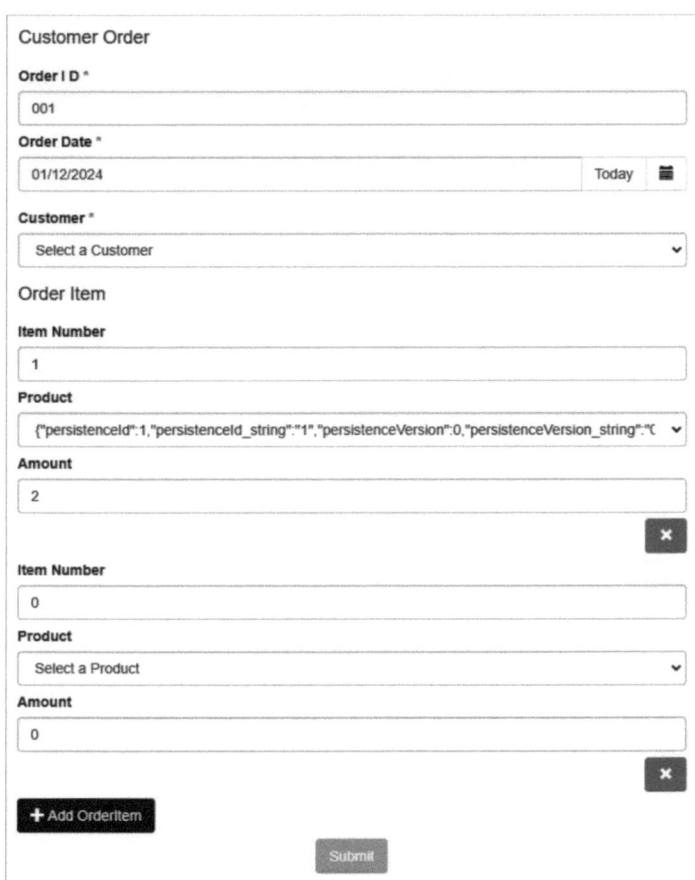

Abbildung 88: Der von Bonita generierte Dialog zum Anlegen eines Kundenauftrags kann anschließend angepasst und weiterentwickelt werden.

sodass Änderungen daran auch immer sofort auch im jeweils anderen Prozess wirksam sind.

4.4 Problemstellungen bei der Speicherung von Geschäftsobjekten

4.4.1 Konsistenz von Daten und Zuständen in Prozess und Datenbank

Wenn Geschäftsobjekte in gewöhnlichen Prozessvariablen gespeichert werden, kann nur innerhalb der jeweiligen Prozessinstanz darauf zugegriffen werden. Sämtliche Änderungen erfolgen somit durch diese Prozessinstanz und man kann sich darauf verlassen, dass

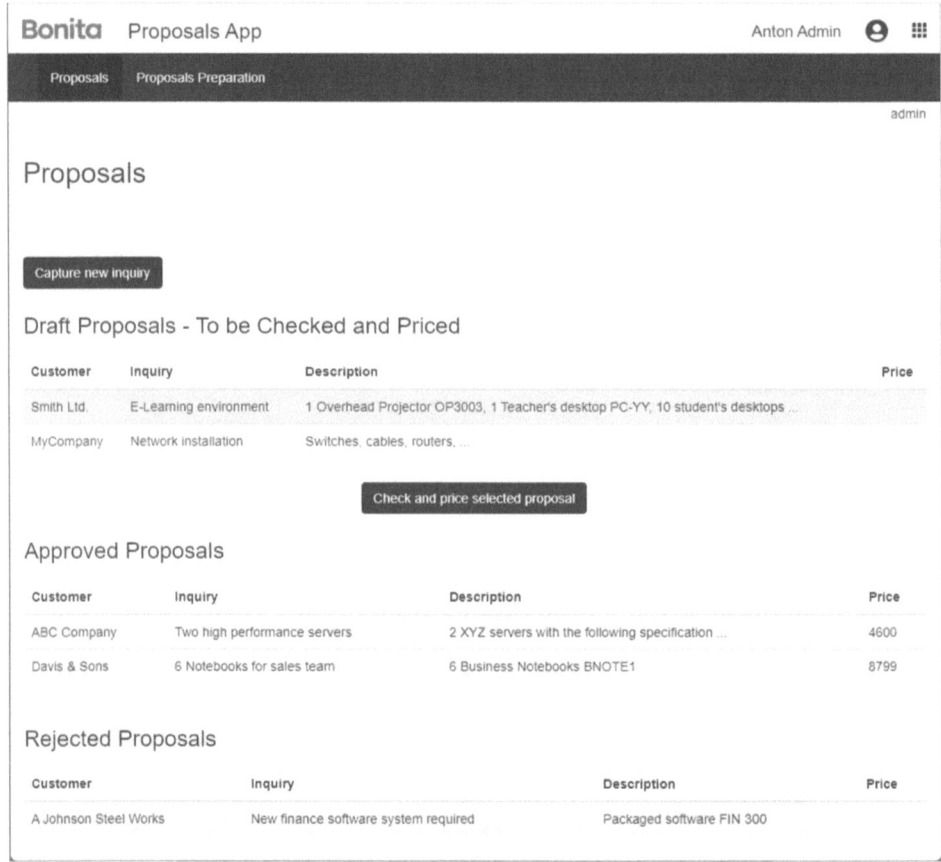

Abbildung 89: Anwendung mit Listen von Angebotsobjekten in bestimmten Zuständen

sich die Daten immer in dem Zustand befinden, in den sie durch die zuletzt durchgeführte Aktivität versetzt wurden.

Andererseits möchte man in vielen Fällen auch von außerhalb der Prozessinstanz auf die Daten zugreifen. Aus diesem Grund werden Geschäftsobjekte – wie oben beschrieben – in separaten Datenbanken gespeichert, entweder mithilfe von Datenbank-Konnektoren oder indem man ein Konzept wie die Business-Variablen in Bonita nutzt.

Solange Änderungen nur über den definierten Prozess erfolgen und von außerhalb ausschließlich lesend auf die Daten zugegriffen wird, ist dies auch noch recht unproblematisch. Schwierig wird es erst, wenn z. B. andere Prozesse oder separate Anwendungen schreibend zugreifen und die Geschäftsobjekte ändern können.

In manchen Fällen ist es durchaus gewünscht, dass Geschäftsobjekte auch von außerhalb verändert werden können. So kann es für die Angebotserstellung neben einem Prozess,

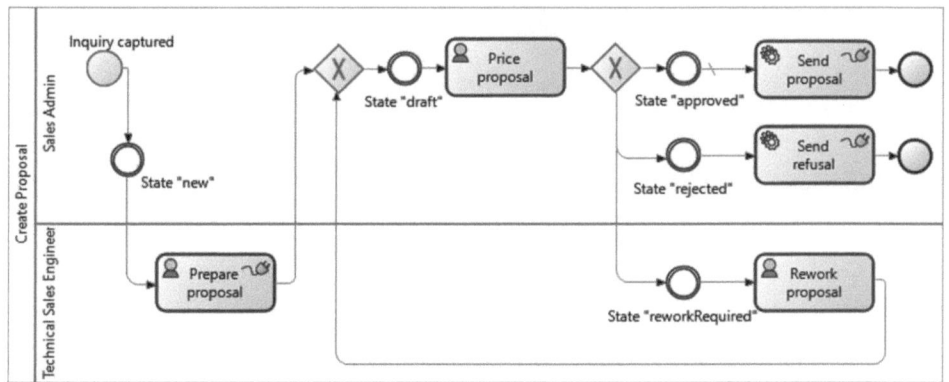

Abbildung 90: Angebotsprozess mit Zuständen des bearbeiteten Angebots

in dem jeweils ein einzelnes Angebot bearbeitet wird, noch eine Anwendung geben, in der mehrere Angebote in Listen angezeigt und gesammelt verarbeitet werden.

Abbildung 89 zeigt eine solche Anwendung. Darin kann man Angebote ansehen und bearbeiten sowie mit dem Button „Capture new inquiry" eine neue Anfrage erfassen, die dann als Grundlage für ein Angebot dient.

Die angezeigten Angebote sind nach unterschiedlichen Zuständen sortiert. Die obere Liste enthält „Draft Proposals" („Angebotsentwürfe"), die mittlere „Approved Proposals" („Genehmigte Angebote") und die untere „Rejected Proposals" („Abgelehnte Angebote"). Wählt man in der oberen Liste ein Angebot aus, so kann man es über den Button „Check and price selected proposal" prüfen und mit einem Preis versehen.

Die dargestellte Anwendung kann zur Kommunikation mit dem in Kapitel 2 beschriebenen Angebotsprozess verwendet werden und dabei das Portal mit der Taskliste ganz oder teilweise ersetzen. Das Prozessmodell ist in Abbildung 90 noch einmal dargestellt.

Neben der Ansicht in Abbildung 89, die von Vertriebsbeauftragten („Sales Admins") genutzt wird, enthält die Anwendung eine weitere Ansicht für technische Vertriebsmitarbeiterinnen und -mitarbeiter („Technical Sales Engineers"), über die sie Angebote vorbereiten und überarbeiten können.

In welcher Liste ein Angebot angezeigt wird und welche Aktionen damit durchgeführt werden können, hängt von seinem augenblicklichen Zustand ab. Um den Zustand zu speichern, kann man die Datenstruktur des Angebots um ein Attribut erweitern. Dieses Attribut „State" („Zustand") kann Werte wie „New" („Neu"), „Draft" („Entwurf") oder „Approved" („Genehmigt") annehmen. Um die Listen in Abbildung 89 zu befüllen, lassen sich dann mit jeweils einer einzigen Abfrage alle Aufträge aus der Datenbank auslesen, die einen bestimmten Zustand haben.

Der aktuelle Zustand ist auch maßgeblich dafür, welche Aktionen möglich sind und welchen neuen Zustand das Angebot anschließend annehmen kann. Die entsprechende

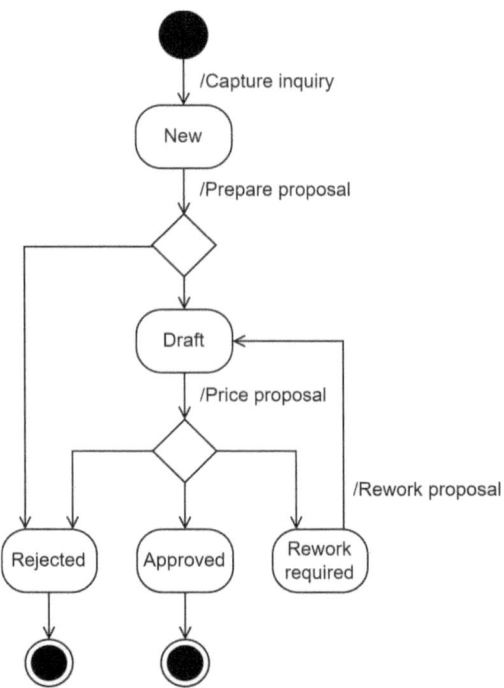

Abbildung 91: Zustandsdiagramm des Geschäftsobjekts „Proposal" („Angebot")

Logik lässt sich in Form eines UML-Zustandsdiagramms darstellen, wie es in Abbildung 91 zu sehen ist. Anders als in BPMN-Diagrammen stellen die abgerundeten Rechtecke hier keine Aktivitäten dar, sondern Zustände. Die Pfeile und ihre Beschriftungen geben an, welche Aktionen in einem bestimmten Zustand möglich sind und zu welchen Folgezuständen sie führen.

Befindet sich ein Angebot etwa im Zustand „Draft" („Entwurf"), so gibt es nur eine mögliche Aktion: „Price proposal" („Angebot kalkulieren"). Im Anschluss an diese Aktion hat das Angebot einen der Zustände „Rejected" („Abgelehnt"), „Approved" („Genehmigt") oder „Rework required" („Überarbeitung erforderlich").

Die Anwendung sollte dafür sorgen, dass das Zustandsdiagramm eingehalten wird, z. B. indem immer nur Schaltflächen für die gerade zulässigen Aktionsmöglichkeiten eingeblendet werden.

Vergleicht man das Zustandsdiagramm mit dem Prozessmodell in Abbildung 90, so fällt der enge Zusammenhang zwischen den beiden Darstellungen ins Auge. Bei der Durchführung des Prozesses nimmt das bearbeitete Angebotsobjekt nacheinander die verschiedenen Zustände aus dem Zustandsdiagramm an. In Abbildung 90 geben die unbestimmten Zwischenereignisse an, an welcher Stelle das Angebot welchen Zustand angenommen hat.

Unbestimmte Zwischenereignisse enthalten kein Symbol und haben auch keine Auswirkung auf die Ausführung des Prozesses. Mit einem solchen Ereignis kann man dokumentieren, dass eine definierte Stelle im Prozess erreicht ist – wie eben die Stelle, an der ein Geschäftsobjekt einen bestimmten Zustand bekommt.

Hat man alles richtig gemacht, so hält sich der im Prozessmodell festgelegte Ablauf an die Vorgaben aus dem Zustandsdiagramm, d. h., dass immer nur Aktivitäten durchgeführt und Folgezustände herbeigeführt werden, die entsprechend dem aktuellen Zustand erlaubt sind.

Stellen Prozessmodell und Zustandsdiagramm somit lediglich verschiedene Sichten auf ein und denselben Sachverhalt dar? In sehr einfachen Fällen, in denen sich der gesamte Lebenszyklus eines Geschäftsobjekts komplett in einem einzigen Prozess abspielt, und auch keine sinnvollen Alternativen zu der Bearbeitungsreihenfolge des Prozesses existieren, kann dies zutreffen.

Viele Geschäftsobjekte werden im Laufe ihrer Existenz aber von mehreren Prozessen – oder auch z. B. durch verschiedene externe Anwendungen – verändert. Zudem enthalten Zustandsdiagramme alle zulässigen Zustandsveränderungen, wohingegen Prozessmodelle meist einen bestimmten Ablauf mit verhältnismäßig wenigen Variationen vorsehen. Damit beschreibt ein Prozessmodell einen oder einige wenige – sinnvolle – Pfade durch den vom Zustandsdiagramm vorgegebenen Rahmen.

Unter Umständen möchte man in einer speziellen Anwendung aber auch Optionen bieten, die sich nicht streng an die Reihenfolge des Prozesses halten. So könnte es neben dem Prozess, mit dem gewöhnliche Sachbearbeiterinnen und Sachbearbeiter arbeiten, eine spezielle Anwendung für Expertinnen und Experten geben, die weitergehende Möglichkeiten benötigen.

Als Beispiel enthält Abbildung 91 eine direkte Übergangsmöglichkeit vom Zustand „New" („Neu") zum Zustand „Rejected" („Abgelehnt"). Dieser Übergang ist im Prozess aus Abbildung 90 nicht möglich. Im dortigen Ablauf liegt zwischen den Zuständen „New" und „Rejected" immer der Zustand „Draft" („Entwurf"). Da es durchaus sein kann, dass eine neu eingegangene Anfrage sofort als nicht machbar erkannt wird, könnte es sinnvoll sein, diese Möglichkeit in einer Anwendung zuzulassen.

Sollen Anwendungen und Prozesse korrekt zusammenspielen, so muss man darauf achten, dass die Daten sowie die Zustandsinformationen synchronisiert werden. Dies betrifft zunächst die in einem Geschäftsobjekt gespeicherten Daten. Wenn die Anwendung ein Geschäftsobjekt verändert, so müssen die entsprechenden Daten in der betroffenen Prozessinstanz aktualisiert werden. Nutzt man in Bonita die Business-Variablen, so passiert dies automatisch. Ansonsten muss man einen eigenen Synchronisationsmechanismus realisieren, z. B. indem vor Beginn eines Tasks immer die aktuellen Daten aus der Datenbank gelesen werden.

Dabei muss insbesondere auch immer der Wert des Zustandsattributs aktualisiert werden – unabhängig davon, ob die Bearbeitung durch die Anwendung oder durch einen Task im Prozess erfolgt. Der Zustand des Geschäftsobjekts und der Bearbeitungszustand der Prozessinstanz müssen zueinanderpassen. Für das betrachtete Beispiel wurde der Zusammenhang in Abbildung 90 dargestellt. So muss das Zustandsattribut des Angebots nach Abschluss von „Prepare proposal" („Angebot vorbereiten") den Wert „Draft" („Entwurf") erhalten.

Wird der Zustand eines Geschäftsobjekts durch eine Anwendung geändert, so muss sichergestellt werden, dass auch der Bearbeitungszustand der Prozessinstanz angepasst wird. Werden nur die Daten des Objekts inklusive seines Zustands geändert, so bekommt der Prozess erst einmal nichts davon mit. In dem Prozess aus Abbildung 90 hätte der Auftrag dann beispielsweise den Wert „Draft" („Entwurf"), doch in der Prozessinstanz wäre als nächste Aktivität nach wie vor „Prepare proposal" vorgesehen.

Ob und wie eine Anwendung den Bearbeitungszustand einer Prozessinstanz ändern kann, hängt von dem verwendeten BPMS und seiner Programmierschnittstelle ab.

Eine Möglichkeit besteht darin, dass die Anwendung den betreffenden User-Task direkt startet und den zugehörigen Dialog, wie er normalerweise über die Taskliste aufgerufen wird, in der Anwendung anzeigt. Ist die Bearbeitung in dem Dialog abgeschlossen, wird der Task ganz regulär beendet und die Prozessinstanz schreitet zum nächsten Task fort.

Nach diesem Prinzip funktioniert beispielsweise ein in Bonita vorhandener Mechanismus zur Erstellung von Anwendungen. Die in Abbildung 89 dargestellte Anwendung wurde damit entwickelt.

Hierfür wurde dem Datentyp „Proposal" („Angebot") ein weiteres Attribut „caseID" („Fall-ID") hinzugefügt, in dem zu Beginn des Prozesses die eindeutige ID der zugehörigen Prozessinstanz gespeichert wird.

Selektiert man nun beispielsweise einen Eintrag in der Liste „Draft Proposals – To be Checked and Priced" („Angebotsentwürfe – zu prüfen und mit Preis zu versehen"), so wird über einen REST-Aufruf für die betreffende Prozessinstanz-ID der als Nächstes anstehende User-Task ermittelt. Über den Button „Check and price selected proposal" wird dann der Dialog für diesen Task geöffnet, wie er nach wie vor auch über die Taskliste erreicht werden kann. Er wurde bereits bei der Besprechung des Angebotsprozesses in Kapitel 2 dargestellt (Abbildung 6).

Wie die vorangehenden Ausführungen zeigen, erfordert die gemeinsame Nutzung von Daten in verschiedenen Prozessen und Anwendungen einige Überlegungen, um sicherzustellen, dass diese Daten alle konsistent sind. Verschiedene BPM-Systeme können unterschiedliche Konzepte zum Umgang mit Daten über Geschäftsobjekte enthalten.

Nicht immer kommt man darum herum, eine gewisse Redundanz zuzulassen. So sind die in einem Geschäftsobjekt explizit gespeicherten Zustandsdaten größtenteils redundant zu den Bearbeitungszuständen der zugehörigen Prozessinstanz. Hat man es mit derartigen Redundanzen zu tun, ist besondere Sorgfalt erforderlich, um widersprüchliche Daten und damit fehlerhaftes Verhalten zu vermeiden.

4.4.2 Prozesse in Abhängigkeit von der Art der Datenpflege schneiden

Eine grundlegende Frage bei der Modellierung ausführbarer Prozesse ist, wie man sie schneiden sollte, d. h., wo die einzelnen Prozesse beginnen und enden sollen. Beispielsweise könnte ein Bestellungsprozess einerseits mit dem Versand der Rechnung enden, andererseits könnte man auch noch die Überwachung und Verbuchung des Zahlungseingangs mit aufnehmen („Monitor and register receipt of payment").

Letzteres ist in Abbildung 92 dargestellt. Hier wird nach dem Versand der Rechnung („Send invoice") auf das Ereignis „Payment received" („Zahlung erhalten") gewartet um anschließend die Zahlung zu verbuchen. Ist die Zahlung nach einer bestimmten Zeitdauer nicht eingegangen, so tritt das Zeitereignis ein. Daraufhin wird entweder eine Erinnerung versandt („Send reminder"), worauf erneut gewartet wird, oder es wird – wenn bereits zwei Erinnerungen versandt wurden – ein gerichtliches Mahnverfahren eingeleitet („Initiate legal dunning proceedings").

Die Frage nach dem Schneiden der Prozesse lässt sich nicht allgemein beantworten. Als Faustregel gilt, dass man Prozesse möglichst durchgängig unterstützen sollte. Schließlich möchte man einen nahtlosen, optimierten Gesamtdurchlauf erreichen und zusammenhängend überwachen, was durch das Aufspalten in mehrere Einzelprozesse schwierig wird.

Dennoch gibt es gute Gründe dafür, einen eigenständigen Zahlungseingangsprozess vorzusehen. So ist der Zahlungseingangsprozess für sich selbst ein umfassender Ablauf

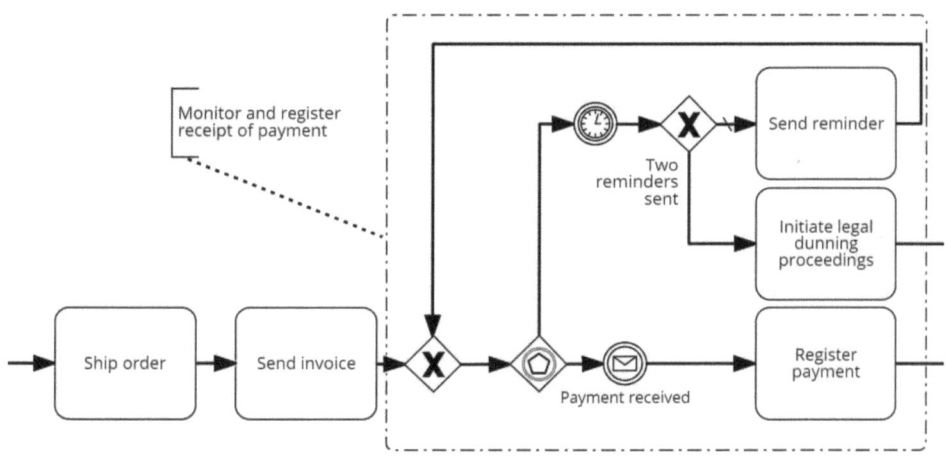

Abbildung 92: Überwachung und Buchung des Zahlungseingangs als Teil des Bestellprozesses

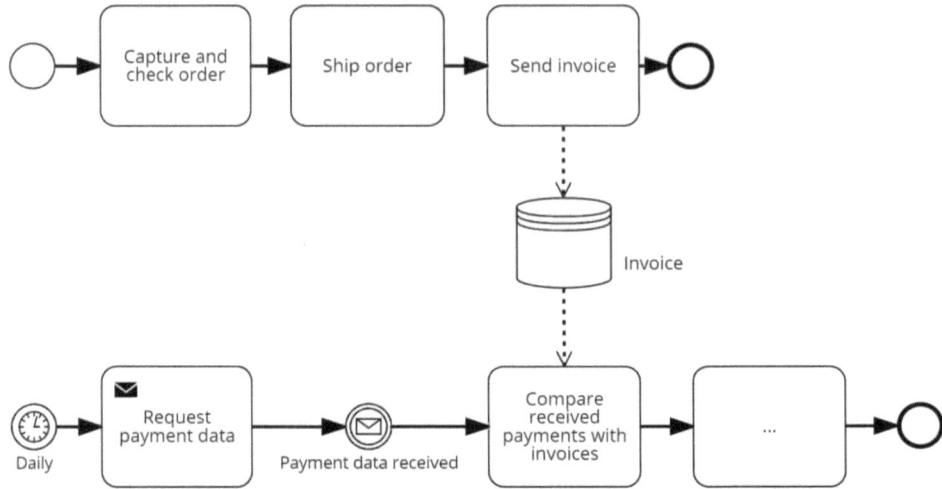

Abbildung 93: Hier sind Bestellungsprozess und Zahlungseingangsprozess getrennt

mit ggf. mehreren Erinnerungen, Verhandlungen, ggf. rechtlichen Schritten usw. An irgendeiner Stelle wird man einen Schnitt machen müssen. Ansonsten würde man in den Bestellprozess den gesamten Ablauf eines gerichtlichen Mahnverfahrens usw. mit aufnehmen. Der entstehende Prozess würde riesig und unüberschaubar.

Außerdem findet der Zahlungseingangsprozess vielleicht nicht nur am Ende des Bestellungsprozesses statt, sondern auch noch im Anschluss an viele andere Prozesse, wie z. B. Service- und Reparaturprozesse. Dann will man die Abwicklung des Zahlungseingangs nicht mehrfach modellieren. Besser, man definiert ihn als eigenen Prozess und bindet ihn über Aufrufaktivitäten in den Bestellprozess und die anderen betroffenen Prozesse ein (vgl. Abschnitt 3.5).

Doch auch dies ist nicht in jedem Fall die geeignete Lösung, denn vielleicht soll gar nicht für jede Rechnung eine einzelne Prozessinstanz ausgeführt werden. Vielleicht sollen einmal pro Tag alle eingegangenen Zahlungen gesammelt von der Bank abgerufen und verarbeitet werden.

Hierfür wurden in Abbildung 93 zwei separate Prozesse modelliert. Im oberen Prozess, dem Bestellprozess, werden beim Versenden der Rechnung („Send invoice") die Rechnungsdaten in eine Datenbank geschrieben (z. B. mittels eines Datenbank-Konnektors). Im unteren Prozess werden täglich („Daily") die Daten über Zahlungen von der Bank angefordert („Request payment data"). Wenn sie eingegangen sind („Payment data received"), wird der Task „Compare received payments with invoices" („Vergleiche die erhaltenen Zahlungen mit den Rechnungen") ausgeführt, um anschließend weitere Bearbeitungsschritte vorzunehmen.

Eine solche tägliche Verarbeitung der Zahlungseingänge lässt sich nicht mehr sinnvoll als Teil des Bestellungsprozesses darstellen.

In derartigen Fällen muss gemeinsam mit der Fachabteilung eine geeignete Lösung gefunden werden, die die Prozessdurchführung für die Mitarbeiter möglichst optimal unterstützt. Vorrangig sollten dabei die fachlichen Anforderungen sein und nicht das, was sich am einfachsten im BPMS realisieren lässt.

5 Organisation und Rollen

5.1 Organisationsstruktur

Bei Prozessen, an denen mehrere Mitarbeiterinnen und Mitarbeiter beteiligt sind, muss man festlegen, wer welche Aktivitäten ausführen kann bzw. soll. Hierfür benötigt das BPMS eine Benutzerinnen- und Benutzerverwaltung. Häufig erfolgt die Verwaltung auch in einem externen System für das Identitäts- und Zugriffsmanagement („Identity-and-Access-Management", IAM). Wenn unterschiedliche Anwendungen auf ein zentrales IAM-System zugreifen, dann müssen die Benutzerinnen und Benutzer nicht in jeder Anwendung angelegt werden, sondern nur einmal in dem zentralen Verzeichnis. Meist wird ein „Single-Sign-On" (SSO) ermöglicht. Dies bedeutet, dass man sich mit denselben Zugangsdaten an jeder der angeschlossenen Anwendungen anmelden kann.

Unabhängig davon, ob eine BPMS-eigene Benutzerinnen- und Benutzerverwaltung oder ein zentrales Verzeichnis verwendet wird, müssen dort neben den Daten der einzelnen Personen auch Gruppen und Ähnliches verwaltet werden können. Im Gegensatz zur Prozessmodellierung, für die mit BPMN ein Standard existiert, gibt es für organisatorische Sachverhalte keine einheitlich verwendete Darstellung. Als Beispiel wird daher die Organisationsmodellierung von Bonita betrachtet (Abbildung 94). Andere BPMS bieten ähnliche Möglichkeiten (vgl. zum Thema Organisationsmodellierung für BPMS auch [We19], Abschnitt 3.7).

Zunächst einmal lassen sich verschiedene Gruppen erstellen. Indem man Gruppen innerhalb anderer Gruppen anlegt, kann man eine beliebig tiefe Gruppenhierarchie aufbauen, um beispielsweise das Organigramm eines Unternehmens abzubilden (links oben in Abbildung 94). Damit ist es z. B. möglich, bestimmte Tasks innerhalb eines Prozesses allen Mitgliedern des Vertriebs inkl. dessen Untergruppen zuzuweisen, oder aber nur den Mitgliedern der Gruppe „Verkauf".

Die Gruppen müssen nicht ausschließlich den Abteilungen des Organigramms entsprechen. Daneben könnten z. B. Gruppen für alle Personalverantwortlichen gebildet werden, für alle Ersthelferinnen und Ersthelfer oder für alle, die am Mitarbeiterinnen- und Mitarbeiter-Beteiligungsprogramm des Unternehmens teilnehmen.

Die Benutzerinnen und Benutzer können bestimmte Rollen innerhalb einer Gruppe einnehmen. Im Beispiel aus Abbildung 94 wurden die Rollen „Member" („Mitglied") und „Manager" angelegt (rechts oben). Der Rolle „System" sind keine Benutzerinnen oder Benutzer zugeordnet, sie wird für gelegentlich benötigte Pseudo-Tasks verwendet (wie z. B. in dem Prozess in Abschnitt 3.12.1, Abbildung 65).

Jede Person erhält eine oder mehrere „Memberships" („Zugehörigkeiten"), wobei eine Zugehörigkeit immer eine bestimmte Rolle in einer bestimmten Gruppe repräsentiert (rechts unten in Abbildung 94). Mithilfe mehrerer Zugehörigkeiten kann man z. B. errei-

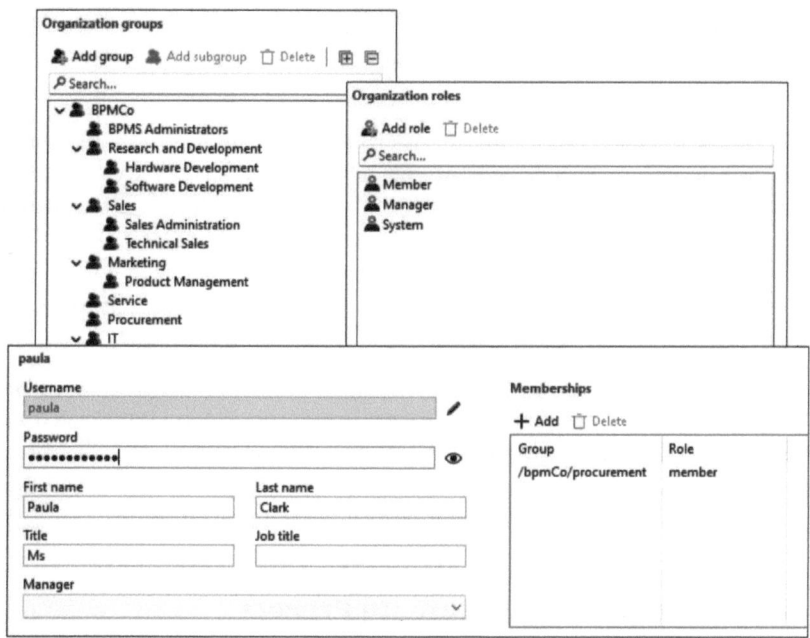

Abbildung 94: Organisation in Bonita-Studio: Gruppenhierarchie (links oben), Rollen (rechts oben), Benutzerin mit ihren Zugehörigkeiten (unten)

chen, dass ein und dieselbe Person sowohl ein gewöhnliches Mitglied in einer Abteilung ist, als auch die Leitung einer Projektgruppe innehat.

Abbildung 95 stellt die beschriebenen Zusammenhänge als UML-Klassendiagramm dar: Einer „Group" („Gruppe") können beliebig viele andere Gruppen hierarchisch untergeordnet sein. Umgekehrt gibt es zu jeder Gruppe maximal eine hierarchisch übergeord-

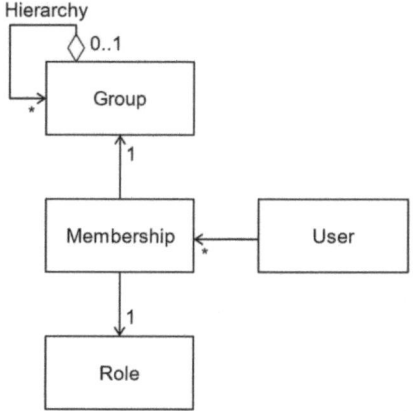

Abbildung 95: Datenstruktur zur Organisationsmodellierung in Bonita

nete Gruppe. Jeder „User" („Benutzerin" oder „Benutzer") kann beliebig viele „Memberships" („Zugehörigkeiten") haben, wobei sich jede Zugehörigkeit auf genau eine Gruppe und eine Rolle bezieht.

Welche Elemente der eigenen Organisationsstruktur als Gruppen und welche als Rollen abgebildet werden, muss individuell entschieden werden. Beispielsweise kommen zur Abbildung einzelner Stellen sowohl Gruppen als auch Rollen infrage. Der wesentliche Unterschied zwischen Gruppen und Rollen besteht darin, dass Gruppen im Gegensatz zu Rollen hierarchisch gegliedert werden können. Rollen eignen sich vor allem für allgemeine Tätigkeits- und Verantwortlichkeitsprofile, die in mehreren Gruppen benötigt werden.

Die beschriebene Organisationsstruktur kann in Bonita in der Modellierungsoberfläche erstellt und anschließend auf den Server exportiert werden. Dort lässt sie sich über das Administrationsportal beliebig ändern. Legt man beispielsweise neue Benutzerinnen und Benutzer mit Zugehörigkeit zu einer bestimmten Gruppe an, so können diese dieselben Tasks bearbeiten wie die bestehenden Gruppenmitglieder.

5.2   Akteurinnen und Akteure im Prozess

Nun muss man noch festlegen, welche Tasks von welchen Gruppen oder Rollen ausgeführt werden sollen. Hierzu definiert man im Pool verschiedene „Actors" („Akteurinnen" bzw. „Akteure"), d. h. unterschiedliche Rollen in dem Prozess. Da der Begriff „Rolle" zumindest in Bonita durch die oben beschriebenen prozessunabhängigen Rollen bereits belegt ist, wird der Begriff „Actor" verwendet.

Typischerweise wird jeder „Lane" („Bahn") im Prozessmodell ein Actor zugeordnet. Die Tasks, die von einem Actor ausgeführt werden sollen, werden in seine Lane gelegt. Es ist aber auch möglich, Actors direkt einzelnen Tasks zuzuordnen.

Anschließend müssen die Actors noch mit den oben definierten Gruppen oder Rollen verbunden werden. Dies geschieht in der „Configuration" („Konfiguration") des Prozesses. Bei der Prozessausführung ermittelt das BPMS dann für den jeweils nächsten anstehenden Task, welche Benutzerinnen und Benutzer zu den Gruppen oder Rollen des entsprechenden Actors gehören. Diesen wird der betreffende Task in ihre Tasklisten eingestellt.

In Abbildung 96 ist die Datenstruktur zur Organisationsmodellierung um die Actors und das „Assignment" („Zuordnung") zu Pools und Lanes erweitert. Bei dem grafischen Modell („Graphical Model") handelt es sich um das in BPMN erstellte Prozessmodell, das unter anderem Pools, Lanes und User-Tasks beinhaltet. Ein Pool kann Lanes und User-Tasks enthalten. Wenn in einem Pool Lanes vorhanden sind, befindet sich jeder User-Task in einer Lane. Es gibt aber auch Pools ohne Lanes. Die User-Tasks sind dann nur dem Pool zugeordnet.

118

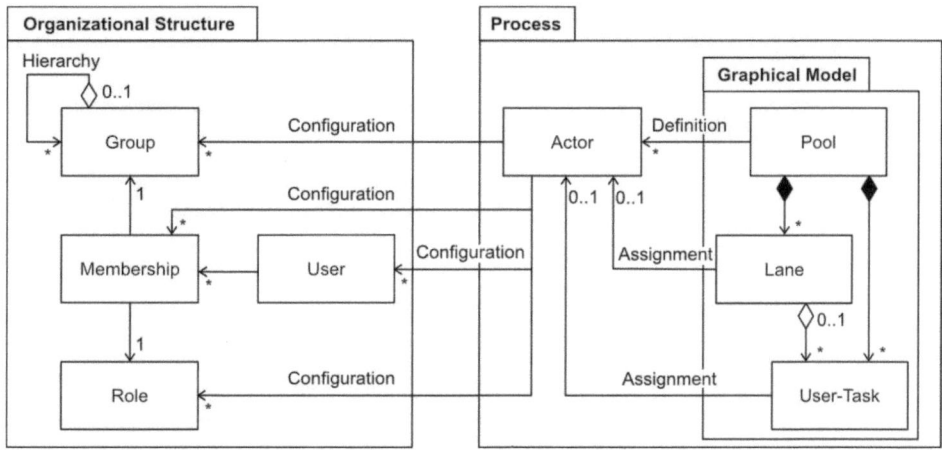

Abbildung 96: Erweiterung der Datenstruktur um Akteurinnen und Akteure sowie die Zuordnung zu Lanes und Tasks

Für jeden Pool werden Actors definiert. Zu jeder Lane und zu jedem User-Task kann dann einer der im zugehörigen Pool definierten Actors zugeordnet werden. Ist einer Lane ein Actor zugeordnet, so brauchen die enthaltenen Tasks keine separaten Actor-Zuordnungen mehr. Für sie gilt dann der Actor der Lane. Ist für einen User-Task kein Actor in der Lane definiert oder soll von diesem Actor abgewichen werden, so wird dem User-Task ein Actor direkt zugewiesen. Letztendlich muss für jeden User-Task ein Actor definiert werden – entweder durch direkte Zuordnung oder über die Lane.

Einer der Actors kann „Initiator" des Prozesses sein und damit neue Prozessinstanzen starten.

Zu den Konfigurationsdaten eines Prozesses gehört die Information, welche Benutzerinnen und Benutzer, Gruppen, Rollen und Zugehörigkeiten (also Kombinationen aus Gruppen und Rollen) jedem Actor zugeordnet sind. Bei der Prozessausführung können dann alle Benutzerinnen und Benutzer, die entweder direkt oder über ihre Gruppen und Rollen zugeordnet sind, den Part des jeweiligen Actors übernehmen.

Einzelne Benutzerinnen oder Benutzer direkt zuzuordnen ist nicht empfehlenswert, da die Konfigurationen dann bei jedem Stellenwechsel geändert werden müssen. Wird hingegen z. B. eine Gruppe verwendet, so muss man bei einem Wechsel der zuständigen Person lediglich die neue Benutzerin oder den neuen Benutzer in diese Gruppe eintragen. Dies kann direkt im Portal von einer Administratorin oder einem Administrator vorgenommen werden. Der Prozess muss daher nicht neu hochgeladen werden.

Die Actor-Zuordnungen können zusätzlich noch mit Filtern versehen sein, um die Auswahl der Benutzerinnen und Benutzer dynamisch vornehmen zu können. Dies ist in Abbildung 96 nicht mit dargestellt. In Abschnitt 5.3 werden einige Beispiele vorgestellt, bei denen Actor-Filter eingesetzt werden.

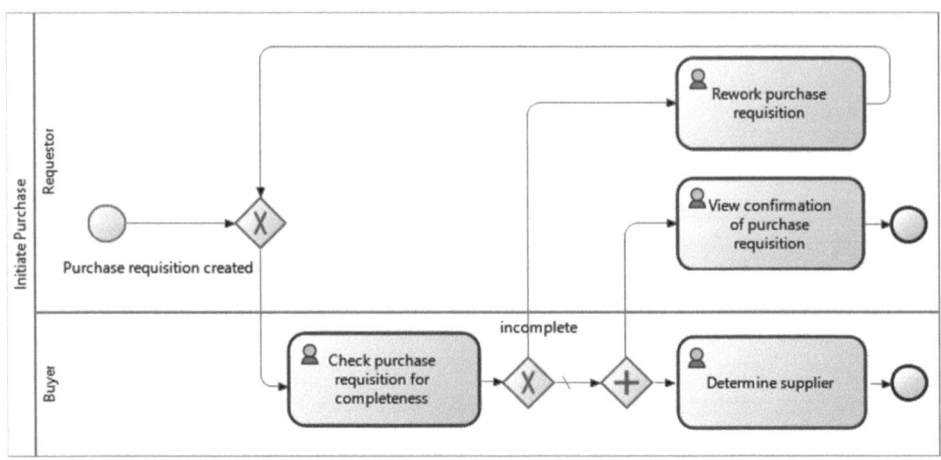

Abbildung 97: Beschaffungsantrag mit zwei Lanes

Es mag etwas umständlich erscheinen, die Zuordnung über Actors vorzunehmen. Man könnte sich auch vorstellen, eine Lane direkt mit einer Gruppe oder Ähnlichem zu verbinden. Der Vorteil des beschriebenen Verfahrens ist die bessere Wiederverwendbarkeit des Prozesses. Man kann einen existierenden Prozess wesentlich einfacher von einer Organisation zu einer anderen übertragen. Es muss lediglich die Konfiguration des Prozesses geändert werden. Ohne die Definition von Actors müsste man unter Umständen direkte Zuordnungen an vielen Stellen im Modell anpassen.

Je nach Konfiguration kann eine bestimmte Person in ein und demselben Prozess auch die Aufgaben mehrerer Actors wahrnehmen.

So soll jede Mitarbeiterin und jeder Mitarbeiter einen Beschaffungsantrag gemäß dem Prozess von Abbildung 97 stellen können. Dem Actor „Requestor" („Antragstellerin" bzw. „Antragsteller") werden daher bei der Konfiguration des Prozesses alle Abteilungen des Unternehmens zugeordnet, und „Requestor" wird als Prozessinitiatorin bzw. Prozessinitiator festgelegt. Dadurch findet jede Mitarbeiterin und jeder Mitarbeiter diesen Prozess im Portal in der Prozessliste, von wo aus eine neue Instanz des Prozesses gestartet werden kann.

Die Aufgaben aus der Lane „Buyer" („Einkäuferin" bzw. „Einkäufer") dürfen hingegen nur Mitarbeiterinnen und Mitarbeiter der Einkaufsabteilung durchführen. Daher sind dieser Lane nur Angehörige der Gruppe „Procurement" („Einkauf") in der Rolle „Member" („Mitglied)" zugeordnet. Die Tasks „Check purchase requisition for completeness" („Beschaffungsantrag auf Vollständigkeit prüfen") und „Determine supplier" („Lieferant festlegen") erscheinen damit bei allen Mitgliedern der Einkaufsabteilung in der Taskliste, nicht aber bei Angehörigen anderer Abteilungen.

Da jede Mitarbeiterin und jeder Mitarbeiter einen Antrag stellen kann, kann dies auch eine Einkäuferin oder ein Einkäufer selbst tun. Ein und dasselbe Mitglied der Gruppe

Einkauf kann in derselben Prozessinstanz also sowohl einmal als Actor „Requestor" und einmal als Actor „Buyer" auftreten.

5.3 Verschiedene Fälle der Auswahl von Bearbeiterinnen und Bearbeitern

Bei genauer Betrachtung wirft der Prozess aus Abbildung 97 eine Reihe von Fragen hinsichtlich der sinnvollen Auswahl der Bearbeiterinnen und Bearbeiter für die einzelnen Tasks auf. In Abbildung 98 sind verschiedene Anforderungen eingetragen, die im Folgenden erläutert werden.

5.3.1 Bearbeitung durch die Prozessinitiatorin oder den Prozessinitiator

Belässt man es dabei, dass alle Tasks in der oberen Lane einfach den Actor „Requestor" verwenden, wird man bei der Ausführung des Prozesses auf ein unerwünschtes Ver-

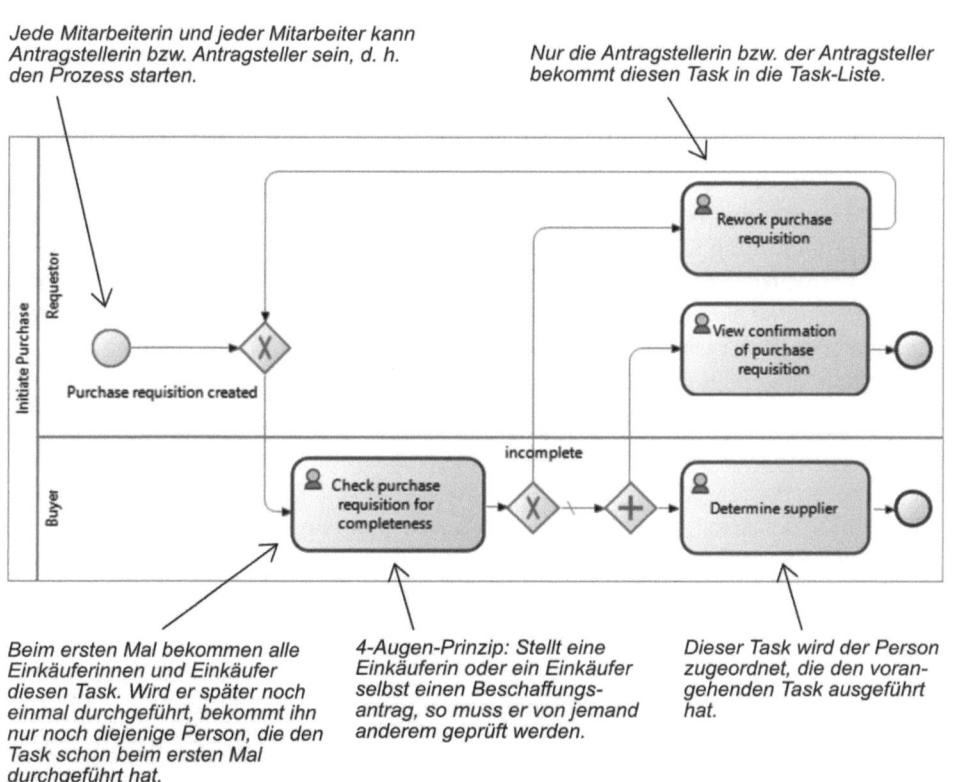

Abbildung 98: Anforderungen an die Auswahl der Bearbeiterinnen und Bearbeiter im Beschaffungsantragsprozess

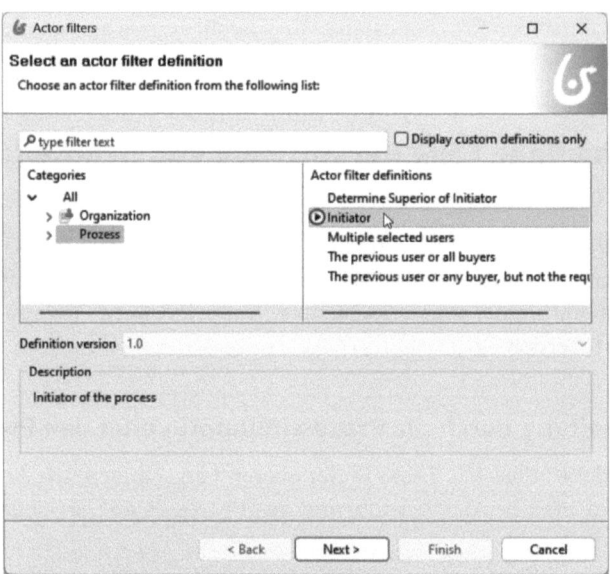

Abbildung 99: Auswahl eines Actor-Filters in Bonita

halten stoßen. Da dem Actor „Requestor" alle Mitarbeiterinnen und Mitarbeiter des Unternehmens zugeordnet wurden, wird nämlich jeder Task aus dieser Lane auch immer in der Taskliste *aller* Mitarbeiterinnen und Mitarbeiter angezeigt.

Startet Mitarbeiterin Lucy den Prozess, so wird der Task „Rework purchases requisition" („Beschaffungsantrag überarbeiten") später nicht nur Lucy, sondern zugleich allen anderen Mitarbeiterinnen und Mitarbeitern in ihren Tasklisten angezeigt. Diese werden sich wundern, da sie mit dem betreffenden Antrag gar nichts zu tun haben. Und falls jemand anders den Task ausführt, so wird sich Lucy wundern, warum dieser Task nicht mehr bei ihr angezeigt wird.

Gewollt ist etwas anderes: Zwar soll jede Mitarbeiterin und jeder Mitarbeiter den Prozess starten können, doch die anschließenden Tasks in der Lane „Requestor" soll nur bekommen, wer den Prozess gestartet hat. Um das zu erreichen, wird für die betreffenden Tasks nicht einfach der Actor „Requestor" aus der Lane übernommen. Stattdessen wird für die einzelnen Tasks mithilfe eines Actor-Filters bestimmt, dass sie von der Initiatorin bzw. dem Initiator durchgeführt werden (Abbildung 99). Der hierfür erforderliche Actor-Filter „Initiator" gehört zu den mitgelieferten Standardfiltern von Bonita.

5.3.2 Bearbeitung durch beliebige Mitglieder einer Gruppe

In der Lane „Buyer" („Einkäufer") ist es hingegen durchaus zulässig, dass jeder Task immer der ganzen Gruppe „Procurement" („Beschaffung") zur Verfügung gestellt wird.

Er lässt sich dann von einem beliebigen Mitglied dieser Gruppe bearbeiten. Hier kann man also den für die Lane definierten Actor „Buyer" für beide Tasks verwenden.

Als Konsequenz kann es vorkommen, dass jeder Task einer Prozessinstanz von einem anderen Mitglied der Gruppe „Procurement" bearbeitet wird. Der Task „Check purchase requisition for completeness" („Beschaffungsantrag auf Vollständigkeit prüfen"), der aufgrund der modellierten Schleife möglicherweise mehrmals durchgeführt wird, kann bei jedem Durchlauf ein anderes Mitglied der Beschaffungsgruppe als Bearbeiterin oder Bearbeiter haben. Ebenso kann „Determine supplier" („Lieferant festlegen") wiederum von einer anderen Person erledigt werden.

Wenn es keinen Vorteil bringt, dass alle Einkaufsaktivitäten innerhalb der Prozessinstanz immer von ein und demselben Mitglied der Beschaffungsgruppe bearbeitet werden, so ist es durchaus sinnvoll, jeden Task allen Mitgliedern der Gruppe anzubieten. So kann jeweils dasjenige Mitglied, das gerade frei ist, den Task nehmen und bearbeiten. Die Einkäuferinnen und Einkäufer sind damit gleichmäßiger ausgelastet, und die Bearbeitung erfolgt tendenziell schneller, als wenn jeder Task immer nur von einer bestimmten Person durchgeführt werden darf.

5.3.3   Bearbeitung wie bei einem vorhergehenden Task

Man könnte aber auch wünschen, dass immer genau dasjenige Mitglied der Beschaffungsgruppe den Lieferanten festlegt, das vorher auch den Beschaffungsantrag auf Vollständigkeit geprüft hat. Schließlich folgt die Festlegung des Lieferanten direkt auf die Vollständigkeitsprüfung. Da ist es nicht besonders sinnvoll, wenn die Bearbeiterin bzw. der Bearbeiter dazwischen wechselt. Die neue Einkäuferin bzw. der neue Einkäufer müsste sich erst einmal durchlesen, worum es eigentlich geht, wogegen die Bearbeiterin bzw. der Bearbeiter des vorangehenden Tasks dies ja schon weiß.

Hierzu darf man bei „Determine supplier" nicht einfach den Akteur „Buyer" der Lane übernehmen. Stattdessen muss man festlegen, dass der Task nur derjenigen Person zugewiesen wird, die in derselben Prozessinstanz vorher „Check purchase requisition for completeness" durchgeführt hat.

Die Zuweisung eines Tasks zu der Person, die einen bestimmten vorangehenden Task durchgeführt hat, kann über eine entsprechende Funktion des BPMS erfolgen. Wird keine solche Funktion angeboten, kann man bei der Durchführung des Tasks „Check purchase requisition for completeness" die ID der Benutzerin oder des Benutzers in einer Variable speichern. Diese Variable verwendet man dann, um den Task „Determine supplier" mithilfe eines weiteren Actor-Filters der betreffenden Person zuzuordnen.

5.3.4 Zuordnungen bei mehrfach ausgeführten Tasks

Eine Besonderheit ergibt sich durch die modellierte Schleife: Ist ein Antrag nicht vollständig, so wird er von der Antragstellerin bzw. dem Antragsteller überarbeitet. Anschließend erfolgt erneut die Vollständigkeitsprüfung. Der Task „Check purchase requisition for completeness" wird also unter Umständen mehrfach ausgeführt. Auch hier könnte es sinnvoll sein, wenn die Wiederholungen der Vollständigkeitsprüfungen immer genau von demjenigen Mitglied der Einkaufsgruppe durchgeführt werden, das bereits die erste dieser Prüfungen vorgenommen hat.

Anders als bei der Festlegung des Lieferanten kann hier nicht einfach die Person ausgewählt werden, die vorher die Vollständigkeitsprüfung durchgeführt hat. Zu Beginn – bei der ersten Durchführung – gibt es nämlich noch niemanden, der die Prüfung bereits vorgenommen hat. Beim ersten Mal soll der Task allen Mitgliedern der Einkaufsgruppe in die Taskliste gestellt werden. Dann kann sich dasjenige Mitglied, das als nächstes Zeit hat, darum kümmern. Die Wiederholungen dieses Tasks sollen aber nur noch dieser bestimmten Person zugeordnet werden.

Für solch eine etwas komplexere Zuordnung bieten BPMS vielfach keine Standardfunktionen an. In Bonita muss man hierzu einen eigenen Actor-Filter anlegen und darin eine kleine Java-Methode programmieren. Diese überprüft eine Prozess-Variable „buyerID" („einkäuferID"), ob sie den eindeutigen Identifizierer (ID) einer existierenden Benutzerin oder eines existierenden Benutzers enthält. Ist dies der Fall, so wurde die Vollständigkeitsprüfung schon einmal durchgeführt, und zwar von der Person mit der betreffenden ID. Diese Person wird dann als Bearbeiterin bzw. Bearbeiter für den Task festgelegt.

Enthält die Variable buyerID hingegegen keinen Wert, so wurde die Vollständigkeitsprüfung noch nicht durchgeführt. In diesem Fall wählt der Actor-Filter sämtliche Mitglieder der Beschaffungsgruppe als potenzielle Bearbeiterinnen und Bearbeiter aus.

Nach Beendigung des Tasks wird die ID der Person, die ihn tatsächlich ausgeführt hat, in der Variable „buyerID" gespeichert. Wie oben beschrieben, wird dann für eine eventuelle weitere Vollständigkeitsprüfung nur noch diese Person ausgewählt.

5.3.5 Vieraugenprinzip

Da es sich bei Einkäuferinnen und Einkäufern selbst auch um Mitarbeiterinnen und Mitarbeiter handelt, können auch sie den Prozess starten und damit im Prozess als „Requestor" (Antragstellerin bzw. Antragsteller) auftreten. Wie bei jedem anderen Antrag erhalten auch in diesem Fall alle Einkäuferinnen und Einkäufer – und damit auch die Antragstellerin bzw. der Antragsteller selbst – den Task „Check purchase requisition for completeness" in ihre Liste. Stellt also ein Mitglied der Einkaufsgruppe einen Beschaffungsantrag, so kann es ihn, wenn es möchte, selbst auf Vollständigkeit prüfen.

Falls dies nach den Regeln des Unternehmens erlaubt ist, ist die Zuordnung zu allen Einkäuferinnen und Einkäufern korrekt. Vermutlich ist die Vollständigkeitsprüfung in diesem Fall sogar überflüssig, da eine Einkäuferin oder ein Einkäufer beim Ausfüllen bereits selbst darauf achten wird, dass der Antrag vollständig ist. Möchte man diesen Fall berücksichtigen, kann man vor dem Task mit der Vollständigkeitsprüfung einen verzweigenden exklusiven Gateway einfügen und einen alternativen Sequenzfluss modellieren, der diesen Task überspringt, wenn der Antrag von einem Mitglied der Einkaufsgruppe gestellt wurde. Um festzustellen, ob dies der Fall ist, wird an der Bedingung des alternativen Sequenzflusses ein Skript verwendet. Dieses Skript ermittelt mithilfe entsprechender API-Funktionen die Person, die den Prozess gestartet hat, und ob sie der Einkaufsgruppe angehört.

Soll es hingegen nicht zulässig sein, dass Einkäuferinnen und Einkäufer ihre eigenen Anträge prüfen, so muss man sicherstellen, dass die Prüfung in einem solchen Fall von einem anderen Mitglied der Einkaufsgruppe vorgenommen wird. Hierzu kann man den oben beschriebenen Actor-Filter erweitern. Bevor bei der ersten Durchführung des Tasks „Check purchase requisition for completeness" die Liste mit allen Einkäuferinnen und Einkäufern zurückgegeben wird, wird noch überprüft, ob sich die Prozess-Initiatorin oder der Prozess-Initiator ebenfalls in dieser Liste befindet. Ggf. wird sie oder er aus dieser Liste entfernt.

Das Vieraugenprinzip, das besagt, dass gewisse Inhalte immer von zwei verschiedenen Personen geprüft werden müssen, wird in vielen Bereichen angewandt. Mithilfe eines BPMS kann man sicherstellen, dass dieses Prinzip eingehalten wird.

5.3.6 Vorgesetzte dynamisch ermitteln

In vielen Prozessen ist eine Genehmigung durch eine vorgesetzte Person erforderlich. So soll der Task „Decide about purchase requisition" („Über Beschaffungsantrag entscheiden") in Abbildung 100 nicht von irgendeinem beliebigen „Superior" („Vorgesetzte oder Vorgesetzter") durchgeführt werden, sondern nur von der Person, die dem konkreten

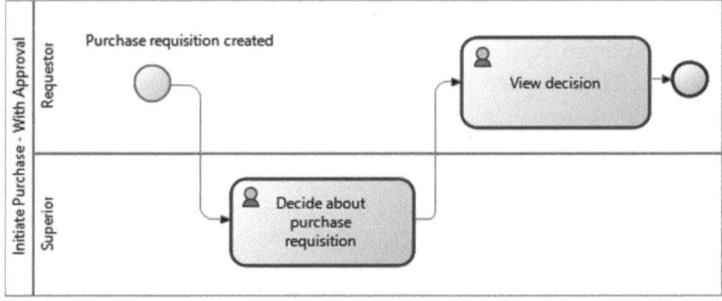

Abbildung 100: In dem Prozess muss die oder der Vorgesetzte der Antragstellerin bzw. des Antragstellers ermittelt werden.

„Requestor" („Antragstellerin" bzw. „Antragsteller") vorgesetzt ist. Hierzu muss diese Person jeweils ermittelt werden.

Im einfachsten Fall kann man für jede Benutzerin und jeden Benutzer direkt hinterlegen, wer ihr oder ihm vorgesetzt ist. Andererseits wird es häufig so sein, dass die Leiterin oder der Leiter einer Gruppe automatisch allen Gruppenmitgliedern vorgesetzt ist. In diesem Fall ist es nicht erforderlich, die Vorgesetzten bei den einzelnen Benutzerinnen und Benutzern zu hinterlegen. Stattdessen werden sie auf Grundlage der gezeigten Organisationsstruktur ermittelt. Die im Beispiel verwendete Organisationsstruktur ist in Abbildung 94 dargestellt.

Zunächst wird die Gruppe der Benutzerin bzw. des Benutzers festgestellt. Dann wird in dieser Gruppe eine Person mit der Rolle „Manager" gesucht. Gibt es keine Person mit dieser Rolle, kann stattdessen die Managerin oder der Manager der übergeordneten Gruppe ausgewählt werden.

Für die Implementierung des Prozesses in Abbildung 100 in Bonita wurde ein Actor-Filter programmiert, der die Ermittlung der vorgesetzten Person übernimmt. Falls eine Benutzerin oder ein Benutzer zu mehreren Gruppen gehört, gibt es auch mehrere Vorgesetzte, die über den Antrag entscheiden dürfen. Um dies zu verhindern, könnte man unterschiedliche Rollen verwenden, z. B. eine Rolle „Leitung" für disziplinarische Vorgesetzte und eine Rolle „Koordination" für informelle Arbeitsgruppen und Ähnliches.

Wie man sieht, hat die geeignete Abbildung der Organisationsstruktur mithilfe von Gruppen und Rollen Auswirkungen darauf, ob und wie einfach die gewünschten organisatorischen Regeln in Prozessen umgesetzt werden können.

5.3.7 Bearbeiterinnen und Bearbeiter im Prozess festlegen

Die Entscheidung, wer einen bestimmten Task ausführen soll, kann gegebenenfalls auch erst innerhalb des Prozesses getroffen werden. So kann eine Gruppenleitung beispielsweise von Fall zu Fall entscheiden, welche Mitarbeiterin oder welcher Mitarbeiter die jeweilige Aufgabe am besten bearbeiten kann.

In Abbildung 101 legt die Vertriebsleiterin bzw. der Vertriebsleiter („Sales Manager") fest, welche Verkäuferin bzw. welcher Verkäufer („Sales Admin") einen Kundinnen- bzw. Kundenkontakt bearbeiten soll. Hierzu wird im Task „Select sales admin" („Verkäuferin oder Verkäufer auswählen") eine Liste mit allen Mitgliedern der Gruppe „Verkauf" angezeigt (rechts in der Abbildung). In dieser Liste kann nun die gewünschte Person selektiert werden. Der anschließende Task erscheint dann nicht mehr bei allen Verkäuferinnen und Verkäufern in der Taskliste, sondern nur noch bei denjenigen, die von der Vertriebsleitung ausgewählt wurden.

Die Entscheidung über die jeweiligen Bearbeiterinnen oder Bearbeiter kann auch aufgrund von Daten aus einer Datenbank oder aus einem externen System getroffen wer-

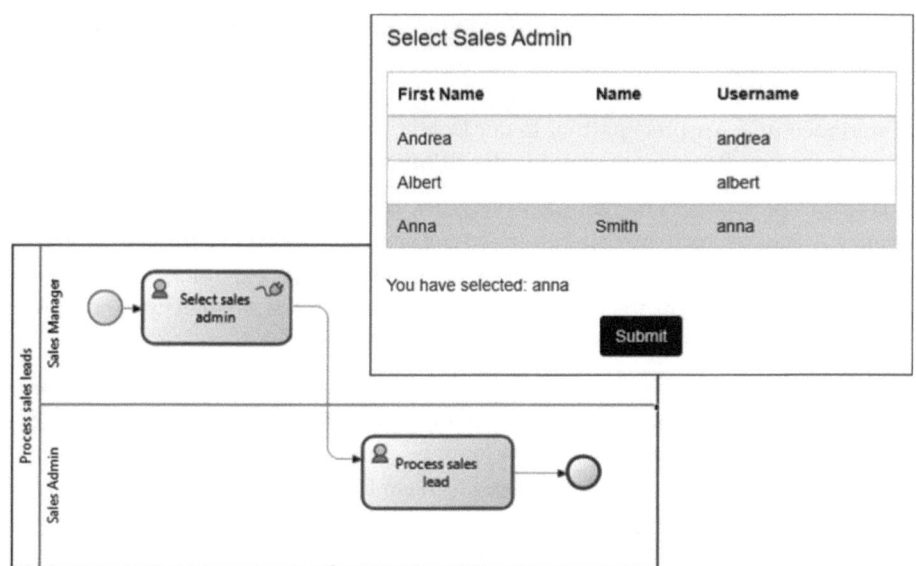

Abbildung 101: Die Vertriebsleitung legt im Prozess fest, welche Verkäuferin oder welcher Verkäufer den jeweiligen Kundinnen- bzw. Kundenkontakt bearbeiten soll.

den. So soll es im Beispiel in Abbildung 102 für jede Kundin und für jeden Kunden eine persönliche Ansprechpartnerin oder einen persönlichen Ansprechpartner geben. Wer dies jeweils ist, ist in einer Datenbank gespeichert.

Wird nun die Anfrage einer Kundin oder eines Kunden erfasst, so wird mithilfe einer Datenbankabfrage ermittelt, wer für sie bzw. ihn zuständig ist, und der Task „Process inquiry" („Anfrage bearbeiten") wird dann der betreffenden Benutzerin oder dem betreffenden Benutzer in die Taskliste gestellt.

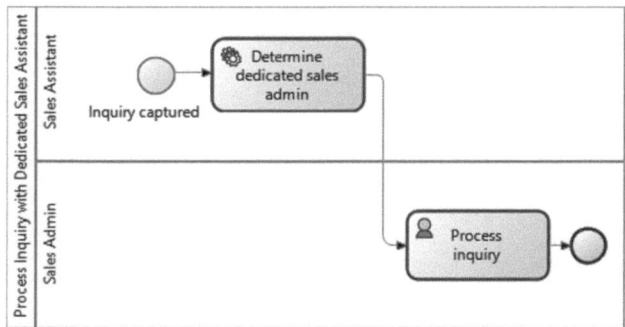

Abbildung 102: Die Anfrage einer Kundin oder eines Kunden soll von der zuständigen Person beantwortet werden.

Auch hier ist es wieder so, dass die Hinterlegung einer solchen Zuordnung in einer Datenbank und die betreffende Abfrage technisch sehr einfach zu realisieren sind. Dabei entstehen allerdings fachliche Herausforderungen, denn die Zuordnung der Ansprechpartnerinnen und Ansprechpartner in der Datenbank und die Informationen in der Benutzerinnen- und Benutzerverwaltung des BPMS müssen synchron gehalten werden.

Verlässt beispielsweise eine Kundenbetreuerin oder ein Kundenbetreuer das Unternehmen, so müssen nicht nur die betreffenden Daten aus der Benutzerinnen- und Benutzerverwaltung entfernt werden, sondern es müssen auch die betreuten Kundinnen und Kunden eine andere Ansprechpartnerin oder einen anderen Ansprechpartner bekommen. Dies muss dann in der Datenbank geändert werden.

In der Praxis werden solche inhaltlichen Zusammenhänge zwischen den Daten verschiedener Systeme gelegentlich übersehen, woraus später Probleme resultieren. Auch hierfür kann man aber wiederum das BPMS nutzen und Prozesse für die Änderungen organisatorischer Zuordnungen definieren. Solch ein Prozess kann dann z. B. beim Wechsel einer Mitarbeiterin oder eines Mitarbeiters dafür sorgen, dass alle erforderlichen Änderungen in den verschiedenen Systemen konsistent durchgeführt werden.

Bei den vorangehend beschriebenen Szenarien handelt es sich um einige Beispiele für Problemstellungen im Zusammenhang mit der organisatorischen Zuordnung von Aufgaben zu Bearbeiterinnen und Bearbeitern. Es können noch zahlreiche weitere vergleichbare Fragestellungen auftreten, z. B. im Zusammenhang mit Stellvertretungen, vorübergehenden Abwesenheiten, Stellenwechsel usw. In manchen BPMS gibt es für viele solcher Fragestellungen bereits vordefinierte Konstrukte. Sachverhalte, für die das verwendete BPMS keine fertige Lösung bietet, können meist auf ähnliche Weise wie in den vorgestellten Beispielen umgesetzt werden, ggf. mit einigen Codezeilen in selbst programmierten Actor-Filtern.

6 Benutzungsoberfläche

6.1 Prozesslisten, Tasklisten und Dialoge

Die Benutzungsoberfläche – englisch „Graphical-User-Interface (GUI)" – spielt bei Prozessen mit menschlicher Beteiligung eine zentrale Rolle, da hierüber sämtliche Interaktionen der Benutzerinnen und Benutzer mit den ausgeführten Prozessen stattfinden. Das typische GUI für die Prozessbeteiligten enthält eine Prozessliste und eine Taskliste. Durch Auswahl eines Prozesses oder eines Tasks kann man jeweils einen Dialog öffnen, der zum Starten einer neuen Prozessinstanz bzw. zur Erledigung eines Tasks dient.

Wird ein neuer Prozess auf den Server hochgeladen, so wird ermittelt, wer den Prozess starten kann. Wie diese Prozessinitiatorinnen bzw. -initiatoren festgelegt werden, ist in Kapitel 5 beschrieben. Die betreffenden Benutzerinnen und Benutzern bekommen den Prozess in ihrer Prozessliste angezeigt.

Eine Ausnahme bilden Prozesse, die ausschließlich automatisch gestartet werden, z. B. durch den Eingang einer Nachricht. Sie erscheinen in keiner Prozessliste.

Wählt man einen Eintrag in der Prozessliste aus, so öffnet sich der Instanziierungsdialog des Prozesses, wo man die für den Start erforderlichen Daten eintragen kann – z. B. die Daten einer neu eingegangen Anfrage, die in dem Prozess bearbeitet werden soll. Schließt man den fertig ausgefüllten Dialog ab, so wird die neue Prozessinstanz gestartet. Dabei werden die in dem Dialog erfassten Daten an die Prozessinstanz übermittelt, wo sie in Variablen gespeichert werden.

Erreicht die Prozessinstanz bei ihrer Durchführung einen User-Task, so wird er denjenigen Benutzerinnen und Benutzern in die Taskliste gelegt, die diesen Task ausführen können. Wie ermittelt wird, welche Benutzerinnen und Benutzer einen bestimmten Task in ihre Liste bekommen, ist ebenfalls in Kapitel 5 erläutert.

In der Taskliste einer Benutzerin bzw. eines Benutzers sind alle zugeordneten Tasks aus allen Prozessen und Prozessinstanzen gesammelt. Für den Fall, dass diese Liste sehr groß wird, stehen Such- und Filtermöglichkeiten zur Verfügung.

Startet man die Bearbeitung eines Tasks aus der Liste, so öffnet sich der zugehörige Dialog.

In vielen Fällen gibt es mehrere Prozessbeteiligte, die einen bestimmten Task erledigen können. So kann etwa ein Task zur Auswahl eines Lieferanten von jedem beliebigen Mitglied der Gruppe „Einkauf" durchgeführt werden. Dieser Task taucht daher bei all diesen Personen in den Tasklisten auf. Damit nicht versehentlich zwei Leute gleichzeitig versuchen, diesen Task durchzuführen, muss er von einer Person reserviert werden. In der Regel passiert dies, wenn mit der Bearbeitung begonnen wird. Der reservierte Task verschwindet dann aus allen anderen Listen.

Mit dem Einstellen eines Tasks in die Tasklisten werden zugleich die Daten der Prozess-instanz übermittelt, die zur Bearbeitung der Aufgabe gebraucht werden. Soll nach der Erfassung der Anfrage als Nächstes ein Angebot erstellt werden, so werden in dem betreffenden Dialog die Daten der Anfrage angezeigt, die man benötigt, um ein passendes Angebot zu erstellen.

Nach Abschluss eines Task-Dialogs werden die neu eingegebenen und geänderten Daten an die Prozessinstanz zurückgegeben. Mit der Rückgabe wird der Process-Engine mitgeteilt, dass der Task abgeschlossen ist. Die Engine aktualisiert den Zustand der Prozessinstanz, und es kann die nächste Aktivität durchgeführt werden.

Neben der Tasklisten-basierten Oberfläche können auch komplett individuell entwickelte Benutzungsoberflächen zum Einsatz kommen – oder separate Anwendungen, die im Hintergrund mit der Process-Engine kommunizieren. Ein Beispiel für eine solche Anwendung, in deren Benutzungsoberfläche Listen von Geschäftsobjekten im Zentrum stehen, wurde in Abschnitt 4.4.1 vorgestellt (Abbildung 89).

Die folgenden Ausführungen beziehen sich auf ein typisches Tasklisten-basiertes GUI für die Prozessbeteiligten.

In Abschnitt 2.5.4 wurde bereits anhand des einführenden Beispielprozesses kurz erläutert, wie die Kommunikation zwischen Process-Engine und Benutzungsoberfläche im speziellen Fall von Bonita funktioniert. Diese Kommunikation erfolgt über die von Bonita bereitgestellte REST-Schnittstelle. Aus Sicht der Process-Engine ist es dabei unerheblich, ob sie mit dem Bonita-eigenen Portal, einer selbst entwickelten Oberfläche oder einer komplett anderen Anwendung kommuniziert.

Das Prinzip des Zusammenspiels wird in Abbildung 103 gezeigt. Bevor ein Task-Dialog angezeigt wird, liest er mittels eines REST-Aufrufs die benötigten Werte aus den Prozess- und Business-Variablen der Prozessinstanz aus. Die Prozessinstanz in der Abbildung enthält der Einfachheit halber nur eine einzige Business-Variable.

Falls sich Werte ändern, bevor die Bearbeitung eines Tasks beginnt, so werden sie automatisch neu geladen. Die Bearbeiterinnen und Bearbeiter sehen somit in den Task-Dialogen immer die aktuellen Daten.

Nun kann man sich vorhandene Werte ansehen und ändern sowie neue Werte eingeben. Hat man die Bearbeitung abgeschlossen und drückt die Schaltfläche zum Beenden des Dialogs, so werden die geänderten und neu eingegebenen Daten an die Process-Engine zurückgegeben. Dies erfolgt ebenfalls mithilfe eines REST-Aufrufs. Dabei werden die Daten im JSON-Format übergeben. Deren Struktur muss dem für den Task definierten Vertrag entsprechen. Ansonsten gibt es einen Fehler.

Schließlich werden die zum Task gehörenden Operationen ausgeführt. Sie kopieren die vom Dialog übergebenen Werte in die zugehörigen Attribute der Business-Variable. Da-

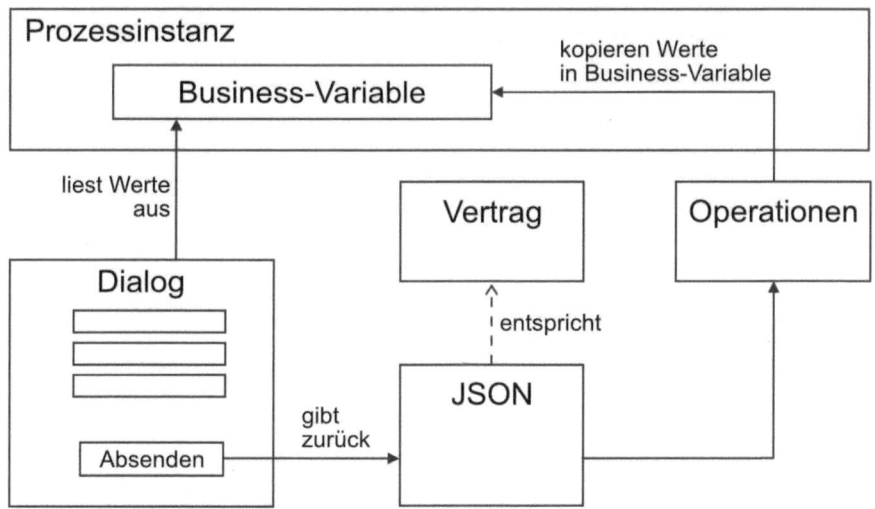

Abbildung 103: Zusammenspiel zwischen Dialog und Prozessinstanz in Bonita

mit stehen die in dem Dialog eingegebenen Werte für den weiteren Ablauf der Prozessinstanz zur Verfügung.

Um dieses Zusammenspiel zu ermöglichen, muss eine ganze Reihe von Dingen erstellt werden, wie z. B. Dialoge, Verträge, REST-Aufrufe und Operationen. Dies alles von Grund auf zu entwickeln, ist sehr aufwendig. In Bonita wird der Aufwand dadurch stark reduziert, dass man vieles davon automatisch generieren lassen kann.

Auch diese Aspekte wurden bereits anhand von Beispielen kurz erläutert – in Abschnitt 2.5.4 zum Thema Benutzungsdialoge sowie in Abschnitt 4.3.2 zum Thema Business-Variablen.

Abbildung 104 stellt die Entwicklung von Datenstrukturen und Dialogen im Zusammenhang dar. Im Datenmodell erstellt man zunächst ein „Business-Object", d. h. einen Datentyp. Beispielsweise enthält der Datentyp „Proposal" („Angebot") die Attribute „customer" („Kunde"), „email", „inquiry_text" („Anfragetext") usw. Hierbei werden bereits die Datenbanktabellen und -abfragen generiert, die zur Speicherung von Angeboten und zum Zugriff darauf dienen.

Im Prozess kann man dann eine Business-Variable mit dem entsprechenden Datentyp anlegen. Die Business-Variable wurde hier der Einfachheit halber ebenfalls „proposal" genannt. Sie ist vom oben beschriebenen Typ „Proposal", d. h., man kann in dieser Variable nun ein konkretes Angebot mit Kunde, E-Mail, Anfragetext usw. speichern.

Wenn dieses Angebot in einem bestimmten User-Task bearbeitet werden soll, dann braucht man einen Vertrag, einen Dialog und die passenden Operationen.

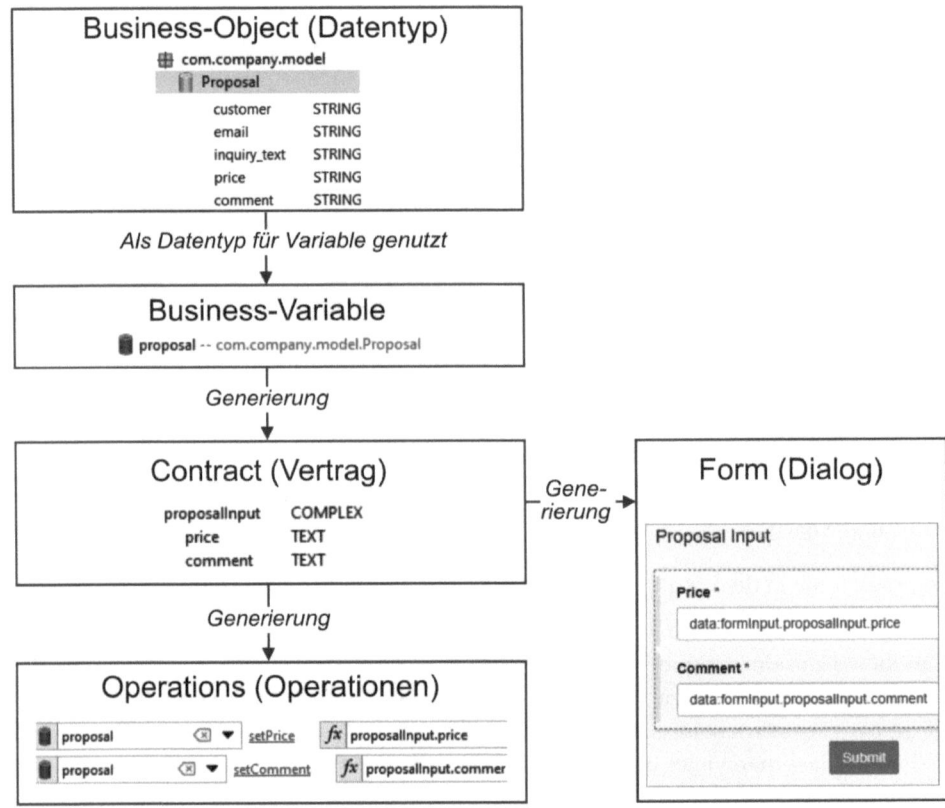

Abbildung 104: Entwicklung von Datenstrukturen und Dialogen in Bonita

Der Vertrag, in dem festgelegt wird, welche Daten von dem Dialog zurückgegeben werden müssen, lässt sich auf Grundlage der Business-Variable generieren. Hierbei kann man auswählen, für welche Attribute der Dialog Werte liefern soll. In dem Beispiel in Abbildung 104 soll man in dem Dialog den Preis und einen Kommentar eingeben können. Daher wurden die beiden Attribute „price" und „comment" ausgewählt und in die Datenstruktur „proposalInput" des Vertrags übernommen.

Auf Basis des Vertrags kann man sich nun wiederum den Dialog generieren lassen. Er enthält unter anderem die benötigten Eingabefelder für die gewünschten Daten. Auch die erforderliche Logik wird erzeugt, die beim Drücken der Schaltfläche „Submit" („Einreichen") dafür sorgt, dass die eingegebenen Daten im korrekten JSON-Format an den Prozess zurückgeliefert werden.

Mithilfe des Vertrags werden schließlich noch die Operationen generiert, die beim Abschluss des Tasks ausgeführt werden. Sie sind dafür zuständig, die vom Dialog zurückgegebenen Werte in die entsprechenden Felder der Business-Variable zu kopieren.

Neben den Dialogen für die User-Tasks gibt es in den meisten Prozessen auch einen Instanziierungsdialog, mit dem der Prozess gestartet wird. Er wird auf ganz ähnliche Weise entwickelt. Allerdings werden für einen solchen Dialog keine Operationen generiert, sondern ein Skript, in dem für die Business-Variable ein neues Objekt angelegt und mit den vom Dialog erhaltenen Daten befüllt wird.

Die automatisch erzeugten Verträge, Dialoge, Operationen und Skripte können anschließend manuell angepasst und weiterentwickelt werden. Zwar genügen die generierten Elemente dafür, dass der Prozess prinzipiell funktioniert, doch bestehen in der Regel weitergehende Anforderungen an die Benutzungsoberfläche.

So sollen meist nicht nur die Felder für die einzugebenden Werte angezeigt werden, sondern auch weitere Daten. Zudem sollen die Dialoge oftmals zusätzliche Funktionalitäten enthalten, z. B. interaktive Such- und Filterfunktionen, Berechnungen oder Eingabevalidierungen. All dies kann mithilfe des UI-Designers entwickelt werden.

Die Entwicklung solcher leistungsfähigen, individuellen Dialoge ist nicht Gegenstand des vorliegenden Buchs. Hierfür kooperieren Prozess-Expertinnen und -Experten mit Frontend-Entwicklerinnen und -Entwicklern, die sich mit den für das User-Interface verwendeten Technologien und Frameworks gut auskennen. Im Fall von Bonita muss man sich unter anderem mit dem Framework AngularJS befassen.

Einfache Frontend-Funktionalitäten, wie sie für manche Beispiele im vorliegenden Buch verwendet wurden, lassen sich aber auch ohne AngularJS-Kenntnisse realisieren. Einiges lässt sich – wie beschrieben – generieren. Dabei lassen sich auch Dialoge zur Bearbeitung komplexerer Datenstrukturen erzeugen, wie z. B. eine Liste, bei der man Elemente hinzufügen oder entfernen kann. Für andere Fragestellungen ist es oft nützlich, sich an existierenden Dialogen zu orientieren.

Da es bei den in diesem Buch beschriebenen Beispielen nicht um ausgefeilte Benutzungsoberflächen geht, sondern um die Prozesslogik, wurden in vielen Fällen einfach die generierten Dialoge verwendet. In manchen Fällen wurden die Dialoge aber manuell erweitert, um gewünschte Funktionalitäten umzusetzen. Da die Prozesse zum Download zur Verfügung stehen, kann man die Dialoge im UI-Designer ansehen und sich bei der Entwicklung eigener Dialoge daran orientieren. Interessante Aspekte finden sich insbesondere in den folgenden Dialogen:

- Einführendes Beispiel in Kapitel 2, Dialog „Check and Price Proposal" (Abbildung 6): Deaktivieren von Schaltflächen in Abhängigkeit von Eingaben in anderen Feldern, sowie Auswahl verschiedener Alternativen mittels Schaltflächen.
- Abschnitt 3.6 „Schleifen- und Mehrfachaktivität" (Abbildung 41): Editierbare Liste, deren Elemente mehrere Attribute haben, sowie Anzeige einer Liste in einer nicht editierbaren Tabelle.

- Abschnitt 4.3.2 „Business-Variablen" (Abbildung 88): Anlegen eines komplexen Objekts, das selbst wiederum andere Objekte enthält. Letztere kann man in dem Dialog aus einer Liste auswählen, die aus der Business-Datenbank geladen wird.
- Abschnitt 4.4.1 „Konsistenz von Daten und Zuständen in Prozess und Datenbank" (Abbildung 89): Die mit dem UI-Designer erstellten Webseiten zur Bedienung der Anwendung enthalten eine Reihe interessanter Aspekte, wie z. B. die Ausführung von Datenbank-Abfragen, die Auswahl aus einer Liste sowie bedingungsabhängiges Ein- und Ausblenden von Elementen.
- Abschnitt 5.3.7 „Bearbeiterinnen und Bearbeiter im Prozess festlegen" (Abbildung 101): Auswahl eines Elements aus einer Liste.

6.2 Weitere Aspekte

Ohne Anspruch auf Vollständigkeit seien im Folgenden einige weitere, wesentliche Aspekte für die Erstellung der Benutzungsoberfläche genannt:

- **Aussagekräftige Informationen in der Taskliste**

  Um sich in umfangreichen Tasklisten zurechtzufinden, ist es hilfreich, wenn die Bezeichnungen in der Liste möglichst aussagekräftig sind. Standardmäßig wird einfach der Name des Tasks aus dem Prozessmodell angezeigt. Wenn gerade mehrere Instanzen des betreffenden Prozesses aktiv sind, hat dies zur Folge, dass in einer Taskliste mehrere Einträge die gleiche Bezeichnung haben, wie z. B. „Angebot kalkulieren". Damit man die Tasks leichter finden kann, ist es besser, wenn die Bezeichnungen weitere Informationen über die Prozessinstanz enthalten. Solch eine Bezeichnung könnte etwa „Angebot Nr. 5401 für Kunde Schulz kalkulieren" lauten.

  Hierzu kann ein dynamischer Bezeichner definiert werden, in den die gewünschten Variablenwerte aus der Prozessinstanz aufgenommen werden, wie z. B. die Angebotsnummer oder der Kundenname. Dies wurde in dem einführenden Beispiel in Kapitel 2 gemacht (Abbildung 5).

- **Zugriff auf weitere Daten**

  In einem Dialog muss oftmals nicht nur auf Daten der Prozessinstanz, sondern auch auf weitere Daten zugegriffen werden. Soll beispielsweise beim Anlegen eines Auftrags ein Produkt hinzugefügt werden, so muss eine Produktsuche durchgeführt werden oder eine Auswahl aus einer Produktliste getroffen werden. Hierzu ist es erforderlich, aus dem Dialog heraus eine Datenbankabfrage zu starten, anschließend das Ergebnis anzuzeigen und daraus einen Eintrag auszuwählen.

  Für derartige interaktive Zugriffe kann man nicht einfach gewöhnliche Datenbank-Konnektoren verwenden. Da die Aufrufe von der Process-Engine vorgenommen werden, finden sie immer nur vor oder nach Durchführung eines User-Tasks statt.

Dies hat zur Folge, dass nach Eingabe eines Suchbegriffs das Ergebnis erst im nächsten User-Task vorliegt.

Als Benutzerin oder Benutzer möchte man das Ergebnis aber möglichst innerhalb des aktuellen Dialogs sehen, ggf. die Suchparameter verändern, etc. Hierfür muss der Aufruf direkt aus dem Dialog heraus erfolgen, z. B. in Form eines REST-Aufrufs.

Nutzt man die Bonita-Business-Objects, so werden die benötigten Abfragen zum Zugriff auf die im Datenmodell definierten Datentypen automatisch in Form einer REST-API bereitgestellt. Im UI-Designer kann man dann z. B. eine Schaltfläche in den Dialog einfügen, über die sich der entsprechende Aufruf auslösen lässt.

Auch interaktive Zugriffe auf externe Datenbanken und sonstige Drittsysteme können integriert werden, wenn diese geeignete REST-Schnittstellen anbieten.

- **Dynamische Inhalte**

  Manche dargestellten Inhalte hängen von den Inhalten anderer Eingabefelder ab. Ändert man beispielsweise in einem Auftrag die Bestellmenge, so muss der angezeigte Gesamtpreis angepasst werden. Hierfür sollte die entsprechende Berechnung direkt in dem Dialog durchgeführt werden. Dies kann beispielsweise mithilfe von JavaScript-Funktionen realisiert werden.

- **Verschiedene Widgets**

  Neben einfachen Textfeldern können weitere Widgets eingesetzt werden, wie z. B. Checkboxen für Wahrheitswerte, „Date-Picker" zur Datumsauswahl, Tabellen, Bild-Anzeigen und viele weitere. Bonitas UI-Designer bietet neben zahlreichen mitgelieferten Widgets auch die Möglichkeit, eigene Widgets zu programmieren. Hierfür werden HTML- und JavaScript-Kenntnisse benötigt, und man muss sich in das verwendete Framework AngularJS einarbeiten.

- **Eingabehilfen und Eingabevalidierungen**

  Die Interaktionselemente können mit verschiedenen Eigenschaften versehen sein, die dabei helfen, richtige und sinnvolle Eingaben zu tätigen, bzw. nicht zulässige Eingaben zu verhindern. So können Eingabefelder verpflichtend oder schreibgeschützt sein.

  Manche Elemente werden überhaupt nur angezeigt, wenn eine bestimmte Bedingung zutrifft. Weiterhin kann festgelegt sein, dass ausschließlich spezielle Werte wie Zahlen, Datumsangaben oder Geldbeträge möglich sind oder dass Mindest- und Maximalwerte eingehalten werden müssen. Komplexere Eingabevalidierungen, wie z. B. die Gültigkeitsprüfung einer Kontonummer (IBAN), können in JavaScript programmiert werden.

Es ist aber nicht nur möglich, die Eingaben im Dialog selbst zu überprüfen. Vielmehr können die an den Prozess zurückgegebenen Daten auch serverseitig validiert werden. Bei einem Regelverstoß wird ein Fehler an den Dialog zurückgemeldet. In Bonita kann man im Zusammenhang mit dem Vertrag entsprechende Gültigkeitsregeln definieren.

- **Screenflow**

  Für Dialoge, die sehr umfangreich sind und deswegen in mehrere Ansichten oder Screens aufgeteilt sind, muss ein Screenflow realisiert werden, z. B. mittels Schaltflächen zum Vor- und Zurückblättern. Bei Bonita ist ein solcher Screenflow innerhalb von User-Task-Dialogen nicht standardmäßig vorgesehen. Anstatt zwischen kompletten Screens zu wechseln, gibt es aber die Möglichkeit, Widgets in sogenannten Containern anzuordnen und diese Container wechselseitig ein und auszublenden. Über die Schaltflächen zum Vor- oder Zurückblättern wird der Wert einer Variable geändert, die bestimmt, welcher Container angezeigt wird und welche ausgeblendet werden.

- **Grafische Gestaltung**

  Die grafische Gestaltung der Dialoge lässt sich mithilfe der im Web verbreiteten Sprachen HTML und CSS verändern und beispielsweise an die Unternehmensfarben und -schriftarten anpassen.

7 Integration anderer Systeme

7.1 Einführung

Eine wichtige Eigenschaft eines BPMS ist die Möglichkeit, bei der Prozessdurchführung andere Systeme anzusprechen, um z. B. die Ausführung spezieller Aufgaben anzustoßen oder Daten auszutauschen.

Die meisten BPMS bringen bereits eine ganze Reihe vordefinierter Adapter oder Konnektoren mit, die eine Anbindung an häufig verwendete Systeme ermöglichen. Hierzu gehören beispielsweise Konnektoren zu Datenbanken, E-Mail-Systemen, Web-Portalen, Dokumentenmanagement-Systemen und sozialen Netzwerken. Für Unternehmen ist insbesondere die Anbindung ihrer betrieblichen Anwendungssysteme von Bedeutung, z. B. Systeme für das Enterprise-Resource-Planning (ERP) oder das Customer-Relationship-Management (CRM).

Auch Bonita bietet eine Reihe von Konnektoren zu verschiedenen Drittsystemen an, sowohl zu kommerziellen Produkten als auch zu Open-Source-Systemen. Darüber hinaus ist es möglich, eigene Konnektoren in Java zu entwickeln.

Der Einsatz eines einfachen Konnektors wurde bereits im einführenden Beispiel in Kapitel 2 gezeigt. Dort wurde ein Konnektor zur Verbindung mit einem E-Mail-Server eingesetzt, um eine Mail aus einem Prozess zu verschicken.

7.1.1 REST

Systeme, für die kein vorgefertigter Konnektor vorhanden ist, können häufig über verschiedene Standard-Integrationstechnologien angebunden werden, z. B. gemäß REST.

Das Stichwort „REST" fiel schon mehrfach im vorliegenden Buch, und zwar im Zusammenhang mit der Benutzungsoberfläche. Bonita nutzt REST-Aufrufe für die Kommunikation zwischen der Process-Engine und den Benutzungsdialogen.

REST steht für „Representational-State-Transfer" und ist ein weitverbreiteter Architekturstil zur Kommunikation zwischen Systemen, der auf dem im Internet verwendeten Standardprotokoll HTTP („Hypertext-Transfer-Protocol") bzw. HTTPS („Hypertext-Transfer-Protocol-Secure") beruht. Bei HTTPS werden die übertragenen Daten verschlüsselt.

Zu einem HTTP- bzw. HTTPS-Aufruf gehören unter anderem eine eindeutige Adresse, ein Verb und der Inhalt:

- Die Adresse wird in Form einer URL angegeben, ähnlich wie die Adresse einer Webseite, die von einem Browser aufgerufen wird.

- Die Art des Aufrufs wird durch ein Verb bestimmt, wie z. B. GET, wenn Daten abgerufen werden sollen, oder POST und PUT zum Anlegen oder Ändern von Daten in dem aufgerufenen System.
- Der Inhalt, die sogenannte „Payload", wird häufig im JSON-Format („JavaScript-Object-Notation") übermittelt. Hierbei handelt es sich um Text, der nach bestimmten Regeln strukturiert ist. Ein Beispiel findet sich in Abbildung 117.

Daneben enthält ein solcher Aufruf weitere technische Angaben sowie gegebenenfalls Informationen zur Autorisierung und Verschlüsselung.

Viele Systeme bieten eine REST-API an. Dabei steht „API" für „Application-Programming-Interface" (Programmierschnittstelle). Eine solche REST-API umfasst eine Reihe von URLs für die möglichen Aufrufe. Dabei ist unter anderem jeweils festgelegt, welche HTTP-Verben genutzt werden, welche Daten als Parameter mitgeliefert werden müssen, und welche Daten als Ergebnis zurückgegeben werden.

Im vorliegenden Kapitel werden mehrere Beispiele zur Nutzung des REST-Konnektors in Bonita gezeigt, so beim Aufruf der Plattform „Camunda", einmal zur Ausführung von Entscheidungslogik (Abschnitt 7.2.2), das andere Mal zur Plattform-übergreifenden Kommunikation mit einem anderen Prozess (Abschnitt 7.4.1). Zudem greift in einem weiteren Beispiel ein anderes System mittels REST auf Bonita zu (Abschnitt 7.3.1).

7.1.2 Zugriff über die Benutzungsoberfläche

Wenn es nicht möglich oder zu aufwendig ist, eine Programmierschnittstelle zu nutzen, gibt es auch noch die Möglichkeit, über die Benutzungsoberfläche auf ein System zuzugreifen. Hiervon machen RPA-Systeme („Robotic-Process-Automation") Gebrauch, indem sie wie menschliche Benutzerinnen und Benutzer die grafische Benutzungsoberfläche einer Anwendung bedienen, darüber Daten auslesen, Einträge erstellen und Schaltflächen drücken.

In Abschnitt 7.3 wird gezeigt, wie RPA genutzt werden kann, um einen Prozess zu starten oder um aus einem Prozess heraus auf ein anderes System zuzugreifen.

7.1.3 Synchrone und asynchrone Kommunikation

Für die Kommunikation eines BPMS-Prozesses mit einem externen System werden meistens Service-Tasks genutzt. Im Gegensatz zu einem User-Task, der von einem Menschen mithilfe eines Benutzungsdialogs durchgeführt wird, ruft ein Service-Task einen Software-Service auf. Dabei kann es sich zum einen um eine selbst programmierte Funktionalität als Teil einer Gesamtanwendung handeln, die von dem BPMS gesteuert wird. Ein aufgerufener Service kann aber auch zu einer externen Anwendung gehören. Dann wird ein entsprechender Konnektor eingesetzt, der die Kommunikation mit dem externen

System durchführt – ob individuell auf das betreffende System zugeschnitten oder unter Nutzung einer REST-Schnittstelle.

Ein solcher Aufruf erfolgt synchron. Das heißt, es wird auf die Antwort des aufgerufenen Systems gewartet, bevor es im Prozess weitergeht. Die betreffende Antwort muss recht schnell erfolgen – typischerweise im Bereich von Sekunden.

Das ist bei vielen automatisierten Funktionen kein Problem, die beispielsweise Berechnungen ausführen oder Datensätze aus einer Datenbank auslesen und zurückgeben. Für Funktionen, die sehr lange dauern, sind synchrone Aufrufe hingegen nicht geeignet. Auch wenn nicht sichergestellt ist, dass das andere System immer erreichbar ist, sollten keine synchronen Aufrufe durchgeführt werden.

Ein weiteres Problem können Lastspitzen darstellen. Wenn zeitweise sehr viele Aufrufe in sehr kurzer Zeit erfolgen, ist das aufgerufene System unter Umständen überlastet und kann die Anfragen nicht so schnell abarbeiten.

Nicht zuletzt gibt es auch Anfragen an externe Systeme, bei deren Bearbeitung Menschen beteiligt sind. Je nach Verfügbarkeit der zuständigen Personen kann es dann Stunden oder Tage dauern, bis die Antwort vorliegt.

In solchen Fällen ist eine asynchrone Kommunikation vorzuziehen. Dabei sendet ein System eine Nachricht an ein anderes System, erwartet aber keine sofortige Antwort. Die Antwort kann zu einem beliebigen späteren Zeitpunkt erfolgen. Eine solche asynchrone Kommunikation kann mithilfe von „Message-Queues" („Nachrichtenwarteschlangen") implementiert werden. Dabei schreibt das jeweils sendende System eine Nachricht in eine Warteschlange. Das empfangende System entnimmt die eingegangenen Nachrichten zu beliebigen späteren Zeitpunkten aus der Warteschlange, bearbeitet sie und schreibt seinerseits Nachrichten mit den Antworten in eine Warteschlange. Dort können sie vom ersten System wieder entnommen werden.

Bei den Nachrichten, von denen hier die Rede ist, handelt es sich technisch übrigens nicht um die Art von Nachrichten, die über BPMN-Nachrichtenflüsse ausgetauscht werden. Letztere existieren nur innerhalb des BPMS. Mithilfe eines selbst geschriebenen Konnektors ist es aber möglich, die Inhalte einer BPMN-Nachricht in eine Message-Queue-Nachricht zu übertragen.

Eine Herausforderung besteht darin, dass man im sendenden Prozess nach dem Absenden der Nachricht noch keine Antwort hat und nicht weiß, wann die Antwortnachricht zur Verfügung stehen wird. Dies muss im Prozess gelöst werden, z. B. indem in gewissen Zeitabständen überprüft wird, ob die Antwort bereits eingegangen ist.

Ein Beispiel zur Kommunikation über Message-Queues wird in Abschnitt 7.4.2 vorgestellt. Dabei kommunizieren in einem Fall zwei ausführbare Prozesse miteinander, im zweiten Fall ein Prozess und eine einfache Java-Anwendung.

7.1.4 Abarbeitung von Aufgabenvorräten

Bei genauer Betrachtung weisen auch User-Tasks eine Eigenschaft synchroner Kommunikation auf. Zwar handelt es sich technisch nicht um synchrone Aufrufe mit Antwortzeiten im Sekundenbereich. Doch wird ebenfalls auf eine Antwort gewartet, bevor es im Prozessablauf weitergeht. Man kann daher sicher sein, dass nach Abschluss des User-Tasks die Antwort vorliegt. Sie enthält die Eingaben der jeweiligen Benutzerin oder des jeweiligen Benutzers.

Manche BPMS bieten explizit die Möglichkeit, nicht nur eine Taskliste für User-Tasks zu erstellen, sondern auch einen Aufgabenvorrat mit Service-Tasks anzulegen, der dann von einer automatisierten Routine abgearbeitet werden kann. Wird in einem Prozess ein solcher Service-Task erreicht, dann wird kein synchroner Aufruf abgesetzt. Stattdessen wird der betreffende Task in einen Task-Vorrat aufgenommen. Eine entsprechende Routine entnimmt jeweils einen Task, führt die zugehörige Funktionalität aus und gibt das Ergebnis an den Prozess zurück. Falls erforderlich, kann die Routine mit externen Systemen kommunizieren. Wie dies geschieht, ist aus Sicht des Prozesses uninteressant. Für ihn erfolgt das Zusammenspiel genauso wie bei einem User-Task. Auch hier liegt nach Abschluss des Tasks die Antwort vor und kann im weiteren Verlauf des Prozesses genutzt werden.

Zugleich hat diese Lösung auch einige Vorteile der asynchronen Kommunikation. So können die Tasks aus dem Aufgabenvorrat in beliebiger Geschwindigkeit abgearbeitet werden. Gehen die entsprechenden Anfragen zeitweise zu schnell für das empfangende System ein, kommt es nicht zu „Timeouts", die ansonsten dazu führen würden, dass der Task nicht erfolgreich durchgeführt werden kann und der Prozess nicht ordnungsgemäß funktioniert. Stattdessen wird der Aufgabenvorrat nach und nach abgearbeitet, und jede Prozessinstanz kann regulär fortgeführt werden.

Die erforderlichen Routinen, die die Aufgabenvorräte abarbeiten und dabei ggf. mit anderen Systemen kommunizieren, müssen programmiert werden. Für häufig vorkommende Fälle kann der BPMS-Hersteller entsprechende Routinen mitliefern.

Eine besondere Variante der automatisierten Abarbeitung von Aufgabenlisten wird in Abschnitt 7.3.2 genutzt. Dort greift ein RPA-System über die Benutzungsoberfläche auf die Taskliste zu und erledigt die enthaltenen Tasks mithilfe der zugehörigen Dialoge. Es bedient Bonita so, wie es eine menschliche Benutzerin oder ein menschlicher Benutzer tun würde. Diese Lösung wurde aus der Not geboren, da die kostenlose Version des verwendeten RPA-Systems nicht über eine Programmierschnittstelle aufgerufen werden kann.

7.1.5 Behandlung von Fehlern und Ausnahmen

Bei der Kommunikation mit anderen Systemen muss man stets mit Fehlern und Ausnahmen rechnen. Beispielsweise kann es vorkommen, dass das andere System nicht erreichbar ist, dass es anstelle der erwarteten Daten eine Fehlermeldung zurückgibt oder dass die zurückgegebenen Daten eine falsche Struktur haben.

Damit solche Fälle nicht dazu führen, dass Prozesse hängen bleiben oder fehlerhafte Ergebnisse produzieren, muss auf Fehler und Ausnahmen in geeigneter Weise reagiert werden.

Ein Beispiel für eine solche Fehlerbehandlung ist die Wiederholung eines erfolglosen Aufrufs. Eventuell hat man es nur mit einer kurzen Unterbrechung der Verbindung zu tun. Erst wenn das andere System auch auf mehrere Aufrufe nicht reagiert hat, werden weitere Schritte der Fehlerbehandlung unternommen. So gilt es, die Benutzerinnen und Benutzer darüber zu informieren, dass bestimmte Funktionalitäten vorübergehend nicht verfügbar sind oder dass bestimmte Informationen momentan nicht angezeigt werden können. Auch können fehlerhafte Prozessinstanzen an einen Menschen weitergeleitet werden, damit dieser die Fehler korrigiert oder geeignete Maßnahmen ergreift.

Fehlerbehandlungen können sowohl auf technischer Ebene als auch auf Prozessebene erfolgen. So kann man beispielsweise einen Konnektor zu einem System programmieren, der bei Bedarf mehrere Aufrufversuche durchführt, bevor er den Fehler an den Prozess zur weiteren Behandlung weitermeldet. In BPMN lässt sich die Weitergabe eines Fehlers durch ein angeheftetes Fehlerereignis an dem Service-Task modellieren, wie dies in Abschnitt 3.12.2 beschrieben wurde.

In dem Prozess könnte man beispielsweise modellieren, dass die Benutzerinnen und Benutzer über das Problem informiert werden und der Service-Task mit dem Aufruf in größeren zeitlichen Abständen neu gestartet wird, z. B. einmal täglich.

Wie aus diesen Beispielen deutlich wird, spielen die verschiedenen Möglichkeiten, Fehlerbehandlungen in BPMN zu modellieren, insbesondere bei der Kommunikation mit externen Systemen eine wichtige Rolle.

Beispielsweise ist der Einsatz von Transaktionen und Kompensationen, wie sie in Abschnitt 3.12.4 beschrieben wurden, oftmals deswegen nötig, weil ein Prozess aufeinander abgestimmte Änderungen in mehreren Systemen durchführt, dabei aber ein oder mehrere der beteiligten Systeme ausfallen können.

7.1.6 Trennung von fachlichen Prozessen und Integrationsprozessen

Wenn Prozesse mit anderen Systemen kommunizieren, müssen zahlreiche Details modelliert werden, die sich rein auf diese Kommunikation beziehen. Dazu gehören die oben beschriebene Behandlung von Fehlern, die Verarbeitung asynchron eingehender Nachrichten, die Umwandlung von Datenstrukturen und vieles mehr.

Enthält ein Prozess zu viele solche Details, so ist der eigentliche, fachlich relevante Prozess nicht mehr klar erkennbar. Häufig ist es daher sinnvoll, einen solchen Prozess in zwei Prozesse aufzuteilen: einen fachlichen Prozess und einen Integrationsprozess. Letzterer enthält die Details für die Kommunikation mit anderen Prozessen. Beide Prozesse sind ausführbar. Sie kommunizieren über Nachrichtenflüsse miteinander.

Diese Aufteilung in zwei separate Prozesse hat den Vorteil, dass der fachliche Prozess von Angehörigen der betreffenden Fachbereiche verstanden wird. Das Modell eines solchen Prozesses können Fachseite und IT gemeinsam erstellen. Die Details der Integration anderer Systeme sind aus fachlicher Sicht weniger interessant und werden von der IT modelliert (vgl. [St13]).

Auf diese Weise ist es beispielsweise auch möglich, ein angebundenes System durch ein anderes zu ersetzen, ohne dass der fachliche Prozess geändert werden muss.

Die Trennung von fachlichem Prozess und Integrationsprozess wurde bereits in Abschnitt 3.11 angewandt, wo es um Prozesse ging, die durch Bedingungen gestartet werden. Ein weiteres Beispiel für eine solche Aufteilung findet sich in Abschnitt 7.4, in dem die Kommunikation mit einem Prozess beschrieben wird, der in einer anderen Process-Engine läuft.

7.1.7 Sicherheit und Berechtigungen

Die Kommunikation mit anderen Systemen birgt erhöhte Sicherheitsrisiken. Dies gilt ganz besonders, wenn mit Systemen kommuniziert wird, die sich außerhalb der eigenen Unternehmensgrenzen, z. B. bei Geschäftspartnern, befinden.

In den in diesem Kapitel vorgestellten Beispielen werden Sicherheitsaspekte nicht speziell berücksichtigt, da hier nur die grundsätzlichen Kommunikationsmöglichkeiten zwischen Prozessen und Systemen im Vordergrund stehen.

Für den produktiven Einsatz ist es natürlich unverzichtbar, entsprechende Sicherheitsmaßnahmen zu ergreifen, wie z. B. Zugriffskontrollen und verschlüsselte Kommunikation. Diese Maßnahmen sollten in eine durchgängige Sicherheitsarchitektur des Unternehmens eingebettet werden.

Wenn in einem Prozess auf verschiedene Systeme zugegriffen wird, stellt sich die Aufgabe, die Berechtigungen in den beteiligten Systemen so aufeinander abzustimmen, dass der Prozessablauf nicht durch fehlende Rechte behindert wird, gleichzeitig aber keine unbefugten Zugriffe erfolgen können. Richtet man beispielsweise in einem System ein spezielles User-Konto für die Aufrufe durch das BPMS ein, so könnte es passieren, dass Prozessbeteiligte indirekt Zugriff auf Daten und Funktionen bekommen, für die sie eigentlich keine Berechtigung haben.

Hier kann der Einsatz eines Identity-and-Access-Management-Systems hilfreich sein, mit dem die Berechtigungen für die verschiedenen Systeme verwaltet werden können. Dies ist auch die Grundlage für einen „Single-Sign-On", also ein Verfahren, bei dem man sich nur einmal anmelden muss und anschließend auf alle Systeme entsprechend der eigenen Rechte zugreifen kann.

Ein Beispiel für ein Szenario, das sich damit umsetzen lässt: Ein Prozess ruft eine Funktion eines Personalmanagement-Systems auf, und es soll sichergestellt werden, dass für diesen Zugriff die Berechtigungen der Person gelten, die den Prozess gestartet hat.

Damit so etwas realisiert werden kann, müssen das BPMS und die für die externen Aufrufe eingesetzten Konnektoren das verwendete Single-Sign-On-Verfahren unterstützen.

7.2 Regeln und Prozesse

In vielen Prozessen ist es erforderlich, mehr oder weniger komplexe Regelwerke auszuwerten.

Beispielsweise kann die Bestimmung des Preises einer Bahnfahrt von sehr vielen Faktoren abhängen – wie z. B. Alter und Zahl der Reisenden, Datum, Strecke, Art des Zuges, Rabattkarten, Umbuchungs- und Stornierungsmöglichkeiten. Das hierfür erforderliche Regelwerk ist aufgrund der vielfältigen Kombinationsmöglichkeiten sehr umfangreich.

Häufig werden vergleichbare Regelwerke auch eingesetzt, um Entscheidungen zu treffen. So verfügen etwa Versicherungen über zahlreiche Regeln, auf deren Grundlage sie entscheiden, ob sie ein bestimmtes Risiko versichern.

Häufig wird in einem Task eine Entscheidung getroffen und das Ergebnis in einer Prozessvariable gespeichert, sodass es in späteren Tasks genutzt werden kann.

Auch kann das Ergebnis einer Entscheidung darüber bestimmen, welcher Ausgang aus einem exklusiven Gateway gewählt wird. Manche Regeln sind sehr einfach, z. B. „Ist die Antragssumme größer oder gleich 1000 €, so ist eine manuelle Prüfung erforderlich". Eine solche Regel kann einfach als Bedingung an dem entsprechenden Ausgang eingetragen werden, wie dies in Abschnitt 2.5.5 gemacht wurde.

Handelt es sich hingegen um ein umfangreicheres Regelwerk, so empfiehlt es sich meist eher, die Entscheidung über den zu wählenden Gateway-Ausgang in einem gesonderten Task zu treffen und in einer Prozessvariable zu speichern. An den Gateway-Ausgängen muss dann lediglich überprüft werden, welchen Wert diese Variable hat.

Die Regelwerke können mithilfe gängiger Programmiersprache implementiert werden. Falls sich die Regeln häufig ändern, hat dies den Nachteil, dass es jedes Mal erforderlich ist, die Software anzupassen. Die zuständige Fachabteilung muss die gewünschte Regeländerung dokumentieren und der Entwicklungsabteilung mitteilen. Und auch wenn vielleicht nur wenige Zeilen Code zu ändern sind, ist eine neue Version der Anwendung zu erstellen, zu testen und einzuführen. Da der damit verbundene Aufwand sehr hoch ist, werden neue Programmversionen meist nur in größeren Zeitabständen ausgerollt, z. B. alle sechs Monate.

In vielen Fällen ist dies deutlich zu selten. Hat etwa die Vertriebsabteilung ein neues Preis- und Abrechnungsmodell entwickelt, so will sie nicht sechs Monate warten müssen, bis die betreffenden Regeln im Abrechnungssystem geändert werden.

Als Alternative kann man ein regelbasiertes Decision-Management-System einsetzen. Solch ein System enthält einen Editor zum Formulieren der gewünschten Regeln sowie eine Decision-Engine, die das Regelwerk ausführen kann. Übergibt man der Decision-Engine die für eine Entscheidung benötigten Daten, so wendet sie die Regeln auf diese Daten an und gibt das Ergebnis zurück. Das Prinzip ist ganz ähnlich wie das eines Business-Process-Management-Systems: Anstelle von Prozessmodellen, die auf einen Server hochgeladen und von einer Process-Engine ausgeführt werden, werden bei einem regelbasierten Decision-Management-System Regelwerke auf einen Server hochgeladen und von einer Decision-Engine ausgeführt.

Auch für die Formulierung von Regeln gibt es einen Standard. DMN („Decision-Model-and-Notation") umfasst grafische Modelle, Entscheidungstabellen sowie die Sprache FEEL („Friendly-Enough-Expression-Language") für Berechnungen und Ähnliches.

Mithilfe von DMN können auch Fachanwenderinnen und -anwender, die über keine Programmierkenntnisse verfügen, selbst Regeln formulieren. Regeln können jederzeit im laufenden System geändert werden.

7.2.1 Implementierungsmöglichkeiten für Entscheidungsregeln

Am Beispielprozess aus Abbildung 105 werden verschiedene Möglichkeiten der Regeldefinition und –auswertung illustriert. Nachdem die Bestellungsdaten erfasst worden sind („Order captured"), soll entschieden werden, welcher von mehreren alternativen Folge-Tasks ausgeführt wird. Dies ist abhängig von der Bestellsumme und der Dauer der Geschäftsbeziehung mit der Kundin oder dem Kunden.

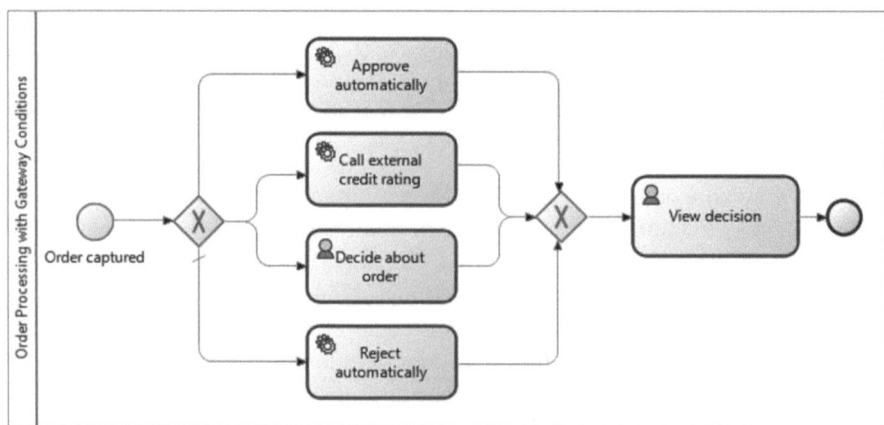

Abbildung 105: Bestellungsbearbeitung mit komplexer Entscheidung

Zudem gibt es für jede Kundin und jeden Kunden einen internen Rating-Wert. Abhängig vom bisherigen Bestell- und Zahlungsverhalten liegt der Wert zwischen eins (gut) und drei (schlecht). Neue Kundinnen und Kunden erhalten zunächst den Wert null, da für sie noch keine Erfahrungen vorliegen.

Bei einem guten Rating und einer langen Geschäftsbeziehung wird die Bestellung vielleicht automatisch genehmigt, wenn die Bestellsumme unter einem gewissen Betrag liegt („Approve automatically"). In anderen Fällen wird vorsichtshalber noch einmal ein externer Bonitätsprüfungsservice aufgerufen („Call external credit rating") oder eine manuelle Prüfung durch eine Mitarbeiterin oder einen Mitarbeiter veranlasst („Decide about order"). Schließlich gibt es auch Fälle, in denen die Bestellung von vornherein abgelehnt wird („Reject automatically").

Die für diese Entscheidung geltenden Regeln sind in Tabelle 3 in Form einer Entscheidungstabelle dargestellt. Hieraus lässt sich für jede Kombination aus Rating, Dauer der Geschäftsbeziehung und Bestellsumme ablesen, welche Folgeaktivität ausgeführt werden soll. Beträgt das Rating beispielsweise zwei und währt die Geschäftsbeziehung bereits mindestens zwei Jahre, so wird für Bestellungen bis zu 200 € eine externe Bonitätsprüfung veranlasst. Für Bestellungen über 200 € wird hingegen eine manuelle Prüfung durchgeführt.

Parameter			Entscheidung			
Rating	Dauer der Geschäfts- beziehung	Summe	Automa- tische Ge- nehmigung	Externe Bonitäts- prüfung	Manuelle Geneh- migung	Automa- tische Ablehnung
<2	<2	≤50	x			
		>50 ≤200		x		
		>200			x	
	≥2	≤50	x			
		>50 ≤1 000		x		
		>1 000			x	
=2	<2	≤50	x			
		>50				x
	≥2	≤200		x		
		>200			x	
=3	-	-				x

Tabelle 3: Entscheidungstabelle für die weitere Bearbeitung einer Bestellung

```
(
    (order.rating < 2) && (order.amount > 50) &&
    (
        ((order.relationshipDuration < 2) && (order.amount <= 200)) ||
        ((order.relationshipDuration >= 2) && (order.amount <= 1000))
    )
) ||
(
    (order.rating == 2) &&
    (
        ((order.relationshipDuration < 2) && (order.amount <= 50)) ||
        ((order.relationshipDuration >= 2) && (order.amount <= 200))
    )
)
```

Abbildung 106: Bedingung für „Call external credit rating" („Externe Bonitätsprüfung aufrufen")

Mithilfe dieser Tabelle lassen sich die Bedingungen für die Ausgänge des verzweigenden Gateways in Abbildung 105 formulieren. Beispielsweise gibt es in der Tabelle vier Zeilen, in denen die externe Bonitätsprüfung ausgewählt wird. Entsprechend gibt es vier Kombinationen der drei Parameter (Rating, Dauer der Geschäftsbeziehung und Summe), die in der Bedingung an dem Sequenzfluss zum Task „Call external credit rating" berücksichtigt werden müssen. Der entsprechende logische Ausdruck für die Gesamtbedingung ist in Abbildung 106 zu sehen.

Vergleichbare Ausdrücke sind für die Sequenzflüsse an den anderen Ausgängen erforderlich. Lediglich für den vierten Ausgang kann man sich dies ersparen, da er durch den Schrägstrich als Default-Ausgang gekennzeichnet wurde. Er wird also automatisch gewählt, wenn keine der anderen drei Bedingungen erfüllt ist.

Wie man sieht, ist die Formulierung der Bedingungsausdrücke recht mühsam. Leicht können Fehler entstehen, die man nur durch sorgfältiges Testen findet. Zudem lassen sich die Bedingungen im fertigen Modell kaum überblicken. Man muss jeden der drei Sequenzflüsse einzeln anklicken und die recht komplexen Bedingungsausdrücke analysieren. Die Fachanwenderinnen und -anwender, die die Regeln aus Tabelle 3 aufgestellt haben, werden zumeist nicht willens und oft auch gar nicht in der Lage sein, die Umsetzung ihrer Vorgaben am Prozessmodell selbst zu überprüfen.

Anders als beim grafischen Prozessmodell, das sowohl von Fachexpertinnen und -experten als auch von BPM-Entwicklerinnen und -Entwicklern verstanden und daher als gemeinsame Diskussionsbasis verwendet werden kann, liegen die Regeln im BPMS nun nicht mehr in einer gemeinsam nutzbaren Darstellung vor. Die komplexen Bedingungsausdrücke zusätzlich in das grafische Prozessmodell einzublenden, wäre zwar möglich, aber wenig übersichtlich. Daher wurde in Abbildung 105 darauf verzichtet.

Bonita bietet neben logischen Ausdrücken auch die Möglichkeit an, die Übergangsbedingungen an den einzelnen Sequenzflüssen in Form von Entscheidungstabellen zu pflegen. Allerdings handelt es sich nicht um Tabellen mit dem gesamten Regelwerk wie

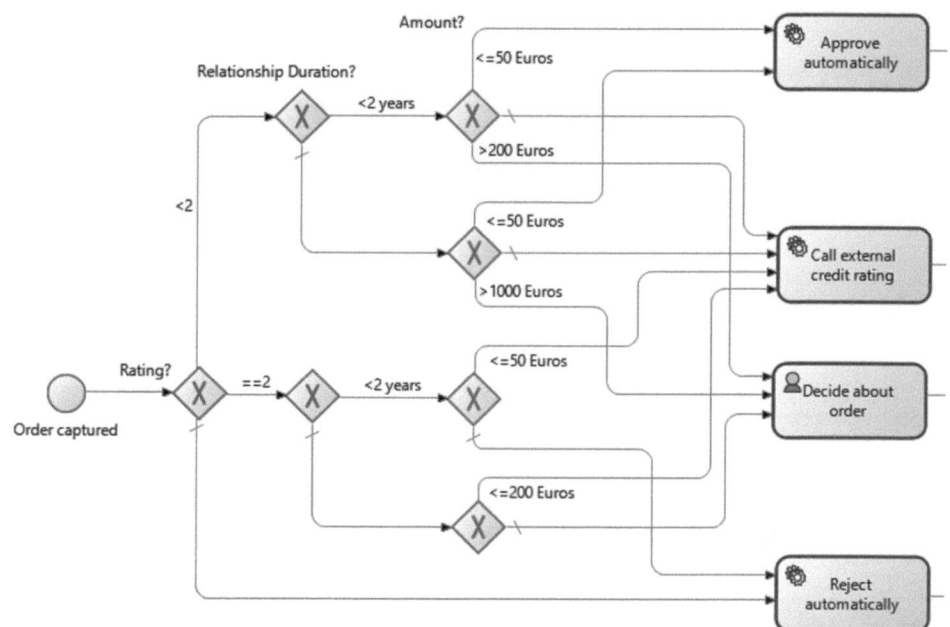

Abbildung 107: Explizite Modellierung der Entscheidungslogik mithilfe von Gateways

in Tabelle 3, sondern nur um eine etwas übersichtlichere Darstellung der Übergangsbedingungen für jeweils einen einzelnen Sequenzfluss. Dadurch sind die Bedingungen nach wie vor über verschiedene Sequenzflüsse verteilt und für Fachanwenderinnen und -anwender nicht leicht zu überblicken.

Eine andere Möglichkeit besteht darin, die in Tabelle 3 spezifizierte Entscheidungslogik mithilfe von exklusiven Gateways explizit auszumodellieren, wie dies in Abbildung 107 gemacht wurde. Hier wird zunächst der Rating-Wert überprüft. Für jeden der drei in der Tabelle aufgeführten Fälle wird ein eigener Pfad gewählt. Als Nächstes wird in jedem dieser Pfade - wo erforderlich - die Dauer der Geschäftsbeziehung („Relationship duration") überprüft, anschließend die jeweilige Summe („Amount"). Jeder Pfad endet dann in der gewünschten Folgeaktivität.

Diese Darstellung hat den Vorteil, dass die Entscheidungslogik explizit im grafischen Modell sichtbar und gut nachvollziehbar ist. Andererseits wird die Darstellung schnell recht groß und leicht unübersichtlich. Schließlich kann eine Regel auch wesentlich mehr als nur drei Parameter benötigen. Das Geflecht aus miteinander verbundenen Gateways wird in solchen Fällen häufig wesentlich größer sein als die eigentliche Prozessdarstellung. Nicht zuletzt lässt sich ein Bedingungsausdruck wie in Abbildung 106 deutlich performanter auswerten, als wenn eine Process-Engine nacheinander viele Gateways abarbeiten muss.

Decide about order handling		Hit Policy: First ⌄		
When	And	And	Then	
Rating	Relationship Duration	Amount ➕	Handling Policy ➕	
long	long	long	"approve","user","external","reje...	
1	< 2	< 2	<= 50	"approve"	
2	< 2	< 2	]50..200]	"external"	
3	< 2	< 2	> 200	"user"	
4	< 2	>= 2	<= 50	"approve"	
5	< 2	>= 2	]50..1000]	"external"	
6	< 2	>= 2	> 1000	"user"	
7	2	< 2	<= 50	"external"	
8	2	< 2	> 50	"reject"	
9	2	>= 2	<= 200	"external"	
10	2	>= 2	> 200	"user"	
11	3	-	-	"reject"	
12	-	-	-	"reject"	For invalid values
+	-	-	-		

Abbildung 108: Entscheidungstabelle in der Modellierungskomponente von Camunda

Ein großer Nachteil der bisher angesprochenen Möglichkeiten besteht in der schlechten Änderbarkeit der Regeln. Soll eine Regel geändert werden, so muss jedes Mal das Prozessmodell angepasst und neu auf den Server geladen werden. Das ist zwar nicht so kompliziert wie bei einer herkömmlichen Programmierung, bei der eine komplett neue Programmversion erstellt und eingeführt werden muss, doch ist es bei größeren Prozessen durchaus mit einem nicht unbeträchtlichen Aufwand verbunden. Insbesondere können reine Fachanwenderinnen und -anwender selbst keine Regeländerungen vornehmen. Aus diesen Gründen kann es sinnvoll sein, die Regeln in Form von DMN-Diagrammen und -Entscheidungstabellen zu formulieren und mittels einer Decision-Engine auszuwerten.

7.2.2 Aufruf einer Decision-Engine

Da Bonita selbst über keine Decision-Engine verfügt, wird in dem Prozess ein externes System aufgerufen. Verwendet wird die Plattform der Firma Camunda in der Version 7. Sie kann unter *https://camunda.com/de/download/platform-7* heruntergeladen werden. Bei dieser Plattform handelt es sich selbst um ein umfassendes BPMS, jedoch werden in diesem Beispiel nur die Modellierung und die Ausführung von Regeln genutzt.

Zunächst werden die Regeln in der Modellierungskomponente von Camunda erfasst (Abbildung 108). Die Entscheidungstabelle entspricht der aus Tabelle 3. Hinzugefügt wurde die Zeile Nr. 12, die den Fall abdeckt, dass die Entscheidungslogik mit ungültigen Eingabewerten („Invalid values") aufgerufen wird.

Am oberen Rand der Abbildung 108 wurde für die „Hit-Policy" („Trefferstrategie") der Eintrag „First" („Erster") ausgewählt. Dies bedeutet, dass die Zeilen von oben nach un-

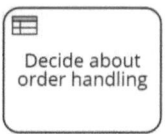

Abbildung 109: Geschäftsregeltask in BPMN

ten ausgewertet werden und der erste Treffer, bei dem alle Bedingungen zutreffen, das Ergebnis bestimmt. Damit ist der Fall geregelt, dass einmal die Bedingungen mehrerer Zeilen gleichzeitig zutreffen könnten. Wobei man an und für sich beim Aufstellen der Regeln darauf achten sollte, dass immer nur genau ein einziger Treffer erfolgen kann.

Da sich das verwendete Regelwerk gut in Form einer einzigen Entscheidungstabelle darstellen lässt, werden die weiteren Instrumente des DMN-Standards, wie die grafische Modellierung und die Sprache „FEEL", hier nicht benötigt.

Damit es ausgeführt werden kann, muss das Regelwerk auf den Server der Camunda-Plattform hochgeladen werden.

Für die Ausführung von Regeln sieht der BPMN-Standard einen speziellen Task-Typ vor, den Geschäftsregeltask („Business-Rules-Task"). Das entsprechende Symbol ist in Abbildung 109 dargestellt.

In Bonita ist dieses Symbol nicht vorhanden, weshalb für den Aufruf der externen Decision-Engine ein Service-Task verwendet wurde. Da die Camunda-Plattform über eine REST-Schnittstelle verfügt, wurde in Abbildung 110 im Task „Decide about order handling" („Über Behandlung der Bestellung entscheiden") der von Bonita bereitgestellte REST-Konnektor verwendet.

Wie der Aufruf erfolgen muss und wie dabei die benötigten Parameter übergeben werden, ist durch die von Camunda angebotene Schnittstelle festgelegt. Wie im Konfigura-

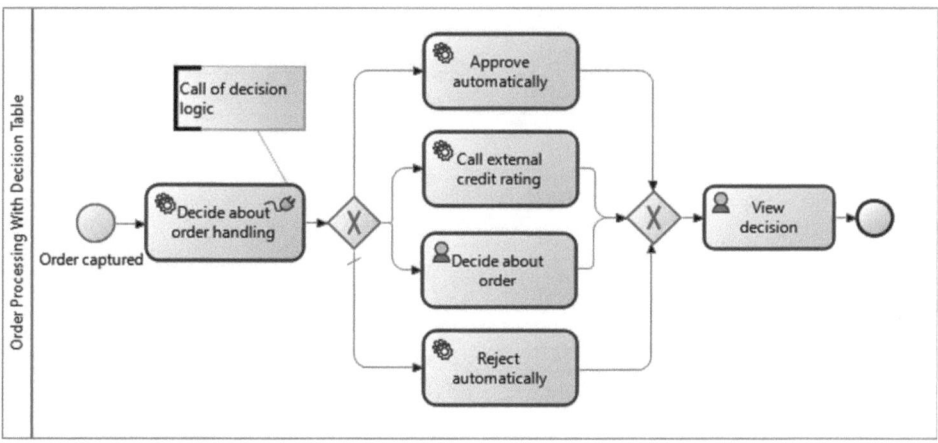

Abbildung 110: Regelauswertung im Prozess

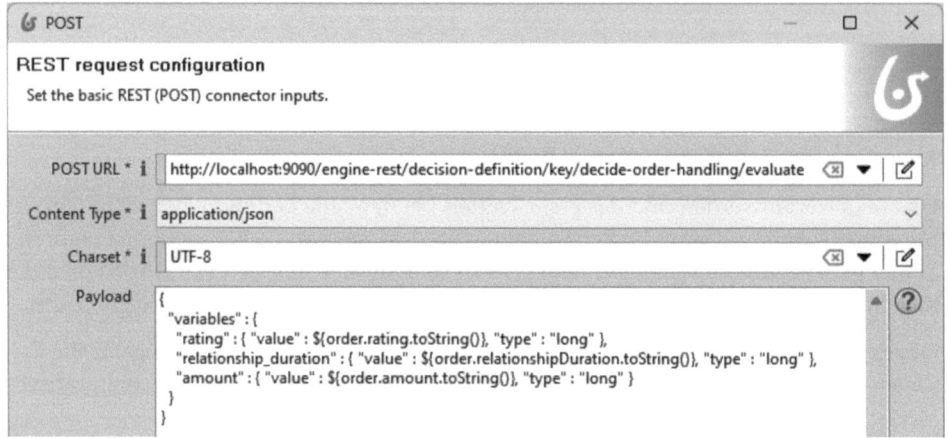

Abbildung 111: Aufruf der Entscheidungslogik mittels des REST-Connectors

tionsdialog des REST-Konnektors in Abbildung 111 zu sehen ist, wird ein „POST"-Befehl abgesendet. In der URL wird der Name der Entscheidungsdefinition (hier „decide-order-handling") übergeben.

Die Parameterwerte werden im JSON-Format übermittelt (im Feld „Payload" in Abbildung 111). Mithilfe der mit einem Dollarzeichen gekennzeichneten Platzhalter werden die Werte aus den Variablen des Prozesses in die JSON-Struktur eingefügt.

Im Startdialog des Prozesses werden die eingegebenen Werte in einer Business-Variable „order" („bestellung") gespeichert. Der hierfür angelegte Datentyp „SimpleOrder" ver-

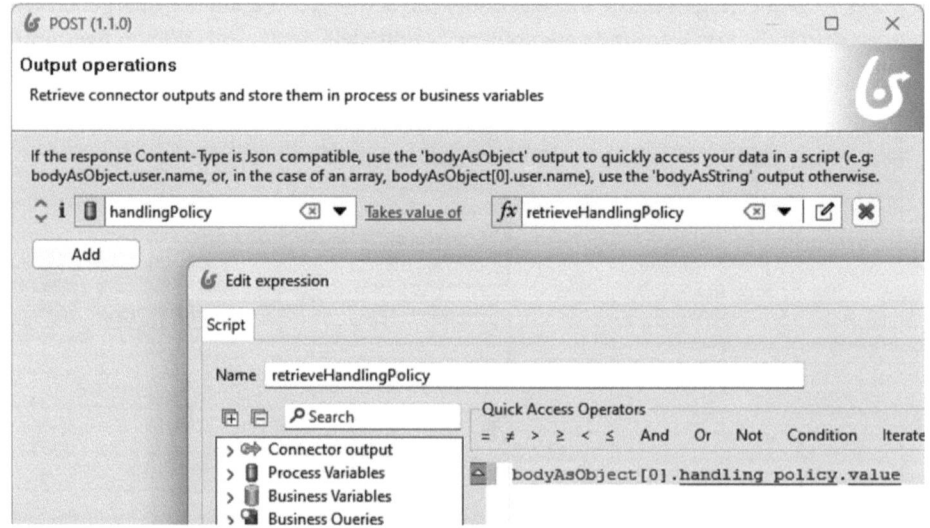

Abbildung 112: Das Ergebnis der Regelauswertung wird in einer Prozessvariable gespeichert.

Decide about order handling			Hit Policy: First

	When = 1	And = 3	And = 400	Then	
	Rating	Relationship Duration	Amount	Handling Policy	
	long	long	long	"approve","user","external","rej...	
1	< 2	< 2	<= 50	"approve"	-
2	< 2	< 2	]50..200]	"external"	-
3	< 2	< 2	> 200	"user"	-
4	< 2	>= 2	<= 50	"approve"	-
5	< 2	>= 2	]50..1000]	"external" = external	-
6	< 2	>= 2	> 1000	"user"	-
7	2	< 2	<= 50	"external"	-
8	2	< 2	> 50	"reject"	-
9	2	>= 2	<= 200	"external"	-
10	2	>= 2	> 200	"user"	-
11	3			"reject"	-
12				"reject"	For

Inputs   Outputs

Name ∨	Type —	Value
Amount	Long	400
Relationship Duration	Long	3
Rating	Long	1

Abbildung 113: Ansicht einer Regelausführrungsinstanz

fügt über die entsprechenden Attribute, wie „item" („Gegenstand"), „amount" („Summe"), „rating" („Bewertung") und „relationshipDuration" („Dauer der Beziehung"). In Abbildung 111 dient der Ausdruck ${order.rating.toString()} dazu, den im Attribut „rating" der Business-Variable „order" gespeicherten Wert in eine Zeichenkette (String) umzuwandeln und in den JSON-String einzufügen. Die anderen Parameter werden in der gleichen Weise eingefügt.

Als Ergebnis der Regelausführung gibt Camunda ebenfalls einen JSON-String zurück. Hieraus wird der Wert des Ergebnisses – hier die ermittelte „Handling Policy" („Bearbeitungsstrategie") – extrahiert (Abbildung 112, rechts unten) und in einer Prozessvariable „handlingPolicy" gespeichert (Abbildung 112, oben).

Am anschließenden exklusiven Gateway in Abbildung 110 wird der Wert dieser Variable verwendet, um zu entscheiden, welcher der vier folgenden Tasks ausgeführt wird. In den Tasks „Approve automatically" („Automatisch genehmigen") und „Reject automatically" („Automatisch ablehnen") wird einfach in der Business-Variable „order" der Wert des Attributs „approved" („genehmigt") auf „true" bzw. „false" gesetzt.

Der Aufruf einer externen Bonitätsprüfung durch den Task „Call external credit rating" wird hier lediglich simuliert, indem über die Genehmigung mithilfe einer Zufallszahl entschieden wird. Im Task „Decide about order" wird die endgültige Entscheidung durch einen Menschen getroffen.

Schließlich wird im Task „View decision" („Entscheidung ansehen") angezeigt, ob die Bestellung genehmigt wurde und auf welche der vier möglichen Arten die Genehmigung oder Ablehnung erfolgte.

Im Portal der Camunda-Plattform kann man sich jede einzelne Regelausführungsinstanz ansehen. In Abbildung 113 werden unten die vom Prozess übergebenen Input-Werte angezeigt. Oben ist die Zeile 5 hervorgehoben, deren Bedingungen alle erfüllt sind, weshalb das Ergebnis den Wert „external" hat. Es soll also eine externe Bonitätsprüfung aufgerufen werden.

Sollen die Regeln geändert werden, so muss man lediglich die Entscheidungstabelle in der Modellierungskomponente von Camunda anpassen und auf den Server hochladen.

7.3 Robotic-Process-Automation und BPMS

Anders als es der Name vermuten lässt, liegt der Schwerpunkt von „Robotic-Process-Automation" (RPA) nicht auf der Automatisierung kompletter Prozesse, sondern eher auf der Automatisierung einzelner Arbeitsschritte. Häufig handelt es sich dabei um einfache, bisher durch Menschen ausgeführte Routineaufgaben, wie z. B. Daten aus einem System in ein anderes zu kopieren. Zunehmend werden Software-Roboter aber auch mit Künstlicher Intelligenz versehen, sodass sie immer anspruchsvollere Aufgaben übernehmen können, wie z. B. die Auswertung von Unfallfotos zur Bewertung von Versicherungsschäden.

Typischerweise greifen RPA-Bots auf die IT-Systeme über deren grafische Benutzungsoberflächen zu. Das heißt, sie loggen sich mit einem Usernamen und einem Passwort ein, lesen angezeigte Daten aus, tragen Daten in Textfelder ein, drücken Schaltflächen usw. Sie bedienen die Systeme also auf dieselbe Weise wie Menschen.

Dies hat den Vorteil, dass keine aufwendigen Programmierungen von Schnittstellenaufrufen erforderlich sind. Auch verfügen nicht alle Systeme über geeignete Schnittstellen. Eine grafische Benutzungsoberfläche findet sich hingegen bei fast jedem System, das von Menschen bedient wird.

Die Anbindung über die Benutzungsoberfläche ist vergleichsweise einfach: Es muss lediglich angegeben werden, in welchen Feldern sich die benötigten Daten befinden, wo welche Eintragungen erfolgen müssen, welche Schaltflächen zu drücken sind usw.

Die Konfiguration von RPA-Bots gelingt meist wesentlich schneller als eine Integration mittels Programmierschnittstellen. Viele RPA-Systeme bieten auch die Möglichkeit, die Aktionen menschlicher Benutzerinnen oder Benutzer aufzuzeichnen und anschließend von Bots ausführen zu lassen.

Weil zahlreiche Routinetätigkeiten, die bisher von Menschen durchgeführt werden, nun von Bots ausgeführt werden können, versprechen sich viele Unternehmen hohe Einsparungen durch die Einführung von RPA.

Doch der Zugriff über die Benutzungsoberflächen hat auch Nachteile. So führen unter Umständen bereits kleine Veränderungen der Oberfläche dazu, dass die Bots nicht mehr richtig arbeiten, da sie die Bedienelemente und Textfelder nicht mehr korrekt identifizieren können. Eine Integration über Programmierschnittstellen ist im Vergleich dazu meist wesentlich robuster und zuverlässiger.

Da der Schwerpunkt von RPA die Automatisierung einzelner Arbeitsschritte ist, liegt es nahe, BPMS und RPA miteinander zu verknüpfen. Hierbei übernimmt das BPMS die Steuerung der Prozesse. Einzelne Arbeitsschritte innerhalb der Prozesse können dann gegebenenfalls durch RPA-Bots übernommen werden. Muss in einem Prozess beispielsweise ein System aufgerufen werden, das über keine geeignete Programmierschnittstelle verfügt, so kann dieser Zugriff durch einen RPA-Bot erfolgen.

In vielen Fällen werden zahlreiche Tasks innerhalb eines Prozesses zunächst mittels RPA implementiert. Hierdurch gelangt man schnell zu einer ersten, funktionierenden Lösung. Nach und nach kann man dann die einzelnen RPA-basierten Anbindungen durch robustere, schnittstellenbasierte Integrationen ersetzen.

Im Folgenden werden zwei Beispiele für das Zusammenspiel eines BPMS mit RPA vorgestellt. Neben dem BPMS Bonita wird die kostenlose Version des RPA-Systems „Power-Automate-Desktop" von Microsoft eingesetzt.

7.3.1 Prozess-Start durch RPA-Bot mit Übergabe von Excel-Daten

Bei dem ersten Beispiel handelt es sich um einen einfachen Auftragsbearbeitungsprozess, der in Abbildung 114 dargestellt ist. Wenn der Auftrag vorliegt, wird er überprüft („Review order"). Je nach Prüfungsergebnis wird der Auftrag entweder erfüllt („Fulfill Order") oder abgelehnt („Reject Order").

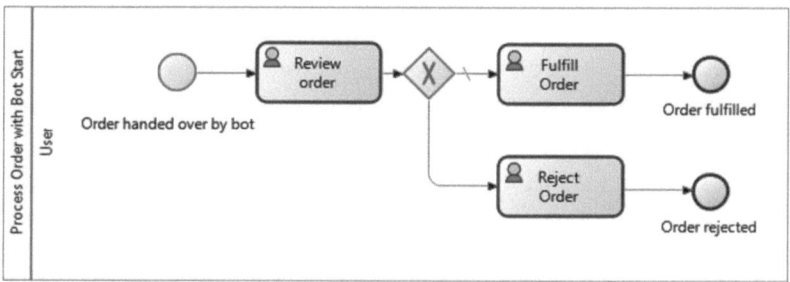

Abbildung 114: Dieser Prozess wird von einem RPA-Bot gestartet.

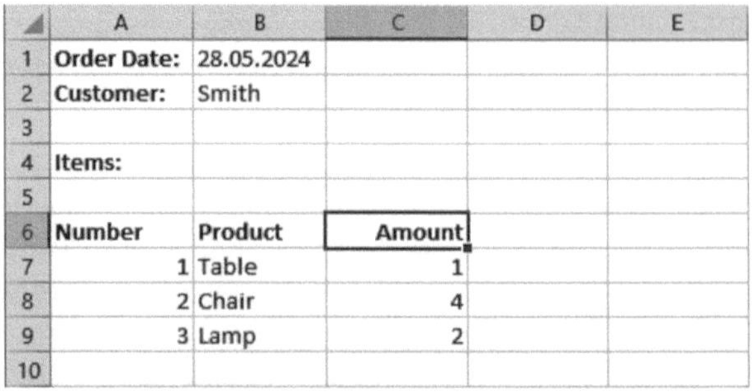

◢	A	B	C	D	E
1	Order Date:	28.05.2024			
2	Customer:	Smith			
3					
4	Items:				
5					
6	Number	Product	Amount		
7	1	Table	1		
8	2	Chair	4		
9	3	Lamp	2		
10					

Abbildung 115: Excel-Datei mit den Auftragsdaten

In den bisherigen Beispielen wurde ein solcher Prozess meist mithilfe eines Instanziie-rungsdialogs gestartet, in den eine Mitarbeiterin oder ein Mitarbeiter die Auftragsdaten einträgt.

Es wird nun angenommen, dass das betreffende Unternehmen Aufträge in Form von Excel-Dateien erhält, z. B. wie in Abbildung 115. Beim Starten des Prozesses mit einem Instanziierungsdialog musste bislang ein Mensch die Daten abtippen oder einzeln aus der Excel-Tabelle kopieren und in den Dialog einfügen.

Dies soll künftig mittels RPA erfolgen. In der Entwicklungsumgebung von Power-Auto-mate-Desktop erstellt man sogenannte „Flows" („Flüsse"). Hierzu ordnet man vorgege-bene Aktionsbausteine in der gewünschten Reihenfolge an. Dabei ist es beispielsweise auch möglich, Bedingungen zu überprüfen, Schleifen durchzuführen und Werte in Vari-ablen zu speichern.

In Abbildung 116 sind auf der linken Seite die vorhandenen Aktionsbausteine aufge-listet. So findet man unter dem aufgeklappten Eintrag alle Aktionen zur Arbeit mit Excel, wie z. B. Excel starten, Werte aus einer Tabelle auslesen, Werte eintragen und Datei spei-chern. Auf der rechten Seite sieht man einen „Subflow" („Unter-Fluss"), mit dem die Auftragsdaten für den Beispielprozess aus einer Excel-Datei ausgelesen werden. Zu-nächst wird ein Dialog geöffnet, in dem man die gewünschte Datei auswählt. An-schließend öffnet Power-Automate die Datei in Excel, liest die Einträge aus und speichert den Tabelleninhalt in einer Variable.

Der gesamte Flow enthält noch weitere Subflows. Zunächst werden die Auftragsdaten in eine für Bonita geeignete JSON-Struktur umgewandelt (vgl. Abbildung 117). An-schließend wird eine neue Prozessinstanz in Bonita gestartet, der dann die Daten über-geben werden.

Zur Kommunikation mit Bonita wird dessen REST-Schnittstelle genutzt. Welche Aufrufe darüber möglich sind, wurde der Bonita-Dokumentation entnommen. In einem ersten REST-Aufruf erfolgt der Log-in des Benutzers „bot" in Bonita. Die Rückgabe enthält ei-nen sogenannten Token, der bei späteren Aufrufen mitgeschickt werden muss, damit

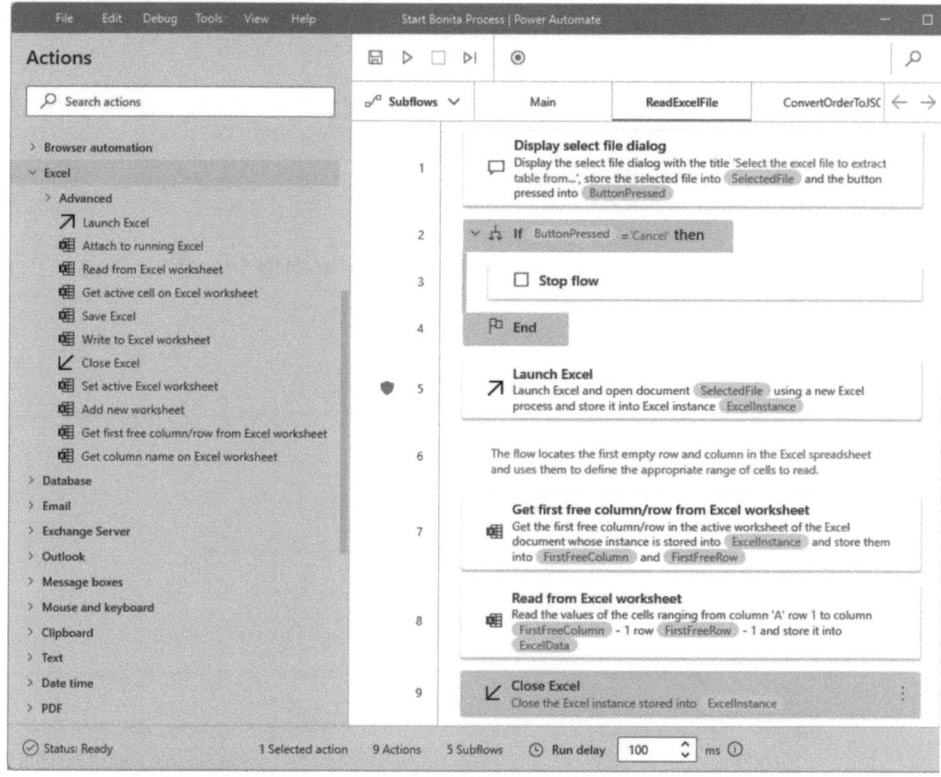

Abbildung 116: Flow in Power-Automate-Desktop

sichergestellt ist, dass das aufrufende System befugt ist, Änderungen in Bonita durchzuführen.

In einem zweiten Aufruf werden Informationen über den verwendeten Prozess „Process Order with Bot Start" abgerufen. In der Antwort befindet sich auch die von Bonita vergebene ID dieses Prozesses. Damit liegen die benötigten Informationen für den dritten und letzten REST-Aufruf zum Starten des Prozesses vor.

Abbildung 118 zeigt die Konfiguration dieses Aufrufs in Power-Automate. Die URL des Instanziierungs-Service enthält die Variable %ProcessID%, in der die zuvor abgerufene ID gespeichert ist. Bei der Ausführung des Aufrufs wird an dieser Stelle der Wert der Variable eingesetzt.

Die weiteren Angaben beziehen sich auf die verwendete http-Methode „POST", mit der Änderungen veranlasst werden können, und das verwendete und in der Antwort erwartete Format (JSON). Im Feld „Custom headers" wird der erwähnte Token zum Nachweis der Berechtigung übergeben.

```
{"orderInput":
    {"customer": "Smith",
     "orderDate": "2024-05-28",
     "orderItem": [
         {"number": 1, "product": "Table", "amount": 1},
         {"number": 2, "product": "Chair", "amount": 4},
         {"number": 3, "product": "Lamp","amount": 2}
     ]
    }
}
```

Abbildung 117: Die an Bonita übergebenen Auftragsdaten im JSON-Format

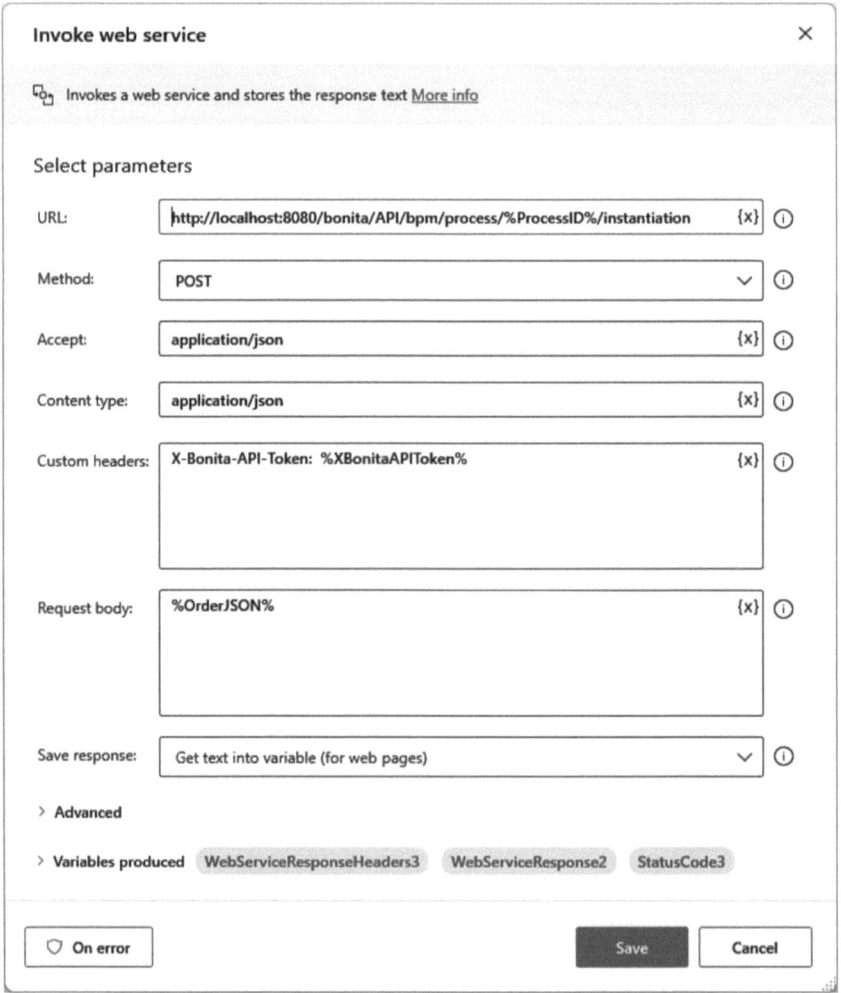

Abbildung 118: Spezifikation eines REST-Aufrufs in Power-Automate, mit dem der Bonita-Prozess instanziiert wird

Process instantiation inputs

Inputs | Constraints

You can first define business variables and/or documents, and then click on "Add from data...".
It will automatically map contract inputs to data, and initialize data with contract values.

Add from data...	Name *	Type	Multiple	ℹ	Description
Add	⌄ orderInput	COMPLEX	☐		
Add child	customer	TEXT	☐		
	orderDate	DATE ONLY	☐		
Remove	⌄ orderItem	COMPLEX	☑		
	number	INTEGER	☐		
	product	TEXT	☐		
	amount	INTEGER	☐		

Abbildung 119: Vertrag zur Instanziierung des Bonita-Prozesses

Schließlich enthält das Feld „Request body" die Variable %OrderJSON%, die beim Aufruf ebenfalls durch ihren Inhalt ersetzt wird. Dabei handelt es sich um die JSON-Struktur aus Abbildung 117.

Durch diesen REST-Aufruf wird in Bonita eine neue Prozessinstanz angelegt. Sie bekommt die Auftragsdaten im JSON-Format übermittelt. In Bonita wurde bei der Modellierung des Prozesses ein „Contract" („Vertrag") angelegt, der angibt, welche Daten in welcher Struktur bei der Instanziierung übergeben werden müssen. Der Aufruf ist nur erfolgreich, wenn die übermittelten Daten dieser Vorgabe entsprechen.

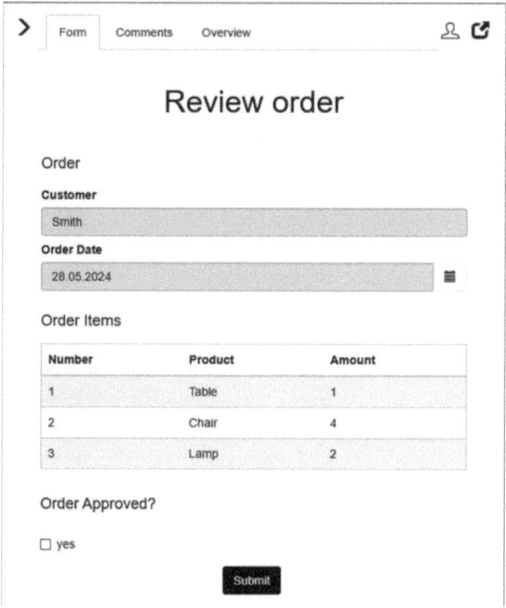

Abbildung 120: Dialog zur Überprüfung des Auftrags in Bonita

Die Struktur aus Abbildung 117 erfüllt den Vertrag aus Abbildung 119. Die Angabe „multiple" („mehrfach") bei „orderItem" („Auftragsposition") gibt an, dass ein Auftrag mehrere Positionen umfassen kann. So enthält der Auftrag in Abbildung 117 drei Positionen.

Bei einem gewöhnlichen Start eines Prozesses über einen Instanziierungsdialog gibt der Vertrag an, welche Daten dieser Dialog liefern muss (vgl. Abschnitt 6.1). Da auch die Dialoge im Bonita-Portal per REST mit der Process-Engine kommunizieren, ist es aus Sicht des Prozesses egal, ob der betreffende Aufruf aus dem Portal oder von einem externen System stammt.

Dass die Daten korrekt übertragen wurden, lässt sich im Dialog des Tasks „Review order" („Auftrag prüfen") feststellen (Abbildung 120).

7.3.2 Datentransfer durch einen am Prozess beteiligten RPA-Bot

In diesem Beispiel überträgt ein RPA-Bot bei der Durchführung eines Prozesses Daten an ein externes System, wozu er dessen Benutzungsoberfläche verwendet.

In dem Prozess in Abbildung 121 werden zu Beginn des Prozesses die Kontaktdaten eines Geschäftspartners erfasst. Diese sollen im ersten Task „Enter contact data into CRM-System" in ein CRM-System eingetragen werden. Dabei wird davon ausgegangen, dass das betreffende System über keine geeignete Standardschnittstelle verfügt, weshalb ein RPA-Bot die Daten in die Benutzungsoberfläche einträgt.

Als CRM-System wurde in diesem Beispiel die cloudbasierte Unternehmenssoftware „Odoo" verwendet. Es wurde ein kostenloser Account eingerichtet, mit dem das enthaltene CRM-Modul genutzt werden kann. Odoo enthält im Standard keine REST-Schnittstelle. Es wäre ein kostenpflichtiges Zusatzmodul erforderlich, oder es müsste in Bonita ein geeigneter Konnektor programmiert werden. Daher bietet sich als schnelle Lösung die Verbindung mittels RPA an.

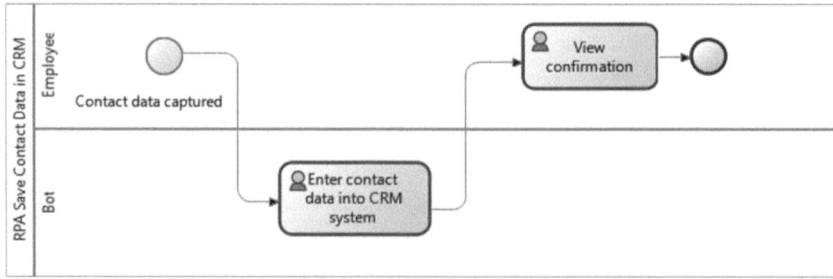

Abbildung 121: Der erste Task in diesem Prozess wird von einem RPA-Bot ausgeführt.

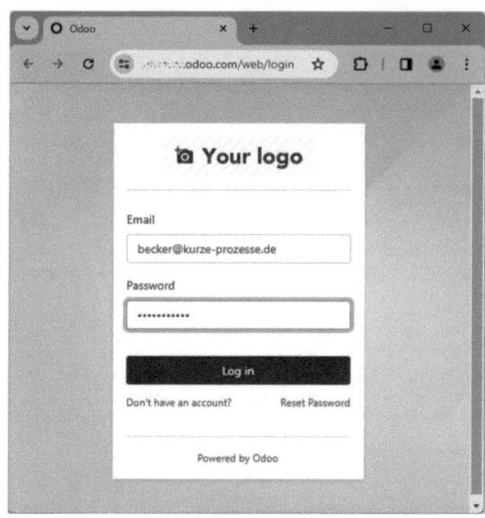

Abbildung 122: Der Bot loggt sich in das CRM-System ein.

Bei der Implementierung des Prozesses war zunächst geplant, das RPA-System per REST aufzurufen, ihm dabei die Kontaktdaten zu übermitteln und einen Flow anzustoßen, der die Daten in das CRM-System einträgt.

Dabei stellte sich allerdings heraus, dass das verwendete RPA-System Power-Automate zwar eine REST-Schnittstelle enthält, diese aber in der kostenlosen Version nicht zur Verfügung steht. Daher erfolgt nun auch die Kommunikation zwischen Power-Automate und Bonita über die Benutzungsoberfläche. Damit dies möglich ist, wurde der Task „Enter contact data into CRM system" als User-Task markiert, und es wurde ein Dialog für diesen Task erstellt, den der RPA-Bot nutzen kann.

In Power-Automate wurde ein Flow angelegt, der einen Browser startet, die URL von Odoo eingibt, sich mit einem dafür vorgesehenen Usernamen und dem zugehörigen Passwort einloggt (Abbildung 122) und schließlich auf die Seite mit der Liste der Kontakte navigiert.

Anschließend startet der Bot einen zweiten Browser, gibt die URL des Bonita-Portals ein, loggt sich dort ebenfalls ein und wechselt zur Bonita-Taskliste (Abbildung 123). Hier selektiert und übernimmt er den nächsten Eintrag mit der Beschriftung „Enter contact data into CRM system". Dann liest er die Kontaktdaten aus dem Dialog und speichert sie in Power-Automate in einer Variable. Danach wechselt er zur Odoo-Seite in dem anderen Browser, legt über die Schaltfläche „New" („Neu") einen neuen Kontakt an und trägt die von Bonita übernommenen Daten ein (Abbildung 124). Schließlich wechselt er wieder zu Bonita, wo er den geöffneten Task über die Schaltfläche „Confirm" („Bestätigen") beendet.

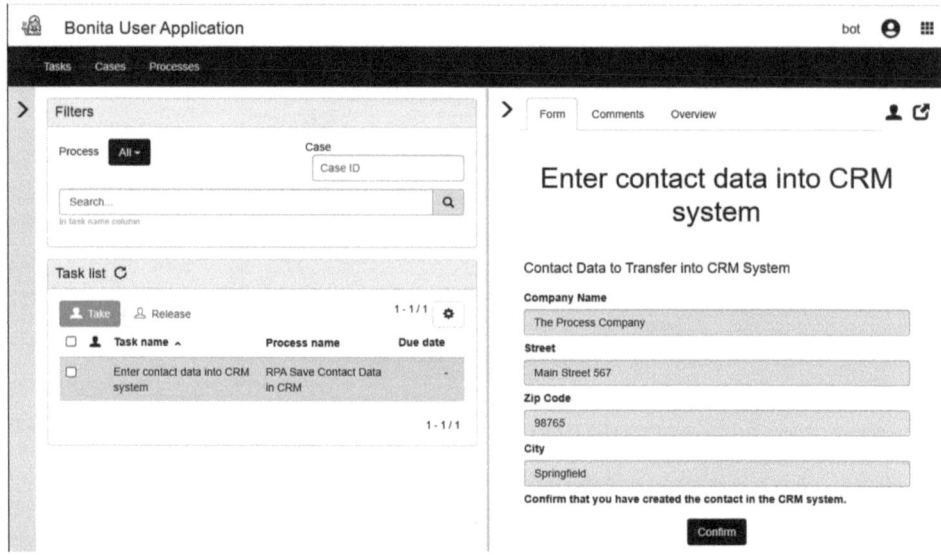

Abbildung 123: Taskliste und Task-Dialog des Bots

Das Ganze wird in einer Schleife so lange wiederholt, bis sich kein entsprechender Task mehr in der Taskliste befindet und somit alle neuen Kontakte eingetragen sind.

Anhand der beiden Beispielprozesse wird deutlich, wie BPMS und RPA miteinander verbunden werden können. Dabei ist das BPMS für die Steuerung der Gesamtprozesse

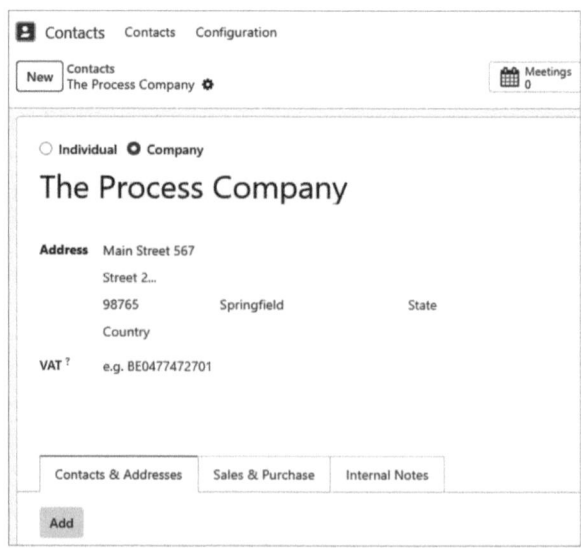

Abbildung 124: Der Bot trägt die Adressdaten in die Benutzungsoberfläche des CRM-Systems ein.

zuständig, und RPA wird zur Automatisierung einzelner Arbeitsschritte eingesetzt – insbesondere dort, wo eine Kommunikation mit anderen Systemen erforderlich ist, die über keine geeigneten Schnittstellen verfügen.

Als Herausforderung erwies sich bei der Entwicklung der Beispiele immer wieder die korrekte und eindeutige Identifizierung von Buttons, Eingabefeldern u. Ä. in Web-basierten Oberflächen. Wenn sich Bezeichnungen änderten oder anstelle der eigentlich erwarteten Seite eine zuvor nicht eingeblendete Seite mit Hinweisen angezeigt wurde, funktionierten die erstellten Flows plötzlich nicht mehr.

Um die Flows einfach zu halten, wurde z. B. auch festgelegt, dass die Excel-Dateien mit den Auftragsdaten immer exakt gleich aufgebaut sein müssen. Die Entwicklung von Flows, die robuster sind und mit verschiedenen Abweichungen umgehen können, verursacht einen deutlich höheren Aufwand.

7.4   Beispiel einer Business-to-Business-Kollaboration

In diesem Kapitel wird das unternehmensübergreifende Zusammenspiel zweier Prozesse beschrieben. Dabei werden zwei Möglichkeiten der Implementierung gezeigt: Im ersten Fall wird die REST-Schnittstelle eines BPMS verwendet, im zweiten Fall eine Message-Queue („Nachrichtenwarteschlange").

Als Beispiel wird eine einfache Kollaboration betrachtet, bei der eine Anfrage und ein Angebot erstellt werden. Der grundlegende Ablauf wird in Abbildung 125 gezeigt: Der obere Prozess des einkaufenden Unternehmens („Buyer") startet, wenn eine Anfrage erstellt worden ist („Request created"). Die Anfrage wird als Nachricht an das Nachrichten-empfangende Startereignis „Request received" („Anfrage empfangen") geschickt, das den Prozess des verkaufenden Unternehmens („Seller") startet.

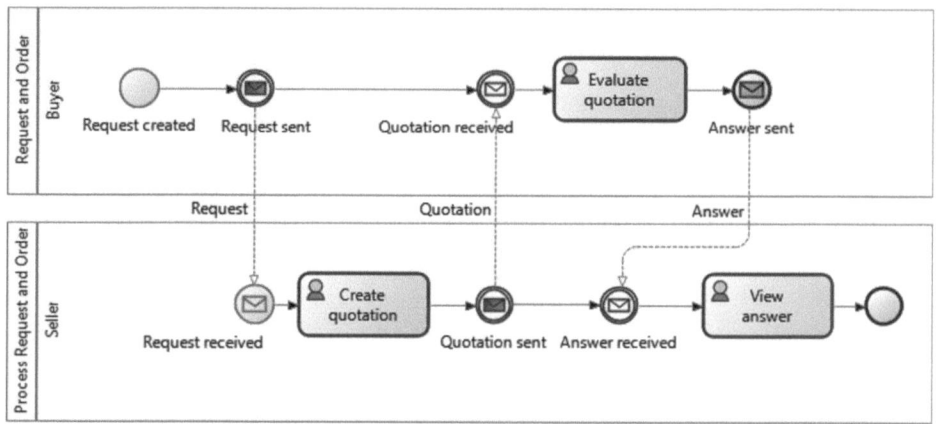

Abbildung 125: Business-to-Business-Kollaboration mit Anfrage und Angebotserstellung

161

In diesem Prozess wird zunächst der Task „Create quotation" („Angebot erstellen") durchgeführt. Das Angebot wird per Nachricht an den oberen Prozess gesendet. Dort wird im Task „Evaluate quotation" („Angebot auswerten") eine Antwort erstellt, die dann wiederum an den unteren Prozess geschickt wird. Dieser endet damit, dass die Antwort angesehen wird („View answer").

Das Modell lässt sich in dieser Form in Bonita ausführen. Allerdings laufen dabei beide Prozesse auf ein und derselben Bonita-Installation. Das bedeutet, dass die beiden Unternehmen ein gemeinsames BPMS verwenden.

Dies kann beispielsweise der Fall sein, wenn ein großes Unternehmen ein Lieferantenportal bereitstellt, in dem die Lieferanten ihre Angebote, Rechnungen usw. erfassen können und die entsprechenden Prozesse somit komplett im BPMS des Kundenunternehmens ablaufen.

In den allermeisten Fällen wird es aber eher so sein, dass jeder Geschäftspartner sein eigenes BPMS verwendet. Auch könnte es in dem beschriebenen Szenario vorkommen, dass beispielsweise das verkaufende Unternehmen gar kein BPMS verwendet, sondern seinen Prozess mithilfe eines Standardsoftwaresystems oder einer Individualsoftware abwickelt. Aus Sicht des einkaufenden Unternehmens ist dies relativ egal – solange Art und Reihenfolge der ausgetauschten Nachrichten der modellierten Kollaboration entsprechen.

Was dabei realisiert werden muss, ist die technische Anbindung des vom Geschäftspartner verwendeten BPMS oder sonstigen Systems. Zunächst wird die Implementierung mithilfe einer REST-Schnittstelle beschrieben, anschließend der Einsatz einer Message-Queue.

7.4.1 Kommunikation mit einem anderen BPMS mittels REST

Im Folgenden wird der Fall betrachtet, dass beide Unternehmen ein BPMS verwenden. Das einkaufende Unternehmen nutzt Bonita, das verkaufende Unternehmen die BPM-

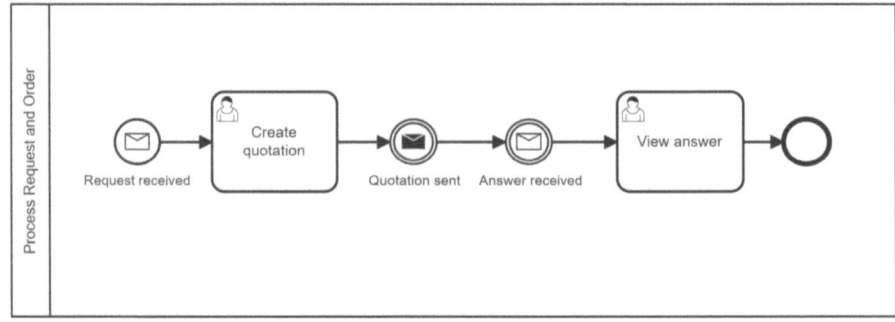

Abbildung 126: Prozess zur Angebotserstellung in Camunda

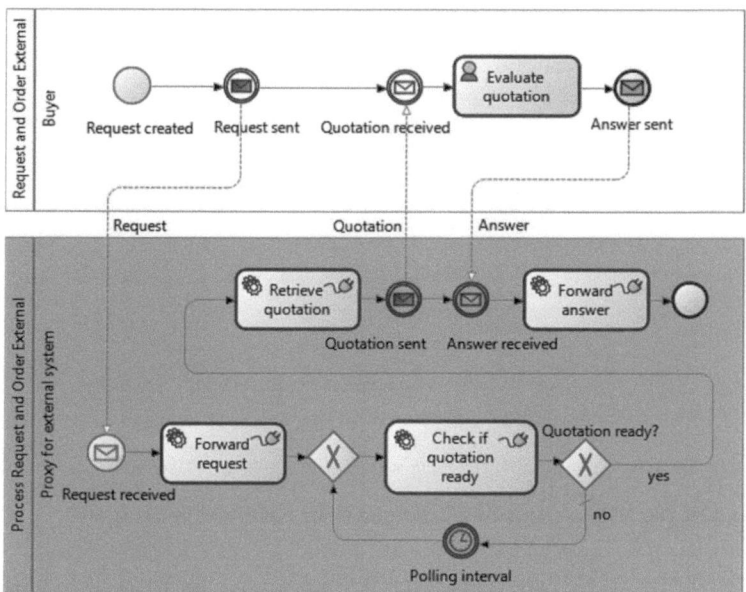

Abbildung 127: Fachlicher Anfrageprozess (oben) und Integrationsprozess zur Kommunikation mit dem externen Prozess in Camunda

Plattform Camunda 7. In Abschnitt 7.2.2 wurde Camunda bereits als Decision-Management-System eingesetzt.

Beide Tools nutzen BPMN als Modellierungsstandard. Daher kann der untere Prozess aus Abbildung 125 in Camunda genau in dieser Form modelliert und ausgeführt werden. Abbildung 126 zeigt das Prozessmodell, wie es in der Camunda-Modellierungskomponente dargestellt wird.

Für den Austausch der Nachrichten zwischen den beiden Prozessen, die auf verschiedenen Systemen ausgeführt werden, wird wiederum die REST-Schnittstelle von Camunda verwendet. Sie bietet umfangreiche Möglichkeiten, auf Prozesse und Prozessinstanzen zuzugreifen, neue Prozessinstanzen zu starten, Nachrichten zu erzeugen und vieles mehr.

Für die Kommunikation mit dem Camunda-Prozess wird in Bonita ein separater Integrationsprozess modelliert. Er ist im unteren Teil der Abbildung 127 zu sehen. Der in der Abbildung oben dargestellte fachliche Anfrageprozess entspricht dem ursprünglichen Prozess aus Abbildung 125. Allerdings erfolgt der Nachrichtenaustausch nun nicht mehr direkt mit dem Prozess des verkaufenden Unternehmens, sondern mit dem Integrationsprozess.

Dieser Hilfsprozess bildet einen Stellvertreter oder „Proxy" für den Angebotsprozess des verkaufenden Unternehmens. Er nimmt die Nachrichten vom Anfrageprozess entge-

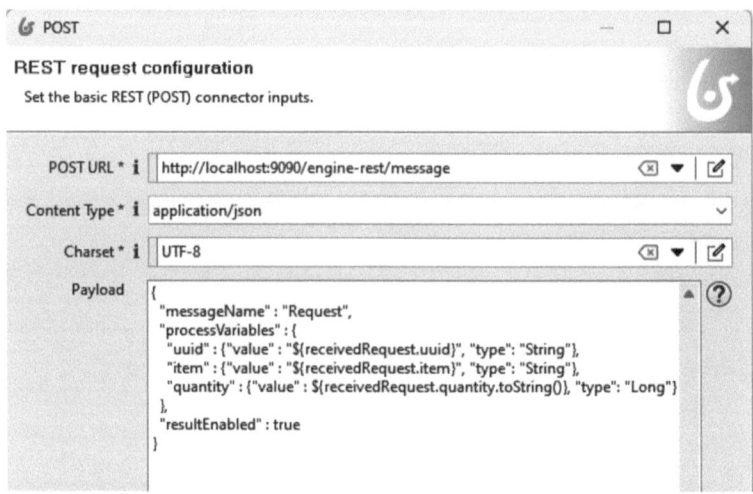

Abbildung 128: Der REST-Aufruf zum Erzeugen einer Nachricht in Camunda

gen und leitet sie in Form von REST-Aufrufen an den Angebotsprozess in Camunda weiter. Zudem liest er – ebenfalls mithilfe von REST-Aufrufen – die Antwort des Angebotsprozesses aus und leitet sie wiederum in Form einer Nachricht an den Anfrageprozess zurück.

Der gesamte Ablauf beginnt, wenn eine Anfrage angelegt wurde („Request created"). Zunächst sendet der Anfrageprozess die Nachricht „Request" („Anfrage") an das Startereignis des Integrationsprozesses. Dort werden die Inhalte der Nachricht in einer Business-Variable „receivedRequest" („empfangene Anfrage") gespeichert. Der Task „Forward request" („Anfrage weiterleiten") enthält einen REST-Konnektor. Über diesen sendet er einen „POST"-Befehl an die Camunda-Engine, um dort eine Nachricht zu erzeugen, die den Angebotsprozess startet.

Abbildung 128 zeigt die hierfür erforderlichen Angaben. Ganz oben ist die URL zum Anlegen einer Nachricht eingetragen. Bei dem Aufruf wird der Inhalt von „Payload" mit übertragen. Darin sind der Name der Nachricht sowie einige Prozessvariablen mit ihren Werten enthalten. Die mit einem Dollar-Symbol versehenen Platzhalter werden durch die zu übergebenden Werte aus der Business-Variable „receivedRequest" ersetzt.

Der Wert „true" für „resultEnabled" („Ergebnis aktiviert") bedeutet, dass der REST-Aufruf eine Antwort zurückgeben soll.

Im Startereignis des Camunda-Prozesses aus Abbildung 126 ist eingetragen, dass es Nachrichten mit dem Namen „Request" empfängt. Der REST-Aufruf führt dazu, dass in Camunda eine solche Nachricht erzeugt wird. Diese wird vom Nachrichten-Startereignis empfangen, das daraufhin eine neue Instanz des Angebotsprozesses startet. Dabei

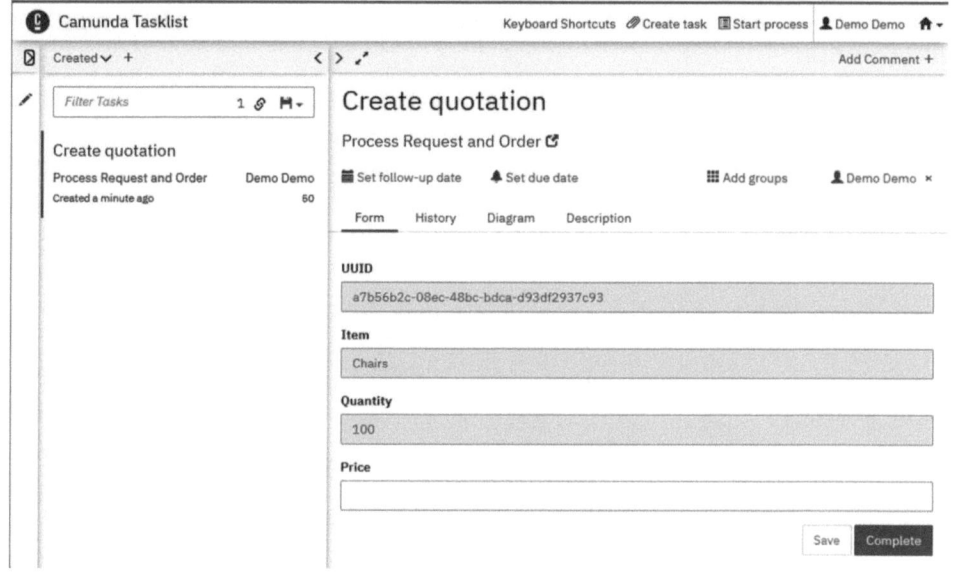

Abbildung 129: Der Task „Create quotation" („Angebot erstellen") im Camunda-Portal

werden die im REST-Aufruf übergebenen Werte in die entsprechenden Prozessvariablen eingetragen.

Das beim REST-Aufruf zurückgegebene Ergebnis enthält die eindeutige ID der in Camunda neu angelegten Prozessinstanz. Diese wird in dem Bonita-Prozess in einer Prozessvariable „partnerProcessInstanceID" gespeichert, da sie in späteren Aufrufen noch benötigt wird.

Auf das Startereignis folgt im Camunda-Prozess der Task „Create quotation" („Angebot erstellen"). Es handelt sich um einen User-Task, der im Camunda-Portal in der Taskliste erscheint, dort ausgewählt und bearbeitet werden kann (vgl. Abbildung 129).

Auf diesen Task folgt das Nachrichten-sendende Zwischenereignis „Quotation sent" (Angebot gesendet). In der ursprünglichen Variante, bei der beide Prozesse in Bonita abliefen, sandte dieses Ereignis eine Nachricht an den Anfrageprozess zurück.

Prinzipiell wäre es möglich, auf Camunda-Seite die Nachricht ebenfalls per REST-Aufruf an Bonita zu übermitteln. Auch Bonita enthält eine REST-Schnittstelle, die über ähnliche Befehle wie die Camunda-REST-Schnittstelle verfügt.

Allerdings führt dies dazu, dass nicht nur der Bonita-Prozess von der Camunda-Schnittstelle abhängig ist, sondern auch der Camunda-Prozess von der Bonita-Schnittstelle. Meist versucht man, derartige gegenseitige Abhängigkeiten zu vermeiden. Während bei einer nur einseitigen Abhängigkeit eventuelle Änderungen der Camunda-Schnittstelle dazu führen, dass die Aufrufe in Bonita angepasst werden müssen, ist dies umgekehrt nicht der Fall.

Auch ist es bei einer nur einseitigen Abhängigkeit zum Beispiel möglich, Bonita durch ein anderes System auszutauschen, ohne dass auf Camunda-Seite etwas geändert werden muss. Vielleicht sollen später einmal verschiedene Geschäftspartner, die über unterschiedliche Systeme verfügen, mit dem Camunda-Prozess kommunizieren. Das wäre nicht mehr möglich, wenn der Camunda-Prozess die REST-Schnittstelle von Bonita aufrufen würde.

Aus diesem Grund wurde darauf verzichtet, dass der Camunda-Prozess den Bonita-Prozess aktiv informiert. Stattdessen überprüft auf Bonita-Seite der Integrationsprozess regelmäßig, ob „Create quotation" bereits abgeschlossen ist und somit das Angebot erstellt wurde.

Das Nachrichten-sendende Ereignis wird somit eigentlich gar nicht mehr genutzt. Es wurde dennoch im Prozess belassen, damit deutlich wird, dass hier eine Kommunikation mit dem Anfrageprozess erfolgt, auch wenn sie technisch anders realisiert ist.

Im Integrationsprozess erfolgt im Task „Check if quotation ready" ein REST-Aufruf, der für die Prozessinstanz das gerade aktive Element ermittelt. Handelt es sich hierbei um das Zwischenereignis „Answer received" („Antwort empfangen"), bedeutet dies, dass die Prozessinstanz momentan an diesem Ereignis auf die Antwort-Nachricht wartet. Damit ist der Task „Create quotation" bereits abgeschlossen, und es liegt ein Angebot vor. Ist „Create quotation" noch nicht erledigt, so wartet der Bonita-Integrationsprozess an dem Zeitereignis eine gewisse Zeit und überprüft anschließend erneut, ob das Angebot mittlerweile fertig ist.

Ist dies der Fall, so geht es mit „Retrieve quotation" („Angebot abrufen") weiter. Dort erfolgt ein REST-Aufruf, mit dem die Werte der Prozessvariablen aus dem Camunda-Prozess ausgelesen werden. Daraus werden die Angebotsdaten entnommen (die hier nur aus dem Preis bestehen) und im anschließenden Nachrichten-sendenden Zwischenereignis an den Anfrageprozess geschickt.

Schließlich wird die Antwort aus dem Anfrageprozess – also die Annahme oder Ablehnung des Angebots – durch den Task „Forward answer" („Antwort weiterleiten") wiederum per REST-Aufruf in eine Nachricht in Camunda geschrieben, die dann vom Angebotsprozess empfangen wird.

Bei den ausgetauschten Nachrichten müssen stets auch die Korrelationen berücksichtigt werden. Als Korrelationsschlüssel wird hier eine zufällig erzeugte UUID (Universally-Unique-Identifier) verwendet. Die REST-Aufrufe zur Ermittlung des gerade aktiven Elements und zum Auslesen der Prozessvariablen erfordern zudem, dass die URL die Camunda-Prozessinstanz-ID enthält. Sie wurde als Ergebnis des REST-Aufrufs in „Forward request" („Anfrage weiterleiten") empfangen und in einer Prozessvariable des Integrationsprozesses gespeichert.

7.4.2   Kommunikation über Message-Queues

Eine stärkere Entkopplung zwischen den beiden Prozessen kann durch den Einsatz von Message-Queues erreicht werden. Hierbei legen die beteiligten Systeme ihre Nachrichten in Warteschlangen und rufen sie von dort auch wieder ab. Für die Verwaltung der Warteschlangen und die Gewährleistung einer zuverlässigen und schnellen Kommunikation wird ein separates System verwendet, ein sogenannter Message-Broker.

Wie in Abschnitt 7.1.3 erläutert, werden Message-Queues zur Realisierung eines asynchronen Kommunikationsstils verwendet. Im Gegensatz zur synchronen Kommunikation mittels REST-Aufrufen muss hierbei nicht sofort eine Antwort erfolgen.

Da in dem oben beschriebenen Prozess die Erstellung eines Angebots im User-Task „Create quotation" lange dauern kann, können Anfrage und Angebot nicht innerhalb eines einzelnen REST-Aufrufs ausgetauscht werden. Daher wurden dort mehrere synchrone Aufrufe genutzt (vgl. Abbildung 127): Im ersten Aufruf wird die Start-Nachricht mit der Anfrage übermittelt. Anschließend wird mithilfe eines weiteren Aufrufs regelmäßig geprüft, ob das Angebot bereits fertig ist. Mit einem dritten synchronen Aufruf wird dann der Inhalt des Angebots abgerufen.

Bei der Kommunikation mittels Message-Queue wurde jeder Nachrichtenfluss in dem Szenario aus Abbildung 125 so umgesetzt, dass die entsprechenden Nachrichten zunächst in eine Nachrichtenwarteschlange gelegt und anschließend von dort auch wieder abgeholt werden. Das Ablegen und Abrufen der Nachrichten wird wiederum von separaten Integrationsprozessen übernommen, sodass die eigentlichen fachlichen Prozesse auch in diesem Beispiel unverändert bleiben.

Es sei darauf hingewiesen, dass es sich bei den Nachrichten in den Message-Queues technisch um etwas Anderes handelt als bei den Nachrichten in den ausführbaren BPMN-Prozessen. Letztere existieren nur innerhalb des BPM-Systems. Um also beispielsweise den Inhalt der Nachricht „Request" („Anfrage") aus dem BPMS in eine Message-Queue zu legen, ist ein Konnektor zu dem verwendeten Message-Broker erforderlich, der eine entsprechende Nachricht für die Message-Queue erzeugt und die Inhalte dort hineinkopiert. Ebenso muss eine aus der Message-Queue abgerufene Nachricht wieder in eine Nachricht im BPMS umgewandelt werden.

Als Message-Broker wird das frei verfügbare Open-Source-System RabbitMQ 3.12.2 verwendet. Da Bonita keinen Konnektor zu RabbitMQ mitliefert, wurde zunächst ein rudimentärer Konnektor programmiert. Zum Ablegen einer Nachricht müssen die Adresse des RabbitMQ-Servers, der Name der Warteschlange und der Inhalt der Nachricht angegeben werden (Abbildung 130).

Derselbe Konnektor kann auch zum Abrufen von Nachrichten genutzt werden. Lässt man das Feld „message" leer, so wird im Ergebnis der Konnektorausführung der Inhalt der nächsten noch nicht abgerufenen Nachricht aus der angegebenen Warteschlange zurückgegeben.

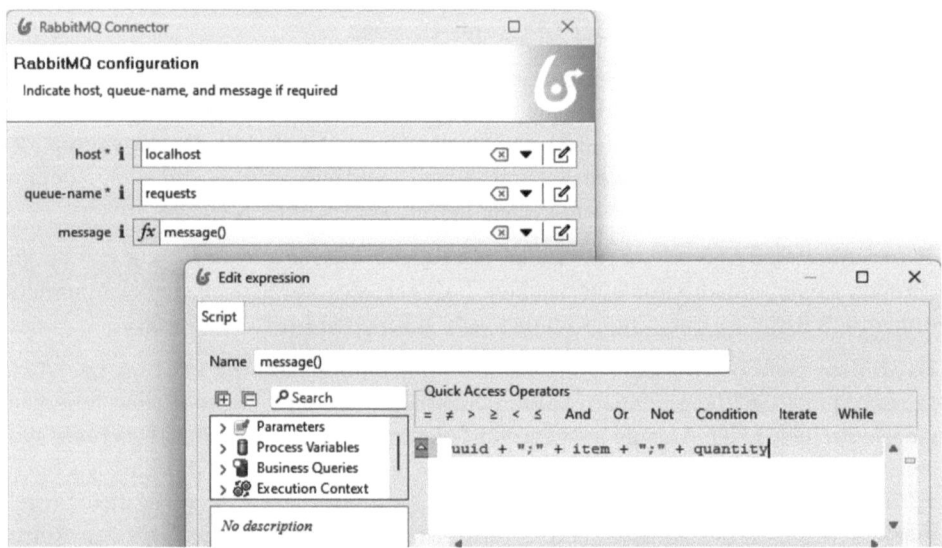

Abbildung 130: Konfiguration des selbst geschriebenen RabbitMQ-Konnektors

Der Einfachheit halber wurden in diesem Beispiel beide Prozesse – Anfrage- und Angebotsprozess – in Bonita realisiert, d. h., es wird davon ausgegangen, dass beide Geschäftspartner Bonita als BPMS verwenden. Anschließend wird aber noch gezeigt, wie in diesem Szenario das System eines der beteiligten Partner ausgetauscht werden kann. Der Austausch ist hier noch leichter als bei der oben beschriebenen Implementierung mittels REST, da keines der beiden beteiligten Systeme etwas über das andere System wissen muss. Es ist lediglich die Anbindung an den Message-Broker nötig, und es muss das Austauschprotokoll eingehalten werden, d. h. die Reihenfolge und der Aufbau der Nachrichten.

In Abbildung 131 werden der Anfrageprozess und die von ihm benötigten Integrationsprozesse zur Kommunikation mit dem Message-Broker gezeigt. Der fachliche Prozess sendet die beiden ausgehenden Nachrichten jeweils an das Startereignis eines Prozesses, der die betreffende Nachricht umwandelt und in die entsprechende Warteschlange schreibt. Hierfür verwenden die Tasks „Forward request to MQ" („Anfrage an Message-Queue weiterleiten") bzw. „Forward answer to MQ" („Antwort an Message-Queue weiterleiten") den oben beschriebenen Rabbit-MQ-Konnektor.

Von dem in der Mitte dargestellte Integrationsprozess „Retrieve quotation from MQ" („Angebot aus der Message-Queue abrufen") wird durch das zeitliche Startereignis direkt nach dem Deployment eine einzige Instanz gestartet. Der enthaltene Service-Task versucht in regelmäßigen Abständen, eine Nachricht aus der Warteschlange „quotations" („Angebote") abzurufen. Wurde eine entsprechende Nachricht gefunden, so wird ihr Inhalt über eine BPMS-Nachricht an den Anfrageprozess weitergeleitet.

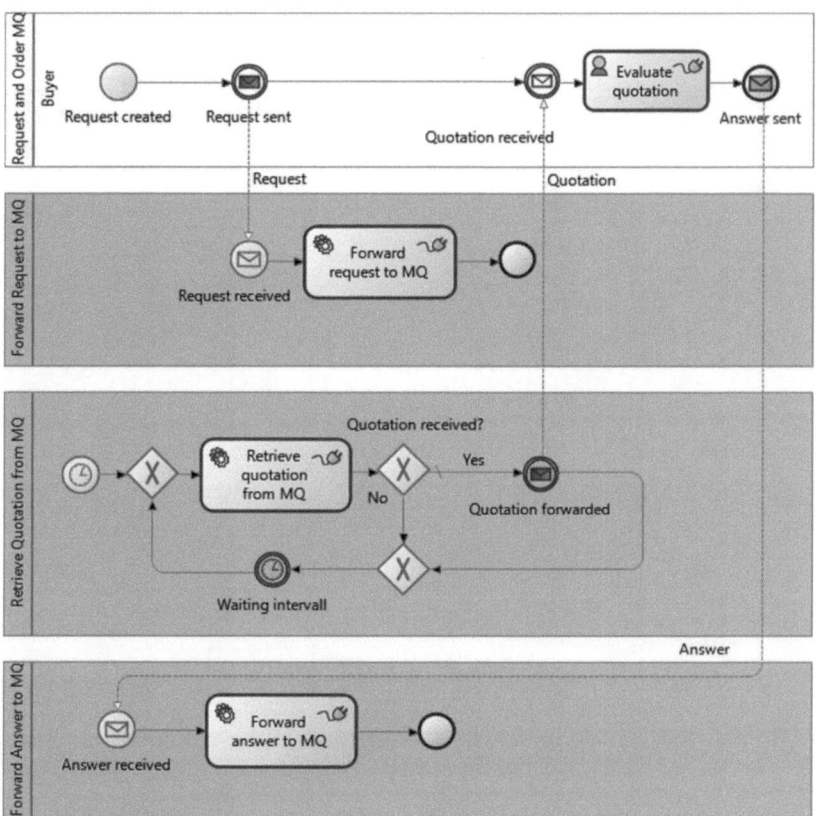

Abbildung 131: Fachlicher Anfrageprozess und Integrationsprozesse zur Kommunikation mit der Message-Queue

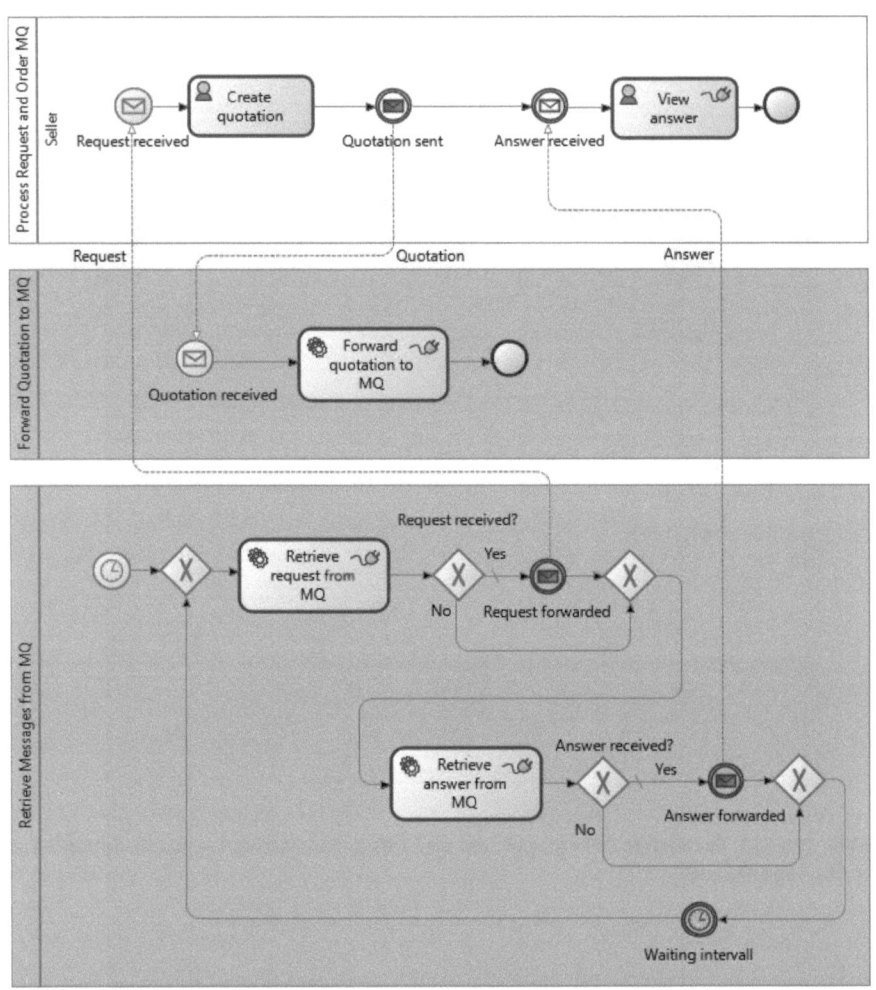

Abbildung 132: Fachlicher Angebotsprozess und Integrationsprozesse zur Kommunikation mit der Message-Queue (Gegenstück zu Abbildung 131)

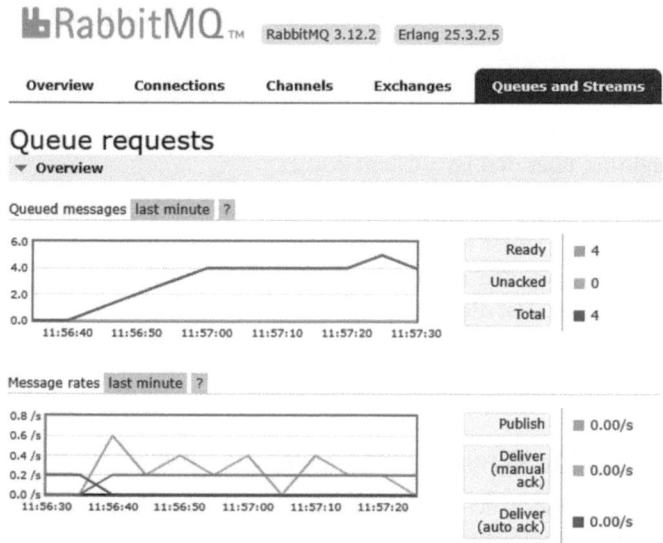

Abbildung 133: Statistik zur Warteschlange „Requests" („Anfragen") im Portal von RabbitMQ

Abbildung 132 zeigt das Gegenstück – den Angebotsprozess mit den zugehörigen Integrationsprozessen, die in diesem Fall für das Abrufen der Anfragen und Antworten sowie das Ablegen des Angebots in der jeweiligen Message-Queue zuständig sind.

Im Portal des Message-Brokers lässt sich unter anderem nachvollziehen, wie viele Nachrichten sich jeweils in einer Warteschlange befunden haben und wie schnell sie verarbeitet wurden (vgl. Abbildung 133).

Um zu demonstrieren, wie eines der beiden BPMS gegen ein komplett anderes System ausgetauscht werden kann, wurde ein kleines Java-Programm geschrieben, das den Angebotsprozess ersetzt. Es verbindet sich ebenfalls mit dem Message-Broker, liest Anfragen aus, trägt entsprechende Angebote ein und liest schließlich die Antworten aus.

Die Aus- und Eingaben erfolgen über die Kommandozeile. So werden in Abbildung 134 eine erhaltene Anfrage, der eingegebene und zurückgemeldete Angebotspreis von

```
Request received
Request no. 92d5dd21-84d2-454a-a142-9ace5a660b38
Requested item: Desk lamp
Requested quantity: 30
Please enter your price:
1200

Answer received
Request no. 92d5dd21-84d2-454a-a142-9ace5a660b38
Quotation accepted? true
```

Abbildung 134: Ausgabe des Java-Clients zur Angebotserstellung

1200 € und die hierauf erhaltene Antwort angezeigt. Bei „Quotation accepted?" steht die Antwort „true". Das Angebot wurde also angenommen.

Auf Bonita-Seite macht es aus Sicht der am Anfrageprozess Beteiligten keinen Unterschied, ob auf der Gegenseite ebenfalls ein Prozess in Bonita ausgeführt wird oder ob die Angebotserstellung über den Java-Client erfolgt.

Auf der Seite des Angebotsprozesses ist der rudimentäre Java-Client hingegen kein gleichwertiger Ersatz. Unter anderem fehlt ihm eine grafische Benutzungsoberfläche, und die Nachrichten können nur in der Reihenfolge bearbeitet werden, in der sie eingehen. Und nicht zuletzt ist die Ablauflogik hart einprogrammiert, d. h., bei jeder Änderung im Ablauf müssen der Programmcode geändert und das Programm neu kompiliert werden.

7.4.3 Notwendige Vereinbarungen zwischen den Partnern

Im Rahmen einer Business-to-Business-Integration müssen sich die beteiligten Partner über eine ganze Reihe von Fragen verständigen. Hierzu gehören u. a.:

- Die Choreografie, d. h. die Reihenfolge der ausgetauschten Nachrichten inklusive aller möglichen Sonderfälle.
- Der Inhalt der ausgetauschten Nachrichten.
- Die technische Implementierung inklusive der verwendeten Standards, Austauschplattformen, technische Schnittstellenbeschreibungen, Adressierung, Protokolle, Sicherheitsmechanismen (z. B. Verschlüsselung), Zuverlässigkeit (z. B. erneutes Senden nicht bestätigter Nachrichten) usw.
- Der Aufbau der Nachrichten.

Zur einheitlichen und formalen Spezifikation von Schnittstellen und Nachrichtenstrukturen können entsprechende Standards genutzt werden, z. B. OpenAPI und JSON-Schema.

Es gibt aber noch eine Reihe weiterer Themen, die im Zuge der elektronischen Prozessabwicklung zwischen verschiedenen Partnern geklärt werden müssen:

- Falls eine gemeinsame Plattform zum Austausch der Nachrichten genutzt wird, muss festgelegt werden, wer diese betreibt. Infrage kommt einer der beteiligten Partner oder ein unabhängiger Plattformbetreiber.
- Service-Level, wie z. B. Reaktionszeiten oder die Verfügbarkeit des jeweiligen Systems.
- Verantwortlichkeiten jedes Partners und Ansprechpersonen. Wenn z. B. ein Problem auftritt, sollte klar vereinbart sein, wie vorgegangen wird, um es gemeinsam zu lösen.
- Aufteilung und Verrechnung der Kosten, z. B. für die Nutzung einer externen Plattform.

Literatur

[Al23]   Allweyer, T.: Technologien für Geschäftsprozesse. Norderstedt 2023.

[Al20]   Allweyer, T.: BPMN 2.0. Business Process Model and Notation – Einführung in den Standard für die Geschäftsprozessmodellierung. 4. Auflage. Norderstedt 2020.

[RuAa16]   Russel, N.; van der Aalst, W. M. P., ter Hofstede, A. H. M.: Workflow Patterns: The Definitive Guide. Cambridge, MA 2016.

[St13]   Stiehl, V.: Prozessgesteuerte Anwendungen entwickeln und ausführen mit BPMN. Heidelberg 2013.

[We19]   Weske, M.: Business Process Management. Concepts, Languages, Architectures. Third Edition. Berlin 2019.

Index

Über den Autor

Thomas Allweyer studierte Ingenieurwissenschaften an der Universität Stuttgart und der Brunel University in London. Er promovierte am Institut für Wirtschaftsinformatik an der Universität des Saarlandes in Saarbrücken zum Thema „Adaptive Geschäftsprozesse". Danach war er bei IDS Scheer AG (heute Software AG) als Produktmanager für Modellierungswerkzeuge und als Berater tätig. Es folgte eine Tätigkeit als Prozessmanager bei emaro AG, einem Joint Venture von Deutsche Bank und SAP. Heute ist er Professor für Unternehmensmodellierung an der Hochschule Kaiserslautern.

Neben seiner Hochschultätigkeit ist er auch beratend tätig. Aktuelle Informationen findet man in seinem Blog *www.kurze-prozesse.de.*

Weitere Bücher des Autors:

- Technologien für Geschäftsprozesse
  BoD, Norderstedt 2023. ISBN 978-3-7578-2876-9

- IT-Management –
  Grundlagen und Perspektiven für den erfolgreichen Einsatz von IT im Unternehmen.
  BoD, Norderstedt 2020. ISBN 978-3-7519-5240-8

- BPMN 2.0 Business Process Model and Notation –
  Einführung in den Standard für die Geschäftsprozessmodellierung.
  4. Auflage.
  BoD, Norderstedt 2020. ISBN 978-3-7504-3526-1